近代日本を作った一〇五人

高野長英から知里真志保まで

藤原書店編集部編

藤原書店

近代日本を作った一〇五人　目次

I　1804-29

II 1830-39

Ⅲ　1840-49

V　1860-69

Ⅵ　1870-79

Ⅶ　1880-1909

近代日本を作った一〇五人

高野長英から知里真志保まで

本書は、月刊誌『機』二〇一四年四月号〜二〇二二年十二月号（藤原書店発行）のリレー連載「近代日本を作った100人」を書籍化したものである。書籍化に際して各人物の生年順に配列した。各人物の略歴は著者の提供による。

I

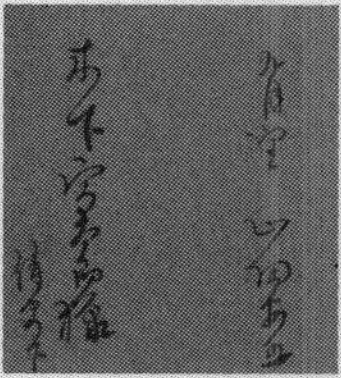

1804-29

高野長英——権力が産み落とした経世家

桐原健真

たかの・ちょうえい（一八〇四—五〇）

近世後期の蘭学者。陸奥国水沢生。幼くして父と死別し、母方の伯父高野玄斎（仙台藩陪臣・杉田玄白門人）の養子となる。養父に蘭学を学んだ長英は、一八二〇年、出奔同然に江戸へ留学。五年後、長崎の鳴滝塾でシーボルトに学ぶも、シーボルト事件（一八二八年）では逐電。やがて京都で開業し、このとき高野家の相続権を放棄する。彼には、社会的地位よりも西洋医学の探究の方が重かった。渡辺崋山との出会いや蛮社の獄の弾圧を経て、彼は次第に政治的発言を展開していく。脱獄後の逃避行中には、医学はもとより兵学や世界地理に関する蘭書を精力的に翻訳。江戸に戻り、面相を薬品で変えて医業を営んだが、幕府の捕吏に襲われ死亡。

「悲劇の知識人」

高野長英といえば、一八三八年に『戊戌夢物語《ぼじゅつゆめものがたり》』を著し、前年のモリソン号事件における異国《いこく》船打払《せんうちはらい》を批判したことで、同じく『慎機論』の著者である渡辺崋山《わたなべかざん》（一七九三―一八四一）とともに幕府に厳しく罰せられた蘭学者として知られる。

この蛮社の獄（一八三九）と呼ばれる事件は、政治的な発言を展開する知識人への言論弾圧の一例としてしばしば挙げられる。この点だけでも、長英への共感を呼び起こすには十分であろう。しかし彼が強い魅力を放つのは、その激動の後半生にも理由がある。すなわち放火による火災に乗じて脱獄し、日本各地にわたる逃避行を続けながら兵学蘭書の翻訳に打ち込むも、ついに潜伏先の青山百人町で露見・落命に至る。こうした行動力と悲劇性こそ彼の大きな魅力だと言える。

まさに長英は「悲劇の知識人」として広く受容されているのだが、彼が蛮社の獄で弾圧された理由が、崋山に比肩する政治思想家であったからだという通説については、実は一考の余地がある。

長英と崋山

長英が蘭学アドバイザーとして、崋山に多くの海外知識を提供したことはよく知られている。田原藩家老として海岸防衛に努めた崋山であったが、蘭語読解の能力を有していなかったので、長英の学識は貴重であった。その意味で、崋山の世界認識は長英によって育まれたと言ってよいだろう。だが、「このままでは、手をこまぬいて侵略を待つのみだ〔只束手《ただそくしゅ》して寇を待《また》む歟《か》〕」と激烈な表現で『慎機論』を結び、鎖国に基づく幕藩体制そのものを批判した崋山に比べると、長英の『夢物語』はなお温和で体制順応的であった。すなわち長英は、海外知識の積極的な受容を説くものの、鎖国自体は批判しなかったからである。それは蘭学をあくまで学術知識の源泉と考えていた学究の徒と、国土防衛のために激動の世界情勢を把握する手段と捉えていた政治家《statesman》との意識の差から来ていた。

「経世家」の誕生

永牢〈終身刑〉の判決を受けた長英は、やがて脱獄し、六年にわたる逃亡生活を送った。この間、彼は蘭書を精力的に翻訳している。そこには兵学書や海外事情書が多くみられ、専ら医学書を翻訳していた投獄以前との問題意識の変化が現れている。たとえば「外寇は万国の通患」と始まる『知彼一助《かれをしるのいちじょ》』〈一八四七〉で、彼は国土防衛には海外知識が必要であることを強く説いており、ここからは、かつての学究が天下国家を論ずる経世家〈経世済民を説く思想家〉へと転身を遂げていることをみることができる。

学究的であった投獄以前の長英は、それゆえに政治的な志向が薄かった。しかし、みずからの主張によって投獄されたという事実は、彼に自分自身を経世家として自認させることともなった。まさに彼は、反体制家として弾圧されたがゆえに経世家となったのである。
逃避行中に長英が訳出した『三兵答古知幾《さんぺいたくちいき》』（一八四七）の説く歩・騎・砲の三兵戦術《タクティクス》の体系は、その後の日本兵学史に大きな影響を与えた。しかもそれは技術上の革新に留まらず、武家社会を大きく動揺させるものでもあった。すなわち歩兵を軍隊編制の要とする三兵戦術は、下級兵種であった卒族（足軽）の地位向上をもたらし、さらに奇兵隊のように身分を越えた士庶混成軍を生む基礎ともなったからである。それは同時に身分制の空洞化を加速させるものでもあった。

権力が一学究を弾圧したことで一人の経世家を生み、やがてみずからを滅ぼす遠因を作ったとすれば、これほど皮肉なことはない。

（きりはら・けんしん／金城学院大学教授、日本倫理思想史）

木下韡村——自由闊達な塾から多くの人材を輩出

井上智重

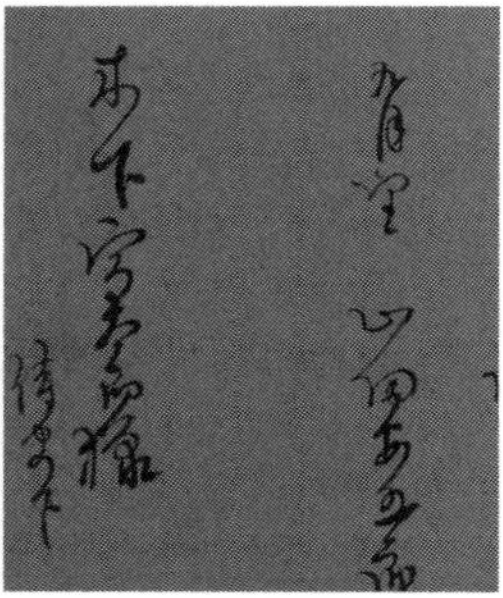

きのした・いそん（一八〇五—六七）

名は業廣、字は子勤、号は韡村、犀潭、澹翁。通称宇太郎のち真太郎。肥後国菊池郡の農家に生まれる。時習館居寮長後、四年間江戸に遊学。天保六（一八三五）年、細川斉護の伴読となり、中小姓格に。蔵米百石。藩主の参勤交代に随行すること、六回に及ぶ。その間、世子慶前の教育も担当した。嘉永二（一八四九）年時習館訓導となる。幕府から昌平黌教授に請われたが、断る。門下には横井小楠、竹添進一郎、元田永孚、木村弦雄、古荘嘉門、井上毅などを輩出した。韡村の弟助之は玉名の伊倉木下家の養子となり、その孫が木下順二である。

熊本での広い交友関係

木下韡村のことを思うと、藤沢周平の世界が浮かんでくる。

父は肥後国菊池郡今村の庄屋で、村の子たちに読み書きを教えている。母は商家の出である。長男の韡村（宇太郎）は学問ができ、百姓の身分ながら、熊本藩校時習館に通い、名字帯刀を許される。天保六（一八三五）年、藩主細川斉護《なりもり》の世子、慶前《よしちか》の教育掛に選ばれ、江戸詰となる。国元にはすでに妻子がいた。江戸詰重役は溝口蔵人。世子のお付き清成八十郎は剣術の達人。さらに窪田治右衛門という武家もいる。窪田は熊本城下の江口道場の息子だが、大百姓の娘と出郷、武家株を買い、関東代官の羽倉外記《はぐらげき》の配下となっていた。窪田の父は家老の溝口家の陪臣だが、もともと日田代官の吏員の家に生まれ、姉の子が川路聖謨《としあきら》である。つまり窪田と川路は従兄弟であり、韡村が上屋敷に行くと、窪田がいた。そこに時習館居寮長を追われた横井小楠（平四郎）が江戸遊学にやってくる。

松本健一も指摘しているように藤沢周平の武家ものでは塾や道場が大きな意味を持っている。次男、三男はそこで頭角をあらわし、一家を成すか、婿養子に行かないと、やっかい叔父として生涯を兄の家で送るしかなかった。横井小楠も次男で、学問は出来るが、頭が切れすぎ、酒癖も悪く、婿養子の声がかからず、家督を相続したのは兄の死後だ。

江戸に出てきた小楠は水戸藩の藤田東湖の忘年会の席で酒失事件を起こす。財布から金をこぼすほど酔っ払い、悪いことに武家を殴っている。すぐに発覚し、帰国を命じられるが、韡村に取り成してほしい、と手紙で頼む。「親友ではないか」と。しかし韡村にはどうしようもない。小楠は手紙で「そなたが告げ口したのだろう」と言い出し、「絶交だ」と一方的に宣言している。

韡村は佐藤一斎の門下に入り、同郷出身の儒学者松崎慊堂《こうどう》のもとに出入りし、安井息軒、塩谷宕陰《しおのやとういん》（いずれも儒学者）、それに羽倉簡堂（儒学者、代官）、佐久間象山らと交流した。ことに息軒、宕陰とはいつもつるみ、隅田川に舟を出し、花火見物をしたのはよかったが、舟が沈没、四日間かけ刀や脇差を探したという話が日記に出てくる。韡村の日記には藩邸の様子や幕府の動向、異国船の出没はもちろん、海外事情もことこまかく記している。黒船が浦賀に現れたときは現地に出かけている。筆まめで、よく手紙も書いている。実学派といわれる荻昌国、元田永孚、下津休也などとも手紙を交わし、父が重篤となり、熊本に帰ったとき、絶交したはずの小楠が訪ねて来て、夜遅くまで話し込んでいる。

塾から多彩な人物を輩出

嘉永元（一八四八）年四月、世子の慶前が二十三歳で死去、韡村は悲嘆に暮れるが、時習館訓導を命じられ、私塾韡村書屋を開き、後進を育てるという別な人生が始まる。

安政六（一八五九）年十月、長岡藩の河井継之助が西国遊学の途中、備中松山藩の山田方谷に手紙を託され、韡村を訪ねている。方谷は大百姓出身で、学問で才能をみとめられ、藩の参政に上りつめた儒者だが、息子の教育を韡村に託したいという内容だった。畳や障子は傷み、衣服など万事質素。時習館に勤めているが、「三等目の役」で、「何、もう子供の世話でも致す様なる事」と話す。「その人温和、丁寧真率、さらに儒者らしくなく、始めて会いたる人の様にこれなく、如何にも実学らしき人なり。何となく慕わしき人なり」。塾の方から読書の声が聞こえて来て、よほど読める人もいる様子。寮は三棟あり、家塾でこんなに大規模なのは初めて見たと河井は記している。

小楠門下の安場保和、嘉悦氏房も学び、家老の長岡監物は次男の米田虎男（侍従長）や陪臣の井上毅（文部大臣）を入塾させ、医家の古荘嘉門（一高校長、国会議員）、天草人の竹添進一郎（外交官、東大教授）、息子の木下広次（京大初代学長）、自由民権の宮崎八郎、有馬源内、時代は下るが、北里柴三郎と、わが国の近代化に尽くした多彩な人物が出ている。自由闊達な雰囲気がみなぎっていたのだろう。維新へと国を突き動かした背景には、農村に知性ある人物が台頭してきたこともあろう。

（いのうえ・ともしげ／くまもと文学・歴史館元館長、ノンフィクション作家）

野村望東尼

ひとたびは野分の風のはらはずば　清くはならじ秋の大空

浅野美和子

のむら・もとに（一八〇六―六七）

俗名浦野氏もと。筑前藩士浦野勝幸・母みちの二女、福岡に生れる。野村貞貫の後妻となるも、すべての子等と夫に先立たれた。夫と共に学んだ国学を生活の思想とし、和歌で日々の心象の表現に励んだが、夫の死後仏道に入り、招月望東禅尼と称した。上洛後馬場文英に学んだ勤王思想は、国学の皇国思想を補強するものとなった。福岡で勤王有志らを助ける活動をする。慶応元年六月藩の弾圧事件乙丑の獄に連座、自宅謹慎の後唐津湾にある姫島の囚に入囚。隣家の友人喜多岡勇平の暗殺事件を記録し、続いて『夢かぞへ・ひめしまにき』などの歌日記を記す。同二年九月藤四郎・高杉晋作らに救出され長州に住む。三田尻に移り、討幕軍を送ろうとしたが果たせず病死、享年六十二。

不幸の連続の前半生

野村望東尼が「近代日本を作った」かと考えると、首をひねってしまう。では彼女が生きた、幕末の現実に満足していたかと言えば、答えは全く違う。望東尼は時代の手酷い仕打を、傷つきながら受けとめる方法として、『夢かぞへ・ひめしまにき』などの日記体の文学作品を「うめきいづる」ように生み出したのだ。

俗名浦野氏もとは、筑前藩士浦野勝幸・みちの娘として福岡に生まれた。二十四歳の時国学・和歌の同門の野村貞貫と結ばれた。双方とも再婚である。四人産んだ自分の子はすべて夭折、先妻の三人の男子を実子のように育てた。だが三男は同僚とのいざこざに悩み職場を逃亡、長男も人間関係に悩み、江戸詰から帰り、鬱病の末に自害する。長男を詠んだ歌。

　争はで淀に流るる水だにも
　　瀬を越すときは砕けてぞ散る

師の二川家を相続した二男も、一八四四年に病歿した。同年秋疔《ちょう》という流行性の皮膚病に夫妻共に罹り、夫は脳症になり翌年七月他界。まるで不幸の棚卸しのような半生を、本人は病気がちに生きた。

もとは剃髪入道し、招月望東禅尼と名乗り独り生きる覚悟を決めた。

五十六歳で上洛をはたす。家集を上梓し、親しんだ古典文学の成立の場に立会い、今後の創作に役立てる積りだった。当時京都は、天誅などのテロと対抗勢力が衝突し混乱の中にあった。望東尼はこの状況への対処に悩んだが、勤王に心を寄せる馬場文英に状況の分析と解釈を学び、理解の筋道が立って、勤王に足場を固めることが出来た。望東尼の京都での今一つの経験は、マラリアに罹ったことで、後に獄中で再発し苦しむようになる。当時瘧《おこり》と呼ばれたマラリアを治療したのは、滞在先の知音である蘭方医だった。

ペリー来航後の歌には、「異国《ことくに》の蒸気船が浦賀長崎などに来る」という詞書で、

舟にさへ車をつけて速めたる
　異国人《ことくにびと》は心みじかし

と詠じ、外国の先進的な科学技術への素直な驚きよりも、拒否感や蔑みさえにじませる。マラリアにキニーネを処方した蘭方医学と蒸気船が一続きの欧米文明だという認識はなかったのだろうか。

勤王の志士らとの交流

福岡へ帰り、平野國臣ほか勤王の有志らとの交流が始まった。山荘に対馬藩の勤王派や長州の高杉晋作を匿ったり、有志たちのアジトに貸したりもした。勤王の志をもつ喜多岡勇平の家の隣に家を新築し、二人はよき友人となったのだが……。望東尼と孫の貞省が自宅謹慎の命をうけたその晩、

喜多岡が何者かに暗殺されたのである。望東尼はその見聞と驚き悲しみをルポルタージュ風に記録した後、歌日記『夢かぞへ・ひめしまにき』を記し始める。その中にも「横浜にきらきらしう造りたる異人の家を武士《もののふ》どもが焼きたりと聞くぞ、心地よき」とある。品川に建設中のイギリス公使館に、高杉晋作ら攘夷派武士が放火した事件の誤伝の噂を痛快がっている素朴な感想だ。

やがて姫島へ流謫となり、海風に吹きさらしの牢生活が始まる。夜は灯りも無く、寒さを防ぐ火の気もないが、島人は囚れの尼に親切に気を遣ってくれる。

流されし身こそ安けれ冬の夜の
　嵐に出づる海人の釣舟

夜通し漁り火を焚く烏賊釣り船を見て「いかにもあはれなる海人の生計《たつき》にこそ」、それを消費者は、値が高いの何のというと。漁師の労働の厳しさを見るにつけ、自ずから身分を捨て働く者に心を置く。

ひとたびは野分の風のはらはずば
　清くはならじ秋の大空

一度破壊せずには新しい世は訪れないという暗喩の歌は、世の始まりに「泥海」を想定した庶民の心性に通うものがある。そして望東尼がその先に幻想したのは、天皇親政の世だった。

（あさの・みわこ／近世女性史研究者）

横井小楠——日本が世界平和を創出すると説いた

松浦　玲

よこい・しょうなん（一八〇九―六九）

肥後国（現在の熊本県）熊本城下の内坪井町に、家禄一五〇石の熊本藩士・横井時直の次男として生まれる。藩校時習館に学ぶ。一八三九年藩命で江戸に遊学、藤田東湖や幕臣川路聖謨らと交わる。帰国後家塾を開き熊本藩実学党を結成するが、藩政改革に失敗。諸国遊歴中に吉田松陰、橋本左内らと交わる。五八年越前藩主松平慶永に招かれ政治顧問となり、開国通商、殖産興業による富国強兵を主張、藩政改革を主導。六二年慶永が幕府の政治総裁職に就くとその幕政改革・公武合体運動の推進者として重きをなす。越前藩の政変で失脚。六八年参与となり新政府に出仕するが翌年暗殺。

小楠の遺志は世界平和の創出

明治二年正月五日（一八六九年二月十五日）横井小楠は京都で暗殺された。このとき議政官上局参与（閣僚と議院常任委員長を兼ねたやうなもの）九人の一人だつた。前年の夏から秋にかけては体調が悪く、枕頭に弟子を集めて遺表（天皇への遺言状）を口述したほどだつたが、還暦を迎へた（数へどし六十一の）新年は気分が良く、元旦に鶯を聞き酒盃を手にした漢詩がある。この書が絶筆とみなされてゐる。

新政府の大官を殺したのだから犯人は当時の慣行では文句なしに死刑である。ところが助命運動が起つた。小楠は極悪人だから、それを殺すのは正義の行為だといふのである。弾正台（短い期間だが司法や検察に介入できた強力な機関）は、天皇の尊厳を否定する「天道覚明論」といふ文を入手して、小楠が反逆者である証拠に使はうとした。これは小楠作であることを証明できず失敗した。

しかし小楠の遺志を実行するといふ空気は、新政府内から失はれた。政策思想の質が全く違ふので比較すると誤解を招くかもしれないが、同じ時期に暗殺された大村益次郎の遺志は実行された。小楠の遺志は全く実行されなかつた。

大村の遺志は国民皆兵、士族でなく平民の軍隊を作ることである。小楠の遺志は、日本が世界平和を創出するといふものだつた。自分が中心となる日本だけが、世界平和を実現できると考へた。

欧米諸国は利害を逐《お》ふことに懸命だから皆ダメ、日本だけが可能だと確信した。前記した遺表やアメリカ留学中の甥たちへの手紙から、それを読取ることができる。

小楠の死後、政府内では誰もこれを受継がなかった。小楠の弟子であること紛れもない由利公正(三岡八郎)が参与の一人だつたけれども、辞任して福井に帰つた。その由利に小楠の遺志が理解できてゐたか、実のところ不明である。

「近代日本」は小楠の思想に反して作られた

熊本の弟子たちが「実学党」の藩政府を作つたことは知られてゐるが、廃藩置県で挫折した。またさきほど述べた小楠構想は一地域で可能なものではない。

明治天皇の側近にゐた元田永孚は、肥後実学党の出身であることを隠さず、小楠の後輩だと自認し続けた。しかし元田が関与した教育勅語は、小楠思想から遠い。「学校党」出身の井上毅が起草の中心メンバーだつた帝国憲法が小楠思想から遥かに遠いのは断るまでもあるまい。

これを要するに一九四五年の敗戦までの「近代日本」は、小楠最後の思想に反して作られたのである。その結果として自滅した。小楠暗殺が日本に与へた打撃は大きかつた。私は一九七六年に朝日評伝選で出した『横井小楠』(その後二度増補したが元版には手を加へてゐない)の最後で、小楠が生きてゐれば必ず起つた政策路線をめぐる争ひを新政府は彼の死により免れた、仮に小楠が敗北しても彼の思想を退けたといふ傷痕が政府あるいは日本の歩みの中に残つただらう、「現実の日本の歩みには、小楠的な思想を退けたという負目さへもかすかである」と書いた。その考へは今も全く変らない。

敗戦後の日本国憲法は小楠思想に近い。占領軍の強制といふ弱点があり、日本が世界平和を創るのではなくて、既にできあがつた（すぐに崩壊した）平和に日本が依存するといふ頼りない仕組みになつてゐるけれども、それでも小楠思想に少しだけ追ひついたのである。

敗戦前には、いま可能となつてゐるやうな小楠評価はできなかつた。門弟血縁地縁者以外で小楠を誉めたのはアジア主義者の大川周明だけではなからうか。帝国憲法の下で小楠思想の大切な部分を讃へることは困難だつた。いまはできる。小楠思想を受継いで日本国憲法を改正しなければなるまい。それは自民党の改正案とは正反対のものである。それが非常に遅れたけれども「近代日本」を作る。

（まつうら・れい／歴史学者）

ローレンツ・フォン・シュタイン——明治憲法を活性化する国家学の提示者

鈴木一策

Lorenz von Stein（一八一五—九〇）

デンマーク国境に近いシュレスヴィッヒ公国の中都市に生まれる。四〇年キール大学法学博士の学位取得。四一年パリに留学、サン・シモン、フーリエ、プルードンなどのフランス社会主義の膨大な文献を蒐集。マルクス主筆の『ライン新聞』に匿名で論説を発表、青年ヘーゲル派に共感。四六年キール大学員外教授。デンマークからのシュレスヴィッヒ公国独立運動に参加、五二年独立運動参加の廉でキール大学から追放される。五五年、ウィーン大学の政治経済学の教授。六二年、「国家学」と共に「行政学」を重視、以後次々と「行政学」の著作を刊行。この時代のシュタインに伊藤博文は学んだ。

シュタインの「行政」重視に感服した伊藤博文

明治十五（一八八二）年、四十歳の伊藤博文は、憲法調査のためヨーロッパに旅立ち、国王が君臨するプロイセン立憲君主制を推奨する論敵井上毅《こわし》を意識して、まずベルリン大学法学者グナイストを訪問する。しかし、議会政治に否定的なグナイストに不満を感じ、伊藤はウィーン大学国家学教授シュタインの講義を受講する。

シュタインは、議会政治を認めながらも、立法府における「民主政治」が多数派の専制を導き国家の土台を崩しかねないと警告した。「私的利害」に晒される議会制を補完し、国家の「公的利益」を実現する「行政」こそが国家を活性化すると主張する。

議会政治に行政が縛られる英国と、君主の意志に行政が従うプロイセン・ドイツを批判し、私的利害の渦巻くヘーゲル的「市民社会」に肉薄し行政を重視するシュタインに、伊藤は感服する。伊藤に刺激され、山県有朋も含む「シュタイン詣で」が盛んになるのだが、シュタインの行政論はもちろん、国家を私物化する君主を拒絶した君主論に感服した伊藤に注目したい。

内外の「公務」を果たす君主の強調

国家を有機的「人格態」とするシュタインは、君主を「自我」、立法府（議会）を「意志」、行政府（内閣による統治）を「行為」とし、三つの「機関」のいずれもが政治的に突出せず、独立しながら牽制しあい調和をなす政体を立憲制とする。君主も議会も突出しない憲法体制こそ、伊藤を魅了したに違いない。

日本の天皇に匹敵する君主という「機関」は、「神聖」にして「国家の理想を一身に代表する国家の自我」であり、社会の私的利害の上に独立し、内外の「公務」を果たす存在であった。伊藤は、特に軍部による天皇の利用を警戒していたから、君主の「公務」を強調するシュタインに感服したのだ。

明治二十二（一八八九）年の憲法発布以後、その第四条「統治権を総攬《そうらん》する」天皇大権を重視する穂積八束らと、同条の「此の憲法の条規に依り之を行なう」に力点を置く立憲学派との対立が生じた。

この対立の背後にあって、天皇の統治は天祖からの命令に従う公務であることを強調し、軍部の介入を阻止しようとして「帝室制度調査局」を明治三十六年に設置した伊藤博文こそ、今日注目に値する。

シュタインの行政・自治論を深めた後藤新平

明治九（一八七六）年、名古屋の医師となった十九歳の後藤新平（のち東京市長、内務大臣等）は、オーストリアの医師ローレッツの指導を受け、やがてシュタインの原文を渡され熟読していた。ある縁で、明治二十八年、伊藤博文と出会った後藤は、シュタインを理解する伊藤に、シュタインばりの「防貧的」社会政策を矢継ぎ早に提起する。ここまではシュタインの行政論の枠内の試みである。

だが、シュタインの行政論では自治論が不可欠な要素とされながら、実は官治と自治とを峻別していなかった。官治そのものである行政を自治化しようとする後藤は、シュタインを越えて行政自体を活性化しようとしたのだ。

明治四十一(一九〇八)年、第二次桂内閣の逓信大臣兼鉄道院総裁となった後藤は、部下と共に全国を踏破し、地域に相応しい鉄道を探ったが、この陣頭に立つ後藤を見習った職員には、私的利害を忘れ、「公益」を尊重する自治の精神に目覚める者が頻出した。

民衆を公的事業の只中で自治の主体に育て上げた後藤は、権力奪取しか眼中にない政党政治の弱点をしっかり見抜き、シュタインの行政論を評価しつつ、その官治的枠を突破しようとしていたのだった。

(すずき・いっさく/哲学・宗教思想研究家)

松浦武四郎——アイヌに出会い自己変革を遂げた探検家

花崎皋平

まつうら・たけしろう（一八一八—八八）

伊勢松坂に近い須川村（現在三雲町）に郷士の子として生まれた。一八四五年から六度にわたって幕府の雇いとなって地理取調のために樺太を含む蝦夷地を旅し、詳細な地図と地理、風俗、歴史についての見聞、調査を記録した。特筆すべきは、アイヌ語を学び、当時のアイヌ民族に対する和人の暴虐、搾取を聞き取り、詳しく記録したことである。著書は多数に上る。主なものに『三航蝦夷日誌』『丁巳東西蝦夷山川地理取調日誌』『戊午東西山川地理取調日誌』『近世蝦夷人物誌』など。なかでも『近世蝦夷人物誌』は、彼が出会ったアイヌ民族のさまざまな人物をいきいきと描き、記録文学作品としてもすぐれている。

地理調査者でありアイヌ民族の記録者

二〇一六年六月十六日の『北海道新聞』は、北海道議会が七月十七日を「北海道の日」とする条例を制定すると報じていた。この日は、松浦武四郎が北海道という名称を提案した日である。これを聞いたら武四郎は苦笑いするだろう。彼は一八六九(明治二)年七月十七日に、この土地について六種類の名称を提案しているが、そのなかには北海道はなく、北加伊道と海北道というのがあった。それを折衷する形で北海道と命名されたが、北加伊道は、アイヌ民族が自分たちの土地をカイと呼び、同胞相互をカイノーまたはアイノーと呼び合ってきたからと説明している。武四郎は、この土地が本来アイヌ民族の居住の地であることをつよく意識していたことがうかがわれる。

彼はその時、開拓使判官で開拓大主典の職についていた。自分の最後の仕事として、明治新政府の政策によってアイヌ民族に対する搾取と虐待、場所請負人による蝦夷地資源の略奪に終止符を打つことを望んでいたが、事態はその意図に沿わない方向へ進んでいくので、翌一八七〇(明治三)年慰留を振り切り、このまま役人でいることは「義に於いて忍び難い」とのべて職を辞し、位階(従五位)も返上し、以後、七十一歳で死ぬまで北海道の地に足を踏み入れなかった。

松浦武四郎は希代の地理調査者であり、その土地に住むアイヌ民族の習俗、文化、思想の記録者であった。先住のアイヌに道案内を依頼し、詳細に地形、地名、土地にまつわる話を記録した。河川は小さな支流までおろそかにせず踏査し、小集落（コタン）に住む人の名前、年齢、性別、続柄などを聴き取っている。この人別調べは、アイヌの人々が無償の労働力として強制的に海浜の漁場で働かされていたことを記録にとどめるという意図を持っていた。

アイヌ社会を同じ目線で描く

彼は最近まで、つぎのような評価を受けていた。「当時知られざる蝦夷地の内陸の暗黒世界にまで探検の足跡を印し、その精神において維新後の北海道開拓の可能性を指示した偉大な探検家」（更科源蔵著『松浦武四郎　蝦夷への照射』の紹介文）。

この評価は誤っている。松浦武四郎は、アイヌ民族を深く知り、親しみ、その怒りや悲しみに触れて自己変革をとげた人である。それを物語っている著書に、『近世蝦夷人物誌』がある。この書は一八五八（安政五）年、蝦夷地最後の旅を終え、江戸で初編の出版を願い出たが、「相成らず」と却下されたものである。その後も弐編、参編を書き継ぎ、取り上げた人物は百人余である。どういう人物が取り上げられているかと言えば、義勇の者、孝子、長寿の者、猟の名手、巫者、彫刻の名人、好学の者、純朴な者、踊り上手、ひげ自慢、馬乗りの巧者など多種多様な人物をあげている。とりわけ足が悪くて歩けない者、慈愛に富む女性、老親を介護する夫婦などが一人ならずあげられているところにこの書の大事な特徴がある。武四郎にそうした着目を可能にしたのは、アイヌ社会が身体の不自由な人や貧窮に苦しむ人を差別することなく、いたわりつつ共に生きる対等性を持っていたからにほかならない。同時に、諸人物を見る武四郎の目の位置が高みからでなく、それらの人々と同じ高さからであったことにもよるといえる。

この書は一つの夢物語で結ばれている。夢に函館の豪華な料亭が現れ、権勢を誇る官吏たちが、芸者をはべらせ、極上の料理に舌鼓を打っており、その座持ちには御用達請負人やら問屋どもが阿諛追従に余念がない。その間に杯盤を吹きくる一陣の風にふり返りみれば、皿の刺身は血の滴る人肉、浸し物かと思ったものは土人の臓物、盃の酒は生血、障子に映るのは、みな土人の亡霊で恨めしや恨めしやの声がして、目が醒めた。

この最後の一節に、武四郎の思いが凝縮されているように思われる。

（はなさき・こうへい／哲学者）

元田永孚——明治国家の精神的骨格を作る

梶田明宏

もとだ・ながざね（一八一八―九一）

　熊本藩士。横井小楠らとともに朱子学を研鑽し、熊本における実学党の一人とされる。一八六九（明治二）年退隠するも、一八七〇年藩主の侍読となり、翌年大久保利通の推挙にて宮内省へ出仕し、明治天皇の侍読となった。以後、侍補・侍講などとして、天皇の側近に侍し、儒学を中心とした進講を通じて君徳輔導に意を尽くすとともに、天皇の信任を得、しばしば天皇の諮問に応じて、顧問の役に任じた。一八七八年の大久保利通死後、天皇親政運動を展開、一八七九年には教育令に反対する「教学大旨」を起草、その後、明治天皇の命による修身書『幼学綱要』を編纂した。一八八八年には枢密顧問官となり、憲法・皇室典範の審議にも参加し、井上毅の作成した教育勅語案に修正を加えた。

教育勅語

明治二十三（一八九〇）年に明治天皇より下された教育勅語は、実質的な「国教」として国民教化の規範とされた。戦後国会において失効が宣せられ、公的な効力は失ったが、それまで「半世紀にわたって明治国家の存立を側面から支え」てきたことは事実である。

教育勅語の成立に限っていえば、起草の中心は井上毅であり、ここで取り上げる元田永孚は、その修正にかかわった協力者という脇役かもしれない。しかし、勅語に「国教」としての性格を持たせ、儒教道徳を普遍的なものとしてその中心に盛り込んだことは、元田の思想が強く反映されたものであり、明治天皇の側近としてそれまで仕えてきた元田の思想と行動が結実したものが教育勅語といっても過言でないだろう。

明治天皇の信任を得る

熊本藩士であった元田は、横井小楠らと交わり儒学（朱子学）を研鑽、彼らの学派は実学党と呼ばれた。明治新政府に出仕した小楠は明治二（一八六九）年に暗殺されたが、元田は「自らを横井小楠思想の体現者としての自覚と自負において終生変わるところがなかった」という。

元田自身は維新後、退隠して私塾を開いていたが、明治四（一八七一）年、藩命により上京し、ついで大久保利通の推挙で宮内省に出仕し、明治天皇の侍読となった。五十四歳の時である。その後も侍講・侍補などをつとめ、天皇の「師」であるだけではなく、しばしば重要な諮問に答えた。元田の死後、伊藤博文は彼を天皇の「至高顧問」であったと述懐している。

「国教」確立の試み

元田の目指すところは、儒教に基づく徳治主義で、その根本は「人君の心」であるとして、君徳輔導に意を致し、時には、他の侍補らとともに天皇親政運動を行うなど、積極的に政治にも関わった。

一方、元田の学問は必ずしも頑迷なものではなかった。彼は、聖人（堯舜）の道は天地人倫の大道であり普遍的なもの、言い換えれば日本にも西洋にも通ずるものと考えた。例えば、ベンジャミン・フランクリンの十二徳について皇后に進講した話は有名である。特に日本に関しては、上古の「天祖神聖の道」は孔子の説く聖人の道と一致するとした。

明治十二（一八七九）年、元田は、士族反乱や過激な民権論が起るのは、内閣の専制を疑うためで、国体・政体の別を論じ天皇親裁の実を明示することの必要を上奏した。国体とは、天孫降臨以来、歴代天皇が規範としてきた、儒教の徳目と一致する道理であり公道で、政体とは例えば聖徳太子の憲法十七条や律令制度のように、その規範の範囲で、時代時代の民情に応じて建てられる制度を意味した。その意味で、政体としての憲法制定・国会開設には全く反対していないが、当時伊藤博文らが目指していた立憲政体とは趣を異にしていたのは事実である。

同じ年、元田は天皇の意を受け「教学大旨」を起草し、政府の個人主義的・功利主義的教育方針を批判し、儒教による道徳を中心とすべきとした。伊藤は井上毅に「教育議」を起草させて反論、これに対し元田は「教育議附議」を著し、その中で、政府において新たな「国教」を制定するのではなく、「祖訓を継承して之を闡明」する形での国教確立の方向を提示した。

以上紹介したのは元田の思想と行動の一端であるが、この後、憲法制定が具体化する中で、その中心となった伊藤や井上は、その正統性の論拠を何に求めるか苦悩し、元田の国体論を立憲主義に取り入れることとなった。それは、大日本帝国憲法の条文や上諭、公布の勅語、そして冒頭に記した教育勅語の内容からも明らかである。また、元田はその間、顧問として、天皇を背後から支えた。同僚でもあった副島種臣が彼を「明治第一の功臣」と評したのは、そうした理由であろう。

（かじた・あきひろ／昭和天皇記念館副館長、近代皇室史・政治思想史）

栗本鋤雲——殖産と文化交流と歴史叙述の先駆者

小野寺龍太

くりもと・じょうん（一八二二―一九七）

幕臣、後にジャーナリスト。幕府の医官喜多村槐園の子として神田に生まれる。二十七歳で栗本家の養子となり奥詰医師に任ぜられる。三十七歳で箱館に移住し移住者を統率して殖産を行い、仏宣教師カションから西洋事情を聞く。医籍から士籍に移り、千島樺太を巡視し樺太で越冬する。四十三歳の時目付となり、フランスの援助による造船所設立など西洋文明移入に尽力し、下関賠償金支払い延期などで英国公使パークスと折衝する。四十六歳、フランスに派遣され日仏親善に尽力し、外国に幕府の正当性を主張する。維新後帰国して文筆で立ち、東京毎日新聞次いで郵便報知新聞社に入社し、随筆欄、囲碁欄、漢詩欄などを創設する。晩年、島崎藤村に漢文を教える。

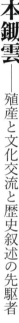

殖産興業の実践家

文化国家という言葉は戦後の軽薄な風潮の下で使われたが、本来の意味でこれを実践した先駆者は栗本鋤雲《じょうん》であったろう。我が国が初めて海外に日本文化の発信を行ったのは慶応三(一八六七)年のパリ万国博覧会への参加であった。その時フランス公使ロッシュからエクスポジションとはいかなるものか、その意味を聞いて「博覧会」という言葉を発明した人こそ鋤雲である。そして彼は明治十(一八七七)年に第一回内国勧業博覧会が開催されて以来、博覧会ごとに詳細な「博覧会見聞記」を『郵便報知新聞』紙上に書き続けた。鋤雲は「一国の事業は平穏無事の世に進歩し紛乱争奪の時に壊滅するもの」と考え、産業振興と平和を念願した人であった。

鋤雲は幕府の医官喜多村家に生まれたから、漢方とはいえ、自然科学的素養があり、昌平黌の漢学の試験で優秀な成績を得るほどの秀才だった。その一方、彼には広い視野があり、これからは西洋学の時代であることを見通していた。彼が安政末期(一八五八)に蝦夷地(北海道)に左遷された原因は、上役に逆らって西洋海軍術を学ぼうとしたからである。

箱館で鋤雲は、病院を作り、牛を飼い、養蚕を行い、七重村を開拓して薬園を再興した。後にフランス滞在中、彼は元外相で農業会社社長のドリューアン・ド・ルイに山芋の育て方などを伝授したので、喜んだルイは、鋤雲の帰国に際して種々の野菜果物の種子を贈ってくれたという。

蝦夷地から江戸に呼び戻された鋤雲は、目付として小栗上野介忠順《ただまさ》と協力して、フランス語学校や横須賀造船所の建設に尽力し、これらは明治時代、陸軍士官学校や横須賀海軍鎮台に発展した。慶応三（一八六七）年に駐仏公使としてフランスに渡った鋤雲は、ナポレオン法典や石造の家屋などに感心し、配下の箕作麟祥《みつくりりんしょう》に法典を和訳させたりした。それと同時に、彼は日本の文物を西洋人が珍重するのにも気づき、それなら日本人が留学すると同様、西洋の若者も日本に呼びたいと考えた。この計画は幕府滅亡のために実現しなかったが、「文化に東西の優劣なし」というのは鋤雲の信念であった。

明治時代、鋤雲は『郵便報知新聞』にあって健筆を揮った。彼が特に力を入れたのは、日本の美術品の保存と技術継承のための博物館設置、および近代産業振興のための博覧会の挙行であった。この提唱は明治八（一八七五）年に行われたもので、日本最初の美術館である帝室博物館美術部が設けられる十四年も前のことである。

「真実の歴史」叙述のはじまり

鋤雲は「真実の歴史」の叙述という意味でも先駆者であった。現代もそうであるが、儒教圏での歴史叙述とは、その時の政府の正当性を誇示するためのものであって、明治政府にもその嫌いがあった。鋤雲が明治十一（一八七八）年『郵便報知』に書き始めた「岩瀬肥後守の事歴」は、「開国主義」

が薩長ではなく、江戸幕府に淵源するものであることを、明瞭に述べた最初の文献である。言論の自由に対しては、明治・大正・昭和にかけて右からの表だった弾圧と、左からの無形の圧力が常に存在したが、近代日本において、「真実の歴史」を最初に書き、後の人々に向かうべき所を示したのは、鋤雲と言って差し支えない。

以上に述べた殖産、文化の導入と保存、歴史叙述の外にも、鋤雲には、パークスとやり合った外交官、アイヌ人の生活の記録者、「門巷蕭條夜色悲」の七絶などで知られる漢詩人、新聞の囲碁欄や文化欄を始めたジャーナリストなど多方面の顔がある。特に彼の随筆は、滑稽味を交えて魅力に富んだものである。幕末維新は多くの人材を生んだが、その中でも彼のように面白い人はほとんどいないと言ってよい。もっと多くの人に知って貰いたい人物である。

（おのでら・りゅうた／九州大学名誉教授、材料工学）

勝　海舟——近代日本の光と影を背負って

松浦　玲

かつ・かいしゅう（一八二三—一九九）

　江戸に生る。麟太郎義邦。剣術につゞき蘭学を学び長崎海軍伝習を経て咸臨丸で太平洋を往復した。文久二（一八六二）年軍艦奉行並、将軍や幕府高官を蒸気船で大坂に運ぶ。元治元（六四）年神戸海軍操練所創設、軍艦奉行安房守。大坂の宿で西郷隆盛・吉井友実と会見。江戸召還罷免。慶応二（六六）再任、厳島で長州代表と停戦交渉。イギリス海軍伝習を担当中の六八年、鳥羽・伏見戦争で蹉跌した徳川慶喜の帰府を迎へ陸軍総裁・軍事取扱、西軍の総攻撃を阻止し江戸無血開城。六九年安芳。七二年海軍大輔。八七年伯爵。八八年枢密顧問官。晩年の談話『氷川清話』は原編者吉本襄の改竄が甚だしいので講談社「学術文庫版刊行に当って」（拙文・文庫巻頭にあり）参照。

西郷を最も良く知る

江戸総攻撃阻止談判で勝海舟は、暴走する西郷隆盛を、徳川慶喜大政奉還の線まで押戻した。徳川藩を存続させ、廃藩置県で薩摩や長州と同時に消えるやうに扱はせた。岩倉具視や大久保利通が米欧巡覧の旅に出たとき、留守政府首班の西郷を海舟は助けた。苦況から救ひだしたこともある。

大使岩倉より一足先に副使の大久保が帰国すると、西郷は鹿児島に引くつもりだつた。それを大久保に頼まれて海舟が東京に留まらせた。止めないはうが良かつたのだが、海舟の困つた性格で難題を持ちかけられると悪知恵が出る。大久保一翁に手伝はせて利通の希望を叶へた。これが一八七三（明治六）年六月、同年十月には征韓論で廟堂大分裂。海舟は征韓論に反対だが、西郷を引止めて、新政策を攻撃する島津久光の矢面に立たせ続け、朝鮮行き願望に追込んだ責任は免れない。短く参議兼海軍卿、久光対策の目途が立つと、一切の職を退いた。

もともと海舟は、徳川政権を西郷に引渡したつもりだつた。下野隠遁させる羽目になつたのは目算違ひである。西南戦争で西郷が出陣すると、自分なら参戦しない知恵があるのにと嘆いた。戦争中は東京から西郷寄りに観望してゐた。

西郷敗死後、海舟は追悼と顕彰に徹した。『亡友帖』を作り留魂碑を立てた。碑の裏には「あゝ君よく我を知れり、而して君を知る亦我に若くは莫し」（前後略・原漢文）と刻んだ。弟従道や共に行かなかつたと悔む吉井友実らを差置いて、自分が大西郷を最も良く知ると断じた。

海舟の西郷追悼は、長子菊次郎の世話に続いて嫡男寅太郎を天皇に逢はせることで一段落した。その過程で宮内大臣を兼ねてゐた伊藤博文と接触する。伊藤が海舟を伯爵に叙し枢密顧問官に任ずるのを断りきれなかつた。伊藤に頼まれて米沢藩上杉家の家臣だつた宮島誠一郎が押しきる。しかし海舟は枢密院に欠席がちで伊藤を困らせた。肥前出身の大隈重信外相の条約改正が難航したときは、進むも引くも薩長一致で遣れと強調した。薩摩好き長州嫌ひだけれども、大西郷亡き後は薩長一致しかないとの立場は、長く動かなかつた。

二つの時代の証言者

薩摩の海軍大臣樺山資紀に『海軍歴史』編纂を頼まれたときは喜んで承知し木村喜毅ら旧幕臣を集めて手伝はせた。この先例が効いて陸軍省から『陸軍歴史』、大蔵省から『吹塵録』、宮内省から『開国起原』と次々に頼まれ、膨大な記録集が出来上つた。海舟自身は細かい作業が得意ではなく考証技術も甚だ怪しいのだが、誰に手伝はせれば良いのかといふことは克く解つてをり今も役立つ資料集が残つた。旧幕府が何処まで仕事をしたかといふ実績が後世に伝はつた。話や時期が少し違ふが、足尾鉱毒事件のときは、野蛮と言はれる旧幕府だがこんなに百姓を泣かせはしなかつたと対比。その発言が説得力を持つのは海舟なればこそだ。

第二次伊藤内閣陸奥宗光外相で強行した日清戦争には反対だつた。「隣国交兵日　其軍更名無」、無名の師だ、不義の戦争だと詠んだ。戦後すぐに大蔵大臣を辞した松方正義に好意的で、第二次松方内閣（松隈内閣）には大いに協力した。大隈重信と進歩党（旧改進党）には関心がなく、松方は大西郷の志を継いで後進の政治家を育てよと励ます。しかし大隈に逃げられ松方は内閣を投出した。第二次松方内閣崩壊の後、海舟は全く政界に口出ししない。国民新聞を松方内閣の機関紙として生き延びさせていた徳富蘇峰が困り海舟に動いてくれと願つたが応じなかつた。蘇峰と国民新聞は桂太郎首相と組んで日露戦争を戦ふ。それはまう海舟の知らない世界である。海舟は上野に大西郷の像が建つ（一八九八年十二月）のを見届け、その翌年の正月に没した。

（まつうら・れい／歴史学者）

大村益次郎——近代的学知の受容と実践

竹本知行

おおむら・ますじろう（一八二五—六九）

幕末・維新期の軍事官僚、洋学者、医師。周防国吉敷郡鋳銭司村（現・山口県山口市鋳銭司）に村医の子として生まれる。咸宜園で漢学を学び適塾で蘭学を修めた後、郷里で医業を開く。後、宇和島藩雇となり、兵学の研究・教育に勤しみ、一八五六年宇和島藩士として幕府の講武所・蕃書調所に出仕した。一八六〇年、請われて長州藩に出仕し、同藩の軍制改革に尽力するとともに、四境戦争の戦略を立案し成果を収める。一八六八年、明治新政府に出仕、上野戦争など戊辰戦争の作戦立案を主導し新政府の勝利に貢献した。明治政府の新軍隊の制度設計においては、藩兵を解体し徴兵制を導入する方針を立て、諸改革を断行するも、一八六九年九月、反対派のテロに遭い、十一月五日、志半ばにして卒去した。

東京は九段坂上に鎮座する靖國神社、その大鳥居の内に巨大な大村益次郎の銅像が屹立する。その姿は、江戸城富士見櫓から上野寛永寺に立てこもる彰義隊を凝視する上野戦争時の大村の姿を表しているという。

大村が明治維新史にその名を刻み、銅像となって顕彰されているのは、やはり明治新政府の樹立に際しての「軍功」によるものが大きい。また、彼がそのような活躍の場を得たことも、幕末の長州における四境戦争の作戦・用兵能力に対する評価に起因しているのは事実であろう。

しかし、一般に、世上の評判がその人の業績の価値を正確に表していることは稀であり、自己と他者の評価が一致することもあまりない。死後の評価となればその乖離はいっそう大きくなる。実際、「軍事」と結びついた大村の評価は、戦前と戦後でほぼ逆転していると言って良い。それは敗戦を挟んだ学問空間における「大きな歴史観」の大転換をそのまま反映したものとなっている観がある。

大村が近代日本の建設において担った役割とはいかなるものだったか。

近代的学知の伝達者

幕末・維新の時代、「軍事」に関わる人間は戦場に立つだけでなく、学知の伝達者・媒介者の役割も担った。当時の軍事的学知には、狭義の軍事学にとどまらず、自然科学や社会科学、さらには人文科学の幅広い内容が含まれた。医師から蘭学者・兵学者、そして維新政権の軍事官僚へと身を移した大村はそのような時代性をまとった存在でもあった。

大村が医業を捨て蘭学研究・教育に専心することになったのは、三十歳を過ぎてからである。中でも兵学に関する仕事に従事したのは、幕末の対外的危機状況が背景にある。「開国」が政治問題化していた時期に諸学の総合ともいうべき兵学研究に勤しんだことは、大村に政治意識を目覚めさせたのみならず、西洋軍制の背後にある「国民国家」などの西洋社会のありようについて理解させることとなった。

近代軍隊の設計者

大村の最晩年、文字通り命を賭して取り組んだのは、明治新政府の軍事の基本を立てることであり、大村自身も、統一された国軍を新たに建設することを自らの使命として強く自覚していた。その意味において、彼が人生の最終章で積極的に担った新軍隊の制度設計の仕事こそ、彼にとって真に評価されるべき天職（ベルーフ）だったのかもしれない。

戊辰戦争後の大村の仕事を見るとき、降伏諸藩への彼の特別の目線に気づかされる。例えば、大村は盟友の木戸孝允と協力して、降伏の後困窮著しい会津の旧臣に金千両を新政府から下付するよう取り計らったほか、藩士の生活基盤確保のために北海道への移住を促進するなど、会津人の救済には配慮を惜しまなかった。大村と木戸は、国家統一のための戦争が終わった後は、全国の民が恩讐を越えて、新国家建設に向かわなければならないという政治意識を共有していたのである。

他方、大村の軍制改革は、士族の軍務専行主義を否定し、広く「国民」全体に基盤を置く徴兵制度を採用する強い志向性を帯びていた。しかし、混乱いまだ収束しない明治の揺籃期、大村の急進的な改革が引き起こす士族からの猛烈な反発も必然であった。これがために大村は明治二年の遭難事件で命を落とすことになったのである。大村は未完の軍制改革の先にどのような日本の姿を見ていたのだろうか。

大村益次郎の生涯を一個のドラマとして観たとき、筆者には、彼が演じた役割とは、伝統と近代の相克という幕末・維新期の日本の歴史相そのものだったように思えてくるのである。

（たけもと・ともゆき／安田女子大学教授）

岩倉具視——米欧巡回の体験に基づく近代日本の創出

岩倉具忠

いわくら・ともみ（一八二五―八三）

京都に生まれる。堀河家から岩倉具慶の養子となる。二十九歳のとき孝明天皇侍従。朝権回復の策として公武合体を唱え、和宮降嫁に尽力し、幕府に攘夷の叡慮の実行を誓約させる。そのため佐幕派とみなされ、攘夷派に命を狙われ、文久二（一八六二）年帰洛後間もなく、岩倉村に蟄居。その間同士の公卿や薩摩藩士らと交わって国策を練っていたが、その才略が朝野に評価されて、慶応三（一八六七）年三月入洛帰宅を許された。大久保利通らと倒幕の秘策を立て、同年十二月復飾、参内して、朝議を主導し、王政復古のクーデターを断行し、新政府の中枢となる。明治四（一八七一）年十月右大臣に就任するや、特命全権大使を拝命し欧米を視察し、六（一八七三）年九月帰朝。その時期西郷隆盛らの主張していた征韓論に異を唱え、国内整備の緊急性を説いて阻止。その後皇室制度の改革や立憲制度の創設に尽くし、近代天皇像の確立に努めた。明治十六（一八八三）年に逝去（写真は一八七二年一月二十六日、ワシントン到着五日後に森弁務使館のゲストルームで撮影）。

天皇像の構築

岩倉使節団の全権大使として米欧を巡回した際に具視《ともみ》が携えていたメモ帳が、一九八五年に九十九歳で死去した私の祖母桜子の遺した文庫のなかから発見された。その内容を要約すれば、欧米の文物見聞にあたって日本の欧化政策に伴い留意すべき諸点を箇条書きにしたものである。記述の対象は、政治・経済・法律・軍事・天皇・教育・鉄道・宗教・風俗と多岐にわたっている。

欧米の視察にあたって具視が設定した最大の目的のひとつは、日本の近代化に伴う皇室のあり方を、西欧諸国の政体を参考にしながら模索することであったと推察される。メモ帳にある「立君会議日本ニ当然タランカノ事」という項目の意味するところは、日本もいずれ立憲君主制のもとで議会を導入しなければならないということであろう。その数ページ前には、「議員ノ事　政体ノ事　君主云々三ツアリ　共和政事ノ弊」などの記述が見られる。実際この後死に到るまで、具視の関心事となったのがほかならぬ「立憲政体」の問題であった。なかでもそうした政体のなかで天皇の占める位置とその機能の問題であったことは間違いない。

メモ帳の「立君会議云々」の数行あとに記された「天皇ヲ人現（間）ノ頭タル事」の意味は、「天皇は人民の長である」ということであろう。いまでこそ平凡なコメントのように思えるが、アメリカで大統領と人民の関係を眼にして初めて、人間の最高位にある天皇という発想が出てきたのではないであろうか。それまでは、日本人民の「天子信仰」の対象としての超越的な精神的権威という天皇像はもちろん具視の視野にもあったと思われるが、それを、「為政者と人民」という形に置き換える発想の転換が必要であると感じたのではあるまいか。というのも、明治九年以降に具視らの意向で推し進められた天皇の地方巡幸こそ、「新しい天皇像」の構築にとって強力な手段であったと思われるからである。

京都への深い思い

岩倉具視の京都への愛着には、並々ならぬものがあった。もともと京生まれ京育ちの具視が、個人的には東京への遷都を喜ぶはずもなかった。しかし維新の変革に基づく政治には、全国の統一という大目標があった。そのためには関東東北の諸藩をも新しい政体に組み込むことが必要であった。東京への遷都もそのためにはやむを得ない方策だったのである。

実質上政治の舞台が東京に移ってからも具視の望郷の念は変わらなかった。遷都以来衰退の一途をたどり、昔日の面影を失いつつあった京都への思いは、死を間近にした具視を捉えて離さなかった。明治十六（一八八三）年の五月、すなわち死去の二カ月前に具視は京都を訪れ、王政復古の原点である京都の復旧事業の実施に取りかかる。この入洛に先立ち同年の一月に、「京都皇宮保存」についての意見書を上申し、長年の懸案を実施に移そうと図っていた。意見書には三祭復興のほか行幸の折に開かれる宴会や外国貴賓の宿泊用に洋館と宝物館を御苑内に築造することなどが提案されている。百二十年を経て昨今ようやく実現を見た迎賓館の構想はその時からあったのである。「岩倉使節団」の団長として明治四(一八七一)年から六(一八七三)年にかけて西欧諸国を歴訪し、西欧人の歓待を受け、その懇切な応接ぶりに感銘を受けた旨を家族に書き送っているので、迎賓館の発想はそこにヒントを得たものに相違ない。

(いわくら・ともただ/岩倉具視の五代目の子孫、イタリア文学者、京都大学名誉教授)

西郷隆盛——西郷、「征韓」論者にあらず

坂野潤治

さいごう・たかもり（一八二八―七七）

鹿児島藩の下級武士（小姓組）の家に生まれ、一八五四年以後藩主島津斉彬に重用され、安政の大獄の一因となった一橋慶喜擁立工作に当る。そのため一八五九年には奄美大島に身を隠し、六二年以後は、事実上の藩主島津久光との対立から沖永良部島《おきのえらぶじま》に流された。六四年に帰藩を許されて以後は鹿児島藩の軍事力を掌握して、大久保利通らと王政復古の実現につとめた。王政復古後は旧幕府勢力の武力制圧の中心となり、一八七一年には廃藩置県断行の中心となった。七三年十月に朝鮮政策をめぐって大久保利通らと対立して、下野して鹿児島に帰り、私学校を設立した。七七年、この私学校を率いて反乱を起こし、同年九月城山で自刃した。満四十九歳であった。

歴史の歪曲

日露戦争の終了から三年後に、内田良平率いる黒龍会が編纂した『西南記伝』は、日本が清国に勝ち、ロシアに勝利した根本精神は、西郷隆盛の「征韓論」に源を発していることを強調した（第一巻、序）。日本の満蒙への発展、アジア雄飛の英雄としての西郷像が生れたのである。

しかし、それ以前の西郷像は、黒龍会が造り上げた虚像とは、正反対のものであった。日露戦争の一〇年前の日清戦争中に元薩摩藩士勝田孫弥が著わした本格的な『西郷隆盛伝』（全五巻）は、欧米文明の吸収に熱心で、議会制の導入の必要を覚り、廃藩置県で封建制の打破を実現し、明治八（一八七五）年の江華島事件を隣国韓国への無法な武力攻撃と非難し、福沢諭吉の『文明論之概略』を絶讃した西郷を、豊富な史料にもとづいて描き切っている（一九七六年、至言社より復刊）。

議会制にいたく感心した西郷

勝海舟と西郷の会談は、江戸無血開城をめぐる東京三田でのそれが有名であるが（一八六八年旧暦三月）、最初の会談はその約三年半前（一八六四年旧暦九月）に大阪で行われた。五年余にわたる流刑を赦され、西郷が薩摩藩の軍事力を掌握した半年後のことである。

この会談で西郷は、勝の欧米理解の深さとそれを実現できる能力にいたく感動したが、それだけではなく、議会制という新しい政治体制についても勝から教わっている。この議会制にも西郷は共感したようで、それから約三年後にイギリスの駐日外交官アーネスト・サトウと会った時、彼に「現在の大君政府の代わりに国民議会を設立すべきである」と説いたという。

「廃藩置県」の功労者は、西郷

人気とは恐ろしいもので、徳川慶喜を首座に据えた大名会議（上院）と各藩の藩士会議（下院）の設立で幕引きを図った坂本龍馬は、今日では西郷隆盛より有名である。「大政奉還」では、封建制はほとんど無傷で生き残る。明治維新が明治維新たる所以は、一八七一年の「廃藩置県」であり、その最大の功労者が西郷隆盛だったという歴史的事実が、今日の歴史常識から抜け落ちてしまったのである。

薩摩、長州、土佐の三藩から朝廷に「献兵」された御親兵を率いる西郷は、最後の段階で躊躇を見せる自藩の保守派に対して、「朝廷においては戦を以て」も断行するつもりであると、言い放っている。同時に彼は、「政府というもの国々四方」にある状態では「万国に対立」して国運を開けないと、廃藩置県の意義を強調している。ちなみに、この西郷書簡を最初に紹介したのが福沢諭吉であったことは、先きの西郷の福沢評価と対をなしている。明治二十五（一八九二）年のことである。

西郷、「征韓」論者にあらず

西郷がいわゆる「征韓」論者ではなかったことは、今から三七年も前に毛利敏彦氏が詳細に実証している（『明治六年政変の研究』有斐閣）。同じことは、明治二十八（一八九五）年刊の勝田の『西郷隆盛伝』でも、指摘されていた。彼は、一八七五年の江華島事件に際しての日本の測量艦雲揚艦の行動を、予め測量することに朝鮮政府の同意を求めていない点で、激しく非難した。朝鮮国を独立の国家として認めていたのである。

しかし、今日においても多くの日本人は西郷隆盛を、韓国併合と満蒙領有の魁けだったと信じている。日清戦争と日露戦争の勝利に酔った内田良平の黒龍会の主張の方が生き残ったのである。歴史の歪曲とは、実に恐ろしいものである。

（ばんの・じゅんじ／東京大学名誉教授）

由利公正——「五箇条の御誓文」の草案者

本川幹男

ゆり・きみまさ（一八二九—一九〇九）

　福井藩士。洋式銃砲の製造に従事していたが、横井小楠に見い出され、制産方頭取として藩の殖産策に専念した。一八六七年十二月、「徴士参与」となり、「五箇条の御誓文」の元となる「議事之体大意」を書き、また財政を担当して新政府の財政安定と殖産興業に貢献したことで知られる。六九年帰福して参与職を免じられると、藩の殖産策に再び尽力した。七〇年に姓を三岡から祖先の旧姓由利に改めた。翌年七月東京府知事に就いたが、翌年欧州視察中に罷免となった。七四年民撰議院設立建白書に加わり、翌年元老院議官、八七年華族に列せられ子爵となった。その後も政財界や産業界に関わり、死去に際して従二位を追贈された。

「議事之体大意」

「庶民志を遂《と》げ《げ》、人心をして倦まさらしむるを欲す」。

これは慶応四(一八六八)年三月十四日に発布された「五箇条の御誓文」の草案ともいうべき一部で、福井藩出身の由利公正が書いた「議事之体大意」(福井県立図書館蔵)全五箇条の第一条目にあたる。庶民が生き甲斐を感じられる国家の実現を掲げている。

由利は慶応三年十二月、新政府から「徴士参与」に任じられ財政を担当した。翌四年一月、大久保利通たちと会計基立金調達を評議したとき、それを説く大義が必要と訴えた。だが意見がなかったため、宿に帰ると自ら懐紙に認めた。それが「議事之体大意」になったという。その後修正が加えられ「御誓文」に改まったのである。しかし、由利が示した万機公論、殖産興業、開国和親という近代国家を目指す理念は残された。「御誓文」は現代の民主主義にも通じる面があると評価されることがあるが、その意味からもかれの存在はまことに大きかったといえる。

小楠に見込まれ、龍馬と意気投合

由利は石高一〇〇石の家に生まれた。そのかれが歴史に残る足跡を残すことになったのは、藩が熊本から招聘した儒学者横井小楠に見込まれたことによる。小楠は安政大獄後の福井藩政を殖産興業、富国強兵へと導き、一方で公議政体・共和政治を構想した革新的思想家であった。由利はかれに傾倒して殖産策を進め、長崎交易に乗り出して厚い信頼を得る。文久三（一八六三）年、前藩主松平慶永（春嶽）と対立して処分され、小楠も帰熊したが、蟄居生活の中でも研鑽を積み、小楠からの評価は更に高まった。

ところで、稀代の志士坂本龍馬は、慶応三年大政奉還後の新体制を構想する中、福井の由利を訪ねた。龍馬は勝海舟を通して小楠とも交わり、由利の近況も小楠から聞いていたようだ。会った二人は政情を論じ合いたちまち意気投合、龍馬はかれに新政権の財政を託す決心をする。由利は小楠に信頼され、龍馬には財政を語って即座に自論を披露できる闊達な人物だった。

太政官札の発行

龍馬の遺志が実現し、由利が新政権でまず取り組んだのは、会計基立金として三〇〇万両の御用金を大坂の豪商たちから集めたことである。政府はこれで討幕資金のメドがつき一安心できた。より重要なのは太政官札（金札）の発行である。由利は福井で小楠から民富に基づく富国策を学んでいた。領民に藩札を貸与し、それを元手に特産物生産に励ませ、他領・他国に販売して民が富み富国を実現する方策である。同じ方法で政府が新規に太政官札を発行して財政を安定させ、一方でそれを都市豪商や各藩に貸与し、殖産興業を図ろうとした。批判はあったが総額四八〇〇万両発行し、それは近代産業形成の出発点となる。

実は、由利が幕末期に正しく右の財政策を理解し実践していたかどうかは実証されていない。当時福井藩内で小楠の殖産策を先頭に立って推進したのは、財政トップの長谷部甚平（恕連）であった。かれのことは龍馬も知っており、慶応二年十二月、天下の人物として由利と並べ名を挙げている。だが龍馬は由利を選んだ。

四賢侯の一人として名高い前藩主慶永は、由利を君臣の名分を忘れた人物と断じて処分し、新政府に登用されることにも反対した。しかし、龍馬が推し岩倉具視などが認めて実現する。由利は「天下ノ人才ニシテ一国ノ人才ニアラス」と評され（『松平春嶽未公刊書簡集』）、このときただ一人藩とは離れて参与に任じられたのだった。

由利には後年、自伝を誇張したりする弊があった。だが、維新時には庶民に視点を置き、日本を近代国家へと押し上げる役割を果たした稀な人物だったのである。

（もとかわ・みきお／福井県史研究者）

Ⅱ

1830-39

ギドー・フルベッキ――日本近代化の恩人

井上篤夫

Guido Fridolin Verbeck（一八三〇―一八九八）

オランダ・ザイストに生れる。二十二歳の時、オランダからアメリカに単身渡る。二十九歳、オーバン神学校を卒業。按手礼を受け、ブラウン、シモンズらと宣教のため来日、長崎に赴任する。禁教下、長崎の済美館、致遠館などで英語などを学生に教える。三十九歳、開成学校設立にあたり上京。大学南校（現在の東京大学）の教頭となる。岩倉使節団の「草案の概要」ブリーフ・スケッチを作成する。教頭を解任された後、政府の法律顧問などや聖書翻訳に従事。無国籍だったが、晩年は日本永住権を得て地方伝道に専念した。在日四〇年、日本に没す。妻マリアと共に青山墓地に眠る。教え子たちの寄付で紀念碑が建立された。

岩倉使節団の仕掛け人

その日の朝の光は新しい日本の門出を祝福するかのように澄みきっていた。

「此頃ハ続テ天気晴レ、寒気モ甚シカラス、殊ニ此ノ朝ハ暁ノ霜盛シニシテ、扶桑《ふそう》ヲ上ル日ノ光モ、イト澄ヤカニ覚ヘタリ」(『米欧回覧実記』久米邦武編)

岩倉使節団は明治四年十一月十二日(一八七一年十二月二十三日)、横浜港を出帆し、一年九カ月余(六三二日)かけて条約改正、各制度の視察のため米欧十二カ国を巡歴した。

特命全権大使は岩倉具視、副使は木戸孝允、大久保利通、伊藤博文、山口尚芳の四名、そのほか随員一八名、留学生四三名、総勢一〇七名で構成された。一行には、津田梅子など日本最初の女子留学生や、フルベッキと長崎で交流があった何礼之や中山信彬、中島永元、瓜生震、中野健明などもいた。

留学生まで帯同して大規模になったのは、自ら欧米に学ぶことを必要とし、かつ世界に通用する人材を育成することが急務だったからである。その使節団の「企画書」ともいうべきブリーフ・スケッチを作ったのが、フルベッキであった。

さらに、フルベッキが使節団出発前に提出した「一米人フルベッキより内々差出候書」が木戸孝允関係文書にある。使節の十の方針を述べた上で具体的な四十九項目が記されている。フルベッキの精細かつ配慮が行き届いた提言が、『米欧回覧実記』刊行の基盤になったのである。

ブリーフ・スケッチの「宗教的寛容に関するノート」は表向き削除されたが、内密に調査され、明治六（一八七三）年九月、使節団が帰朝する前の同年二月二十四日、切支丹禁制の高札撤去に繋がったといってよい。フルベッキ最大功績の一つである。

新時代の多くの俊英を育てる

フルベッキは、安政六（一八五九）年来日当初から、長崎で各藩からの来訪者に積極的に西欧の知識を教えた。殊に佐賀藩は、長崎に学校を作る計画を実行した。外国人教師としてフルベッキ、生徒は三、四〇人、明治元（一八六八）年に致遠館が誕生したのである。

アメリカ合衆国憲法の講義は、近代憲法の講義の最初のものだろう。アメリカ独立宣言の講義など、フルベッキの言葉に新しい時代を創ろうという英才たちが目を輝かせた。後に大隈重信は、明治十五（一八八二）年十月に東京専門学校（早稲田大学の前身）を創立するが、この致遠館が「源流」になったと述べている。

また、フルベッキは、多くの学生たちをアメリカ・オランダ改革教会のフェリス師に託して、ニューブランズウィックへ送った。グラマースクールで英語を習得し、横井左平太は海軍の学校で学んだ。弟の横井大平は病気で間もなく帰国した。日下部太郎は「数学の天才」と称され傑出していたが、若くして現地で亡くなった。維新前後の数年間、日本からアメリカに留学した者は約五百人に達する。その道筋を作ったのがフルベッキである。

フルベッキは新政府から教育顧問の招聘を受け、長崎から上京する。大学南校（東京大学の前身）の教頭を務め、優秀な外国人を招聘、学制の提案などに尽力した。その後は政府のお雇いとして法律書や科学書などを翻訳、口述で西洋の知識を紹介した。晩年は、聖書翻訳や地方伝道で宣教活動に身を捧げた。そして明治三十一（一八九八）年三月十日、「無国籍」のまま在日、四〇年にして日本で没した。

ルーテル南部一致教会のジェームス・シェーラー師はフルベッキを追悼している。「フルベッキが日本にいなかったなら、今の日本にはなっていなかっただろう。日本という国が、本来の姿からより神の国へと近づいたのは、彼のおかげである」（『Evangelist』一八九八年六月号）

日本近代化の恩人、ギドー・フルベッキを忘れてはならない。

（いのうえ・あつお／作家）

吉田松陰

――地方幽囚者の思索

桐原健真

よしだ・しょういん（一八三〇―五九）

幕末の尊攘志士。長州藩士杉百合之助の次男として生まれ、数え五歳で山鹿流兵学師範吉田家に入り、翌年家督を継ぐ。家学の精練に力を注ぐも、平戸遊学（一八五〇）でアヘン戦争の詳細を知ると、伝統兵学の無力さを痛感。しかしこの衝撃は兵学上に留まり、西洋に対峙すべき「日本」の観念を手にするには、脱藩後の水戸訪問（一八五一）での会沢正志斎ら水戸学者との出会いが必要であった。一八五四年、再来航したペリー艦隊への密航に失敗し下獄。出獄後、松下村塾で高杉晋作や久坂玄瑞らを教えた。一八五八年、条約勅許問題に際し言動が過激化。藩政府により再投獄される。翌年、安政の大獄のなか江戸に召喚され、政治を論じた点が「不届」として斬首された。

松陰の「落選」

二〇一七年に高大連携歴史教育研究会から「歴史系用語精選の提案」なるものが発表された。これは、高校歴史の「暗記科目」化を防ぐため、基礎用語を半分以下にすべくまとめられたものである。当時は、「坂本龍馬」や「武田信玄」が消えると喧伝され、山梨県知事が「信玄」の存置を求め文科省に「直訴」(『朝日新聞』二〇一八年三月八日朝刊、山梨地方面)するといった騒動になったことを記憶している方もおられよう。

吉田松陰も「落選組」の一人であり、これまた反発の声が上がったらしい。筆者自身は、用語の精選自体には賛成するものであり、またどうしても松陰の名を教科書に刻みたいという立場ではない。だがその採用基準が少しく政治史中心であった点には違和感を覚えるところではある。すなわち近世後期の「私塾」の激増という文化現象を考えれば、松陰を外すのは妥当ではなかっただろう。しかしながら「提案」には「私塾」自体が存在せず、教育に関する項目は「寺子屋、藩校」のみなのだから、わざわざ松陰が召喚される必要はなかったとも言える。

松陰の「遠さ」

確かに松陰は政治史の主流からは離れている。同じく安政の大獄に刑死した橋本左内とは比べものにならぬほどに、彼は当時の中央政局からは遠かった。しかし、むしろそこにこそ彼の価値がある。

松陰は一箇のサンプルである。とりわけ中央政局とは切り離された地方知識人のサンプルにほかならない。しかもそれは、地球規模の世界に、日本という自己を開いていくための思索を、江戸から遠く離れた萩の地において、幽囚の日々のなか積み重ね続けた一地方知識人としてのサンプルなのである。

幽囚中に思索を重ねた松陰は、「人臣たる者に外交無し」(『礼記』)と強く主張するに至った。むろん原典における「外交」とはdiplomacyの翻訳語のそれではなく、君主の関与しない外部との交わりのことを意味する。しかし松陰が問題とした「外交」は、近代的な意味でのそれに極めて近かった。すなわち幕府による「外国交際」を、彼は批判したのである。

なぜ日本は「帝国」なのか

幕末日本は、西洋諸国から「帝国」と呼称された。今日、そのことを不思議に思うものは少ないだろう。なぜならば、皇帝としての天皇がいたからだ――と多くの人は答えるに違いない。だが当時の西洋諸国は、日本には聖俗二人の皇帝が存在し、外交は政治皇帝たる将軍とその政府と行うべきだと考えていた(事実、条約文にはそのように記されている)。

だが松陰にとって、幕府が「日本帝国政府」となり、また将軍が「元首」として諸外国と外交関係を結ぶことは、君臣内外の名分を侵すものであり、許し難いことであった。それゆえ彼は天皇を真の「元首」たらしめ、この「帝国日本」を国際社会に向けて開くべきことを高く掲げたのであった。それは「尊王攘夷」そして「尊王敬幕」を説いた水戸学との決別であり、また朝廷の「鎖国の御定論」(松陰「愚論」一八五八)を「航海雄略」へと転換させようという試みでもあった。

これこそ、松陰があの萩の地で、最大限の情報収集能力を発揮して集積した知識(彼は多くの外交文書を入手していた)と、幽囚中の思索とのなかから導き出した結論であった。そしてこの天皇親政と結び付いた「帝国日本」言説は、松陰が指導した松下村塾生だけではなく、広く幕末志士たちにも共有されていく。それは「国に二帝なく家に二主なし、政刑唯一君に帰すべし」(「薩土盟約」一八六七)といった叫びとなり、やがて王政復古・明治維新へとつながったのである。

(きりはら・けんしん/金城学院大学教授、日本倫理思想史)

大久保利通――近代化政策の推進者

大久保利泰

おおくぼ・としみち（一八三〇―七八）

薩摩藩士大久保利世の子。一八四六年記録所書助役として出仕。藩主島津斉彬の藩政改革運動から少壮藩士らに政治運動が高まり西郷隆盛とともに参加。斉彬死後藩主忠義の子久光のもとで公武合体運動を進めた。六六年木戸孝允と結び薩長連合を成立させ、倒幕派の中心人物となる。地租改正・殖産興業などによる資本主義育成政策を推進し、内政の確立をはかる。七七年西南戦争を乗り越え、翌四月地方官会議を開き、郡区町村編成法、府県会規制、地方税規則の三新法の制定を図るが、五月紀尾井町で暗殺された。

趣味は囲碁で、「（島津）久光公に近づくために囲碁を習った」とも云われるが、大正時代に発見された若い頃の日記によると、幼少の頃から習い、ある程度の腕前にはなっていたようだ。嗜好といえば、家人によると上等の玉露を濃くいれたお茶、煙草だったそうである。煙管の掃除が大変だったという話も伝わる。岩倉使節団副使として欧米各国を視察し、西洋風の生活習慣に慣れて帰国後はむしろ洋間で、朝食はパンという日常生活に変わった。

首都を東京に定める

慶応三（一八六七）年、孝明天皇崩御後、明治天皇（当時の睦仁親王）が践祚された。その後、一年も経たぬうちに大政奉還、そして王政復古の大号令が発せられ、年明けより戊辰戦争の幕が切って落とされた。鳥羽伏見の戦いで幕府軍が敗退、時代は大きく変化を遂げる方向へと動き出した。

新政府の参与となった大久保利通は、「明治天皇が御年十六歳と未だお若いながらも、これからの日本の近代化を目指すにあたり、率先して先頭にお立ちいただかなくてはならない、そのためには古い伝統に包まれた京都ではなく、敢えて京都から離れ、日本全体を理解し把握して頂くことが必要である」と考えた。そして、そのためには平安時代から千年以上も続いた「中心地」、つまり「首都」を京都以外のところへ移転させることが次なる大きな課題となった。

先ず浪華（大阪）を新しい「首都」とする利通の案が朝議にかけられたが、反対が強く成立せず、最終的に江戸遷都論を唱えた前島密の建白を利通が取り上げ、江戸へ移ることが朝議で決まり、明治天皇が江戸改め東京へ御到着となった「明治二年三月二十八日」をもって、東京が新しい「首都」になった。

欧米と対等な国家へ

王政復古から僅か一年半弱の間に、①太政官設置、②江戸を東京に改め、京都から首都機能移転、③御即位の礼実施、④明治改元、⑤太政官を東京に移転……などが実行された。これだけでも若い志士たちの自らの命をかけて日本を変えるという熱意とエネルギーには驚かされる。

その勢いは版籍奉還、廃藩置県へと進み、ほどなく新しい日本の設計に資する知識を得るために利通を含む政府の主要メンバーによる「岩倉使節団」が編成され、欧米諸国へ派遣された。約一年以上にわたる欧米各国視察の中から利通が学び取った近代化への具体的な計画は、先ず産業を興し、国力を高め、国を護る体制を整えることが基本であった。利通はこの考えに基づいて国内の体制を整え、欧米に追いつき、世界の中の国として諸外国と対等に渡り合える国家形成のかじを取ったのである。

まず、明治天皇に日本国内の現状を御視察して頂くために、明治五（一八七二）年から十八年にかけて各地への巡幸を実施した。これは六大巡幸と呼ばれているものである。

しかし、近代化は国の目的であるため、政府主導の下、広く一般国民にその意義を知らしめ、その意識を育む必要性が問われる。そこで国内外の技術、物産を一堂に集めて産業奨励を唱え、内国勧業博覧会の開催を計画した。ところが、実現に向けて動き始めた時に西南戦争が勃発し、開催を危ぶむ声が上がったが、利通は博覧会開催の意義を主張し、実現にこぎ着けた。

また農業技術改良の推進のために駒場農学校設立に尽力し、賞典禄二ヶ年分を奨学資金として寄付した。さらに郡山地方に広がる原野を開拓して田地田畑を増やすため、猪苗代湖の水を郡山方面へ流す安積疏水工事を計画し、実施に向けて動き始めた矢先に暗殺された。しかし後継者たちが利通の意志を受け継いでくれ、近代化は滞ることなく進んだ。

政府の中枢として近代化政策を推し進めた利通の部下には、藩閥を越えて、利通の志と計画を理解し、賛同してくれた優秀な人達がいた。彼らが亡き利通の遺志を継いで、日本の近代化を成し遂げたのである。


（おおくぼ・としひろ／大久保利通曾孫、元一般社団法人霞会館常務理事）

高場　乱——玄洋社生みの親は女性だった

石瀧豊美

たかば・おさむ（一八三二—九一）

眼科医・漢学者・教育者。博多瓦町の生まれ。興志塾（通称・人参畑塾）主宰。諱は元陽（読みは「もとはる」か?）、乱は通称。医師として父の名を継いで正山、俳号に仙芝・空華堂を用いた。高場流眼科を継承し、男装・帯刀の女傑として知られる。勤王歌人野村望東尼は従姉ともいう。幕末期、筑前の勤王家と交わったが、人材養成に向かい興志塾を興した。福岡では「人参畑の婆さん」と親しまれ、門下からは武部小四郎など明治十年福岡の変の指導者や、箱田六輔・頭山満・進藤喜平太・奈良原至ら自由民権運動、玄洋社で活躍した人々が輩出した。福岡市博多区博多駅前四丁目（旧住吉村字人参畑）に頭山満書の人参畑塾址碑があったが、現在は他で保管されている。

玄洋社の母体となった興志塾

高場乱《おさむ》は生涯九州福岡を離れなかったことから、全国的によく知られた人物とは言いがたい。その名が今も記憶されているのは「玄洋社生みの親」としてである。それには二重の意味があり、一つは乱が設けた私塾・興志塾から多くのメンバーがのち玄洋社に加わったこと（弟子三百とされる）、もう一つは前身たる向陽社から玄洋社への改組に当たり、直接にきっかけを与えた人物だったことである。後者は、向陽社に箱田六輔派（萩の乱に連座）と平岡浩太郎派（西南戦争に呼応して決起）の対立が起きた時、師として仲裁に入り、その結果、玄洋社の結成に至ったことをいう（一八八〇〔明治十三〕年に届出）。乱は玄洋社員（六十年余の間で、同一人の重複を含み延べ六三〇人）の中でただ一人の女性である。

一般に玄洋社は右翼の源流とされるが、私は玄洋社を単に「右翼」とくくることはできないと考え、なおかつ、海外侵略に責任のある超国家主義団体とする、戦後の玄洋社評価にも異を唱えてきた。玄洋社観の歪みは、直ちに乱の歴史的評価に影響する。本来なら女性史でもっと注目されてしかるべき人物であろう。

日本における近代化がどうしても西洋化とほぼ同義になるならば、高場乱も玄洋社も疑いなくその対極にあった。ただし、極端な国粋主義・排外主義の鼓吹ではなく、無制限な西洋化を許容しないという意味で。しかし「近代」を単なる時代区分と考えると、昭和期に活躍する広田弘毅・中野正剛・緒方竹虎に至るまで、明治・大正・昭和の歴史に欠くことのできないものとして、玄洋社とその人脈は輝きを放った。その原点に女性の関与があったことがユニークなのである。

眼科医としての生涯

福岡県糟屋郡須恵町に福岡藩眼科医の岡家・田原家があった。天草出身の高場順世に始まる高場家は中途から岡に改姓、日本四大眼科に数えられた田原家と共に順世の医学を伝えた。乱の父・正山は岡家から分家し先祖の名・高場を称した。

福岡藩には朱子学の修猷館と、古文辞学の亀井南冥を館長とする甘棠館《かんとう》と、二つの藩校が並立した。甘棠館は後に廃絶されたが、南冥の学問は私塾として伝わり、南冥・昭陽に続く三代目・亀井暘洲に学んだ乱は「亀門の四天王」に数えられた。乱が儒学を学び男装の生涯を通した背景には、伝統ある医家に生まれたことがあった。

乱の男装は十代前半の少女期からで、藩の許しを得て帯刀した。男装と表現するよりは、女性でありながら武士としてふるまったと言った方が真実に近く、馬や牛を乗り回し、弟子にも男言葉を用い、弟子は師が女性であることを意識しなかったという。肖像画の月代《さかやき》を剃った髪型は男性の茶《ちゃ》筅髪《せんがみ》である。一八七七（明治十）年三月に起きた士族反乱・福岡の変では、乱の弟子多数が加わったことから、日頃の反政府扇動の嫌疑で連行されている。

旧蔵の漢書などは残っているが、乱の思想をうかがうに足る著作など、直筆の資料は発見されていない。乱の生涯はさまざまなエピソードをつないで描くほかはない。

一八八九（明治二十二）年、外務大臣大隈重信に爆弾を投じ、隻脚を奪った来島恒喜は乱の愛弟子であった。その場で自刃した来島を世人は賞賛したが、乱はひそかに「匹夫の勇」と断じた。福岡市博多区崇福寺内玄洋社墓地正面に来島恒喜・頭山満・高場乱の墓が並び立ち、「高場先生之墓」の題字は勝海舟の手になる。二〇二三年三月、その横に牛に横座りした図柄の高場乱銅像が建設された。

（いしたき・とよみ／福岡地方史研究会会長、日本近代史）

中村正直——翻訳書が国民的教科書に

平川祐弘

なかむら・まさなお（一八三二―一九一一）

中村正直は下級の幕臣の子で、親友の勝海舟と似た生い立ちである。神童ははやく頭角をあらわし昌平黌の御儒者に抜擢される。中村は幕末日本の最高の学問的権威となった。だが志願して第一回幕府留学生の一員として一八六六年に渡英、民主主義を発見、産業革命後の西洋文明にカルチャー・ショックを受けた。六八年、徳川幕府瓦解後、洋学者として帰国した。漢学者中村のこの変身こそ、文化史的な「転向」Japan's turn to the West で、我が国が明治維新をきっかけに、古代中国から近代西洋へと文明モデルを切り替えたことを意味する。

明治日本を造った書物

中村正直はスマイルズの *Self-Help*（一八五九）を『西国立志編　原名自助論』として翻訳（一八七一）した。これは福沢諭吉の『学問のすゝめ』と並ぶ維新後の最大のベストセラーで、明治日本の国造りの国民的教科書となった。プロテスタンティズムの倫理とともに、西洋産業文明の秘訣をその担い手である技師たちの小伝を語ることで日本に伝えた。英語の本が一冊まるごと日本語に訳された嚆矢である。自立した個人の勤労倫理を説く主張は、開巻冒頭の Heaven helps those who help themselves の格言に要約される。「天ハ自ラ助クルモノヲ助ク」の中村訳で日本でも格言と化したが、もとはキリスト教のゴッドを意味した「天」が、日本人のお天道様を拝む気持の神道的な「天」に変容した。西郷隆盛の「敬天」思想もそれに由来する。中村は明治初年、最大の影響感化を与えた知識人で、福沢と並び称されたが、今日はさほど知られない。代表作が二冊とも翻訳だからだろう。『西国立志編』は明治初年、広く小学校で使われ、西洋説話集として日本教育史上に刻印を残した。作中の「陶祖パリシー」の話は日本製の教科書では「陶祖藤四郎」さらには「名工柿右衛門」となり、小説では幸田露伴により「鉄三鍛」「蘆の一ふし」などに翻案された。日本の織機王豊田佐吉の少年向け伝記は『西国立志編』中にあるイギリスの織機王ジョン・ヒースコートの伝記を焼き直したものであり、「ジェンナー牛痘ヲ発明セシコト」は修身教科書に必ず載った。

全十三編から成る『西国立志編』中、第一編は政治における国家ならびに個人の自助の精神を説いた編で、編頭に掲げられた言葉は、スマイルズが感化を浴びたミルの句「一国ノ貴《たふ》トマルトコロノ位価《ゐか》ハ、ソノ人民ノ貴トマルモノノ、合併シタル位価ナリ。」The worth of a State, in the long run, is the worth of the individuals composing it. である。中村は第二編「新機器ヲ発明創造スル人ヲ論ズ」に見事な漢文の序を付したが、産業革命の成果への一大讃歌で、明治の中国人留学生にもその考えは伝わった。毛沢東の岳父楊昌済はスマイルズについて、一九一六―七年の『新青年』に、「天助自助者、乃英国教育家之格言。人人有独立之精神、斯可鋳成独立之国勢」と書いている。

天安門事件直後の中国の思い出

もう一冊はジョン・スチュワート・ミルの *On Liberty* で、中村は『自由之理』として明治五（一八七二）年に訳したが、自由民権運動にも、日本に立憲政治を打ち立てる上にも、貴重な貢献をした。清国では厳復が、同書を『羣己権界論』と題して一九〇三年に漢訳したが、影響力は限られた。

私は中国で、中村正直とスマイルズを何度も教えた。産業化に向けてスタートした東アジアの国では、市民社会の倫理の確立も大事だろうと思ったからである。天安門事件の直後で若者は外国から学ぶのに一生懸命だった。ミルの英文 **By liberty, is meant protection against tyranny of the political rulers** を「自由トハ、政治支配者ノ暴虐カラノ心身ノ安全保護ヲ意味スル」と訳したとき、電気のようなにかが教室を走った。それは錯覚ではない。放課後に大学院生が訪ねてきた。当時は外人専家を訪問する中国人学生は入口で一々チェックされたが、『自由之理』を借りて帰って行った。貧富の格差がまだ小さかったあのころの北京が懐かしい。中村の「自助論第一編序」を、私たちは大きな声で一緒に読んだ。

余是ノ書ヲ訳ス。客過ギテ問フ者有リ。曰ク、「子《し》何ゾ兵書ヲ訳サザル」。余曰ク、「子兵強ケレバ則チ国頼ミテ以テ治安ト謂フカ。且ツ西国ノ強キハ兵ニ由ルト謂フカ。是レ大イニ然ラズ。夫レ西国ノ強ハ、人民篤ク天道ヲ信ジ、人民ニ自主ノ権有ルニ由ル。政寛《くわん》、法公《こう》ナルニ由ル。」

(ひらかわ・すけひろ/東京大学名誉教授、比較文化史家)

高島嘉右衛門——近代を開き近代を超える

岡田明憲

たかしま・かえもん（一八三二—一九一四）

明治の実業家。易断で有名。江戸三十間堀（現在の銀座）に生まれ、父の材木業「遠州屋」を継ぐ。南部藩の鉱山経営の失敗による莫大な借金を清算し、建設請負業で成功する。開港された横浜に進出するが、金と銀の交換で幕府の禁を犯し投獄され、そこで『易経』を学ぶ。易断の奥義に達し、日露戦争の勝利や伊藤博文の暗殺を予言したことで知られる。横浜の発展に尽した功績は大きく、鉄道やガス灯などを計画し実現させた。明治九年に一度は引退するが、その後も各種の事業に関係し、愛知セメントの筆頭株主や北海道炭鑛鉄道の社長などを歴任した。伊藤博文とは昵懇で、嘉右衛門の長女たま子は、伊藤博文の長男博邦と結婚している。『高島易断』全五巻がある。

名実ともに国士

世にいう高島易の開祖である呑象、高島嘉右衛門は事業家だった。彼は十代にして、父の「遠州屋」がやっていた盛岡藩請負業に従事し、二十代で佐賀藩を後盾に横浜に肥前屋を開き、外国人相手に陶器の一手販売を手懸けた。そして鉄道、ガス、郵船などを起業した。それは、渋沢栄一が局長になった東京ガスよりも早く、岩崎弥太郎が政府の軍事輸送によって財閥となる以前のことだった。ちなみに東京―横浜間の鉄道は政府の事業になり、嘉右衛門は開通に必要な埋め立てを行なった。横浜の高島町は、その彼の名に因むものである。

明治九年には、易学の研究に専念するために引退声明をするが、その後もセメント、炭鉱、農場経営など国策を見据えて事業を展開している。それは時代の流れを確《しか》と読みとる、彼の類まれな先見力に大いに関係しているが、単にそれだけではない。嘉右衛門は、事業は私利私欲だけでなく、天下万民のために行なうものと考えていた。すなわち済世利民の実践こそが事業のあるべき姿なのである。彼は名実ともに国士だったのである。

しかしそれは、世の自ら称する国士たちの様に、現実離れしたスローガンを、虚勢を張って叫ぶものではなかった。この種の甘えは彼になく、事業家である嘉右衛門は、どこまでも現実主義者だったのである。それは高島町の開設に当って、彼が遊廓を招致した事実からもうかがわれる。時の県令陸奥宗光の道徳的建前論に対し、彼は公衆衛生上の必要と町の繁栄を意図して、この事業を成功させるのである。しかも、この遊郭招致の一方で、彼は福沢の慶應義塾に並ぶ日本最初の洋学校、高島学校を横浜伊勢山下に開設し、明治天皇から銀杯を下賜されているのだ。

西洋風の近代文明の限界を自覚

嘉右衛門の事業の成功は、一般に思われている様な、易占いによるものではなかった。確かに彼は易聖と称される如く、その易断によって、明治の数々の重大な事件を予言し的中させている。そして彼がその予言を、易理を以て説明したのは事実である。しかし彼の事業に於ける先見力の秘密は、それ以上に人との交際を重視し、それによってもたらされた情報を判断する、天賦の直観の鋭さにあった。さらにその直観に基づいてする、決断の速さだったのである。これは易を云々する世の占い師や漢学者には見られぬものである。

彼は既に、若くして易を学ぶ以前に、相場の世界で天賦の才を発揮している。そもそも彼が易を学ぶ切っかけとなった投獄事件も、今でいう外為法、すなわち為替相場の管理を犯したからであった。そして為替は無論のこと、全ての相場で要求されるのが、情報・判断・決断なのである。しかし直観力は天賦の才であったとしても、情報は努力なしでは集まらないし、工夫も必要になってくる。嘉右衛門は、そこに金と時間を惜しまなかった。そのために、西洋風のホテルまで作って、政財界の要人と交際したのである。

彼は貴顕だけでなく市井の人々とも、さらには宗教家や教育者から芸人まで、広く交際した。伊藤博文、大隈重信、江藤新平、山県有朋、松方正義、益田孝、千家尊福、今北洪川、福沢諭吉、杉浦重剛、三遊亭円朝、市川左団次など皆、嘉右衛門の知己だった。こうした人々との交際を通して、彼は文明開化の陥穽にも気づいていく。すなわち、西洋風の近代文明の限界を自覚する。

それ故に高島嘉右衛門は、熱心に東洋の形而上学である易を提唱したのである。また彼は、浅田宗伯や岡田昌春によって設立された、皇漢医学の全国組織である温知社に、古河市兵衛とともに資金援助を行なった。このように、近代を開いた彼は、近代を超えていったのである。

（おかだ・あきのり／イラン学・文明学）

矢嶋楫子——明治という海を渡った人

江種満子

やじま・かじこ（一八三三—一九二五）

肥後国（現在の熊本県）上益城郡津森村杉堂の庄屋矢嶋忠左衛門直明・母鶴の六女として生まれる。二十五歳の時、林七郎の後妻として嫁ぐが、結婚後一〇年で離婚し、一八七二年上京、教員伝習所に学ぶ。小学校教員を経て新栄女学校教員、桜井女学校校長となる。七九年受洗。八六年レビット女史の来日に際して四十数名で日本基督教婦人矯風会を創立。八九年新栄・桜井両女学校が合併して女子学院となり、院長に就任。八六年東京婦人矯風会会頭。九三年日本基督教矯風会大会や国際軍縮会議に参加。一九二四年婦人参政権獲得期成同盟会に加盟、生涯を女子教育・婦人運動に尽くした。

幕末に「個」を育む女

矢嶋楫子《かじこ》の思想は、楫子の生きた軌跡がそのまま語るであろう。

やはり楫子伝定番の挿話から始めよう。彼女は阿蘇山麓の総庄屋矢嶋家に一男七女の六人目の女児として生まれ、落胆した両親に代わって姉が「勝子」と名付けたとか、その子は、大きくなるにつれ狷介さをみせて「渋柿」とあだ名されたとか。きっと彼女は家族の中に心地よい居場所をもてずに、自衛するために強い「個」の意識を発達させざるをえず、ときにはそれが周りの意表を突いて現れたのだろう。女が誰しも有能で忍耐強い妻母になるように求められた幕末のこと、姉たちの結婚に疑問を感じながら、彼女も二十五歳で後妻の座につくのである。

意外にも、勝子の生年は黒船来航よりも二〇年早く一八三三(天保四)年である。幕末から明治維新へと激動する日本の転換期に、女の平均寿命の前半を過ごした彼女は、明治維新の前年生まれの夏目漱石とは親子ほどにも年齢差がある。しかも漱石より後まで現役で活躍した。ともあれ勝子は、漱石が生涯かけて自他の関係性のアポリアをテーマに日本の近代文学の傑作を書くのに対し、幕末の男尊女卑の世の中で早くも「個」の意識を育んだ女として、言語化こそしなかったものの、漱石と同じ問題を十分その身体で生きていた。

加えて、当時の熊本一帯は、開明的な実学思想を説いた思想家横井小楠の拠点であり、勝子の兄源助は親友の徳富一敬に次ぐ小楠の高弟だった。そのため、矢嶋家の三女以下末女まで、五女つせ子が小楠その人の後妻になったほか、それぞれ小楠門下に嫁いでいる。矢嶋家と徳富家が縁戚関係を組みつつ形成した思想圏図は、偉容というほかない。男たちが小楠とともに熊本を見据え、熊本を超えて日本を論じ合う傍らには矢嶋姉妹がいて、新時代の到来を聞いていたのである。

勝子から楫子へ——「個」を生きる

明治維新の怒濤は、三十五歳になった勝子を冒険の旅へ漕ぎ出させた。維新を前にした小楠門下の熱気は、勝子の幼少期に根付いた「個」の自負を後押し、酒乱の夫からの独立へと進ませる。一八七二（明治五）年三十九歳、東京の官職にあった兄の縁で単身上京する途次、自ら楫子と改名して後半生の楫は自ら握ると誓った。

新設の教員伝習所で一年間学び、翌年小学校教師に。実力のある評判の女教師だったが、その時楫子は、自身の「個」が危機に瀕するほどの恋を妻子ある男とし、妊娠し、極秘に出産し、児を養女に出し、恋の幕を引いた。恋は楫子に女としての自己の深淵を肯定させた反面、児を手放した母としての罪悪感に生涯苛まれた。

「個」の伝播者――ミッション系女学校教師、基督教婦人矯風会会頭

一八七八年、四十五歳になった時、アメリカ人の卓越した宣教師ツルー夫人と運命的に出会う。楫子の持ち前の強い個性はようやく居場所を得た。ミッション系女学校で聖書の科目を担当し、教会に通い、恋の罪をキリストに托して受洗する。女学校では多くのアメリカ人教師のアメリカ的女子教育にも触れた。女生徒たちに自主自尊の精神を根づかせるために校則さえ作らず、個人の自由の自覚を促した。卒業すると、地方の系列の女学校に教師として送り出して自立させるなど、日本の女子教育に実践的な一時代を画した。

さらに一八八六(明治十九)年五十三歳の時、万国婦人禁酒会遊説員レビット夫人の来日講演に集った女性たちと、日本初の女性運動となる東京婦人矯風会を組織、最年長者として会頭となった。佐々城豊寿、潮田千勢子などの異なる立場を擁し、禁酒運動に限定せず、国会開設とともに一夫一婦制の建白書を提出、吉原・飛田遊郭の反対運動などの廃娼運動を展開し、女性の政治意識を覚醒させた。運動の実現に婦人参政権が不可欠だと認識すると、市川房枝らと婦選獲得期成同盟を組んだ。

幕末に根ざした女は、明治の新風を受け、生涯女性の自由のために尽力した。

(えぐさ・みつこ/文教大学名誉教授、日本近代文学・ジェンダー)

木戸孝允——その開明的精神

和田昭允

きど・たかよし（一八三三—七七）

幕末・明治初期の政治家で、西郷隆盛、大久保利通とともに明治維新の三傑といわれる。

萩の藩医和田正景の長男として生まれ、桂家を嗣いで桂小五郎となる。長州毛利藩の藩論を指導し西郷隆盛とのあいだに薩長同盟を結び反幕体制を固めた。一八六八年の王政復古後参議となり、明治新政府の中心的役割を果たした。五箇条の御誓文の作成や六九年の版籍奉還をおこない、特命全権大使岩倉具視一行に全権副使として参加し、アメリカ、ヨーロッパ諸国を巡遊。七五年文部卿として東京女子師範学校を創立、参議政体取調委員、地方官会議議長につく。七六年病のため参議を退き内閣顧問。七七年の西南戦争中は京都の行在所にあって事変処理に努力したが五月に病没。

強烈な精神の力

木戸孝允は明治新政府にあって、世界を広く見る開明性と高い政治的識見を買われ、ただひとり総裁局顧問専任となった。そして庶政全般の実質的な最終決定責任者として、外国事務掛・参与・参議・文部卿などを兼務していく。文部卿には、教育の重要性を強く認識した木戸が、自分から望んで就任した。

明治四（一八七一）年に日本に来たオーストリアの外交官ド・ヒュブネル男爵が木戸の印象を書いている。「一見して非凡な人物であることがわかる。これほど強烈に精神の力を感じさせる風貌に、私はこの国でかつて出会ったことがない。彼がものをいうとき、その表情は独特な生気をみなぎらせる」。以下に述べる木戸の、時代を遙かに先んじての近代日本建設には、この強烈な人間精神に対する多くの人々の共鳴と信頼があったと考えて間違いないだろう。

「国家の大計大略を定め向ふ所を指示」

「五箇条の御誓文」策定では、第一条の「列侯会議を興し」を「広く会議を興し」に改め、第四条「旧来の陋習を破り、天地の公道に基くべし」を新たに挿入させた。第五条には「日本人は世界人となって、国民的基盤を大いに整備しなければならない」と、明治維新の基本精神を全国民に示した。加えて、軍人の閣僚への登用禁止、民主的地方警察、民主的裁判制度など、その当時にあっては極めて現代的かつ開明的な建言を行っている。

「封建制の廃止」と「郡県制による中央集権の必要性」を認識する木戸の努力により、薩長土肥四藩の藩主連署による版籍奉還の上表が提出され、その後、多くの藩がこれにならった。当初案は「知藩事は世襲とする」だったが、木戸が「世襲」の二字を削除し政府の任命とした。

明治四（一八七一）年七月九日、木戸邸に大久保利通、西郷隆盛、西郷従道、大山巌、山県有朋、井上馨ら薩長の要人が集まり、廃藩置県断行の密議が行われた。そして七月十四日、在京の知藩事が皇居に召集され、廃藩置県の詔勅が下った。これによって旧藩主を知藩事としていたシステムが改革され、県令が任命された。封建制度を支えてきた領主による土地支配が廃止されたのである。

木戸は幕末以来の宿願だった不平等条約の撤廃と対等条約締結のため、岩倉使節団の全権副使として欧米を回覧した。そして、予備交渉と欧米視察を進め、欧米の進んだ文化だけでなく、民主主義の不完全性や危険性も洞察して帰って来る。その結果、内治優先の必要性を痛感し、「憲法の制定」、「二院制議会の設置」を積極的に進め、国民教育の充実、皇民化教育の充実に積極的に取り組んだ。

木戸と板垣は、「立憲政体樹立」「三権分立」「二院制議会確立」を条件として参議に返り咲き、直ちに立憲政体の詔書を発布した。議会（立法）については、上下の両院に相当する「元老院」と「地方官会議」が設けられた。司法については現在の最高裁判所に相当する「大審院」が新たに設立された。東京女子師範学校は、女子教育の必要性をいち早く認識した木戸文部卿によって明治八（一八七五）年に創立された。

現在の国会の衆議院に相当するものを模索し続けた木戸は、第一回の「地方官会議」（一八七五・六・二〇—七・一七）を、自ら議長として開催した。しかしこの頃から病に苦しむようになり、明治十（一八七七）年五月二十六日逝去、満四十三歳。

徳富蘇峰は言う。「非常の場合において、非常の難に当るには、西郷其の人あり、国家の秩序を定め、統制の周到に就ては、大久保其の人あり、然も国家の大計大略を定め向ふ所を指示したるは、木戸其の人である。」（『三代人物史』読売新聞社、一九七一）

歴史にイフはないと言うけれど、思考実験として〝木戸孝允がいた日本〟と、〝もしいなかったときの日本〟を想像し、較べてみるのも面白い。

（わだ・あきよし／木戸孝允曾孫、東京大学名誉教授）

大鳥圭介——近代日本の工業教育の父

高崎哲郎

おおとり・けいすけ（一八三三—一九一一）

大鳥圭介は天保四年二月二十五日（一八三三年四月十四日）に生まれ、明治四十四（一九一一）年六月十五日に没した。享年七十八歳。江戸後期の西洋軍学者、幕臣、陸軍司令官であり、明治新時代の工学者、技術官僚、教育者、外交官で男爵となった。彼は幕末から明治時代という激動の嵐が生んだ〈負の側に立たざるを得なかった〉時代の申し子であった。新政府軍と旧幕府軍が激突した戊辰戦争で、〈敗軍の将〉となった大鳥は、不撓不屈の魂と和魂洋才の知識を武器に剣をペンに持ち替え、後半の生涯を遅れて近代化されつつあった日本の産業・工業の発展に捧げ、工学界の人材育成に尽力した。敗北の挫折や藩閥政治の壁を乗りこえて、近代日本の「工業教育の父」「高級外交官」としてよみがえった。

村医者の息子、幕臣に栄進

大鳥圭介《おおとりけいすけ》は身長五尺（一メートル五〇センチ強）で少々短躯ではあったが、精悍な表情の眼光は鋭く、頭脳は明晰で行動力にも長けていた。偉才ぶりは「全身これ胆《た》」と驚嘆をもって受け止められた。「一身にして二世を経る」（福沢諭吉）といえる七八年の生涯であった。

大鳥は天保四年二月二十五日（一八三三年四月十四日）、播磨国赤穂郡細念村小字石戸（現兵庫県赤穂郡上郡町岩木丙）の村医者大鳥直輔の長男として生まれた。備前国（現岡山県東部）の閑谷黌《しずたにこう》で漢学を学ぶ。赤穂の蘭方医中島意庵の内弟子となり漢学を捨て蘭学を学ぶ決意をする。

嘉永五（一八五二）年五月、蘭学を極めるため大坂（現大阪）に出て緒方洪庵の適塾で学ぶ。洪庵の助言もあり江戸に出て蘭学の研鑽に打ち込む。蘭学塾に学ぶが、洋書を通じて軍学や工学などの理工系の学問に強い関心を示し、幕府代官江川太郎左衛門の江川塾に兵学教授として招かれるまでになった。尼崎藩に兵学指導者として取り立てられ藩士となった。徳島藩士を経て同六年には幕府の蕃書調所（洋学研究所）の教授に推挙され兵学関連の洋書を相次いで翻訳する。洋学の知識を基に、日本で初の合金製活版を造る。幕府の海陸軍兵書取調方出役となり、陸軍所に出仕した後、正式に幕臣（旗本）に取り立てられた。異例の出世である。

慶応三（一八六七）年一月、幕府の正規兵・伝習隊の創設を知り、幕府勘定奉行小栗忠順《ただまさ》に依頼して参加した。歩兵頭並（佐官級）となり陸軍の育成や訓練にあたる。翌四年一月、歩兵頭（将官）に昇進した。鳥羽・伏見の戦い勃発後、江戸城での評定では小栗忠順らと共に交戦継続を強硬に主張した。陸軍指揮官である歩兵奉行に昇進する。運命は大鳥を戊辰戦争の旧幕府軍司令官にさせるのである。

江戸城開城の後、彼は伝習隊を率いて江戸を脱出し日光に向かう途中、栃木県内の小山や宇都宮などで薩長軍（西軍）と交戦する。福島県の母成峠《ぼなりとうげ》の激戦で大鳥軍は壊滅的な損害を受けたが、全滅は免れ、仙台に至った。幕府海軍を率いる榎本武揚と合流し、軍艦で蝦夷地（北海道）に渡って「箱館政権」の陸軍奉行となる。箱館戦争では果敢に戦術を展開したが追い詰められ明治二（一八六九）年五月、五稜郭で降伏した。東京に護送され〈敗軍の将〉として入獄した。

新政府で殖産興業を推進

明治五（一八七二）年一月、特赦により出獄が許された。四十歳。彼の新たな人生が開かれる。新政府は大鳥の才覚を必要とした。開拓使五等出仕を経て欧米先進国を視察する幸運に恵まれた。帰国後、工部省四等出仕となる。工学全般に精通した技術官僚として殖産興業政策の立案にあたる。工部省工作局長に抜擢されて官営工場を総括し、セメント、ガラス、造船、紡績などのモデル事業を推進した。内国勧業博覧会の審査員として国内産業の育成と普及に尽力した。アメリカのダム技術書を『堰堤《えんてい》築法新按』として翻訳しダム技術をいち早く紹介した。明治十（一八七七）年、高等工学教育機関である工部大学校が発足し校長に任命された。工部技監に昇進し勅任官にもなってテクノクラートとして最高位に栄進した。明治十八（一八八五）年十二月、元老院議官に就任し後に学習院と華族女学校の校長になる。

そして新政府の要請を受け外交官に転じた。明治二十二（一八八九）年六月、駐清国特命全権公使を拝命した。二十六年七月には朝鮮公使を兼任し翌年六月には朝鮮に赴任した。最高実力者の大院君に朝鮮の近代化を建言し、日清戦争開戦直前の困難な外交交渉にあたったが、公使を解任された。帰国後、枢密顧問官に転じる。明治三十三（一九〇〇）年五月、多年の功績により男爵を授けられる。明治四十四年六月、神奈川県足柄下郡国府津町の別荘で死去した。

（たかさき・てつろう／作家、元帝京大学教授）

江藤新平——司法改革の先駆者

星原大輔

えとう・しんぺい（一八三四—七四）

佐賀藩士。藩校弘道館で学び、枝吉神陽に師事した。一八六二年脱藩し木戸孝允らの知遇を得たが、帰藩後は永蟄居を命ぜられる。維新政府が成立すると徴士として出仕、大木喬任とともに東京奠都を建言し、政府首脳から高い評価を得た。その後、中辨、文部大輔、左院副議長などを経て、一八七二年に初代司法卿となる。この間、裁判制度の整備や民法をはじめとする法典編纂の推進に尽力した。一八七三年に参議となるが明治六年政変で下野。翌七四年民撰議院設立建白書に名を連ねたが、その直後に帰郷した。征韓党の首領となり佐賀の乱を起こすが敗走、高知で捕縛され、佐賀で処刑された。

「法」の制定

山脇之人『維新元勲十傑論』で、維新に功績のあった人物として、西郷隆盛、木戸孝允、大久保利通らとともに、江藤新平の名が挙げられている。彼が歴史の表舞台で活躍した期間は極めて短いが、さまざまな官職に就き、近代化に向けた立法作業に携わった。特に、司法改革における功績は今も高く評価されている。

維新政府が掲げた国家目標の一つは「万国対峙」である。それを実現するためには何をすべきか、政府内にもさまざまな意見があった。そうした中、江藤が注目したのは「法」、すなわち憲法、民法、商法、刑法、民事および刑事訴訟法の六法の制定である。オランダやベルギー、スイスのような小さな国が大国と対峙できているのは、ひとえに「法律の精《くわ》しく行はればなり」と（「興国策」）。また「富強の元は国民の安堵にあり。安堵の元は国民の位置を正すにあり」とも主張している。ここで言う「国民の位置を正す」とは「相続・贈遺・動産・不動産・貸借・売買」等々、個人の権利を法律に明記し、かつ保護するシステムを確立することである。そうすれば人びとは「安堵」して業に励み、その結果として「国の富強」へと繋がる（「司法卿を辞するの表」）。

そこで江藤は、諸法を一日でも早く制定し、そして社会で生じた利害の衝突や紛争を、客観的かつ公平に解決・調整できるよう、裁判所を全国各地に整備しなければならないと考えた。

司法の理想像

当時、司法は行政の一環と考えられ、行政官庁が裁判所も兼ねるのが通例で、江藤のような考え方は異例であった。実際、江藤が司法の独立機関の設立を提言し、明治四（一八七一）年に司法省が設置されたが、ほとんど機能しなかった。

そこで翌年、江藤は初代司法卿に就任すると、「果然鋭為、一挙して進むの勢」（井上毅）で、多岐にわたって大改革を推し進めた。とりわけ注目すべきは、五カ条からなる司法省誓約であろう。ここに「方正廉直にして職掌を奉じ民の司直たるべき事」「律法を遵守し人民の権利を保護すべき事」と、江藤が描いていた司法の理想像が端的に示されている。

この他、行政への監督として立法府を構想するなど、江藤は近代的政治思想を積極的に吸収し実現させようとした「立法家実務家」（大隈重信）であった。

「民の司直」たるべき司法省

しかし江藤は、明治七（一八七四）年に刑場の露と消えた。処刑されるに至った要因の一つとして、彼の改革があまりにも急進的であった点が挙げられる。江藤の和歌に、

いそがずばぬれじと言ひし人もあれど　いそがでぬるゝ時もありけり

とある。彼はひとたび是とすれば、実現に向けてひたすらに邁進した。政府内にはこうした行動力を評価する声があった一方で、「ピリピリしておって、じつにあぶないよ」（勝海舟）と危惧し、反発する者もいた。久米邦武は、江藤新平を、父親の反対を押し切って改革を進め、内乱を招き処刑された前漢の晁錯《ちょうそ》になぞらえている。江藤の耳にもそうした非難の声は届いていたのであろう、

　郭公《ほととぎす》声待ち兼《かね》てつひに将《まさ》　月をも恨むひとこころ哉

という自戒の和歌も詠んでいる。これを記した書幅が彼の絶筆となったのは、何とも皮肉である。

しかし彼の理念の実現に向けて邁進する生き様は、いまも多くの人の心を惹きつけてやまない。

江藤の司法改革は道半ばであったが、その後、同郷の盟友・大木喬任《たかとう》が跡を継いで司法卿となり、同省に出仕していた佐賀出身者らの尽力により、裁判所整備と法典編纂は実現した。これらは時代と共に変わっていくであろうが、「民の司直」という江藤の理念は、これからも受け継がれていかなければならない。


（ほしはら・だいすけ／公益財団法人大倉精神文化研究所研究部長、日本近代史）

岩崎弥太郎——世界を見据えた社長独裁

武田晴人

いわさき・やたろう（一八三五—八五）

明治初期の実業家。三菱財閥の起点となる海運事業を創業し、台湾出兵や西南戦争における軍事輸送に従事し、政府の保護を受けて郵便汽船三菱会社を築いた。出身は土佐藩下級武士で、幕末期には藩の開成館（貿易商会）の経営に関わり、維新後には、その事業を継承した九十九商会、三川商会（明治五年改称）の経営を差配し、六年に三菱商会と改称して完全に弥太郎の個人事業として自立した。海運のほか、吉岡銅山、高島炭坑、長崎造船所なども兼営し、三菱多角化の基礎を作った。また、会計制度の整備などにも取り組み、日本の近代的な企業制度の形成にも貢献している。明治十四年の政変に巻き込まれるかたちで厳しい三菱批判にさらされるなかで死去した。

選ばれて政商となる

岩崎弥太郎は、四十歳代になって本格的に海運業を始め、一二年余りの間に巨額の財を成した。明治維新の前後には新政府に出仕する道を模索していたが、夢破れて土佐藩の開成館時代の貿易業務の経験と、土佐藩からの払い下げ船舶によって実業に活路を見出した。

弥太郎が、海運事業に乗り出した時、新政府は三井組などが設立した日本国郵便汽船会社を保護していた。弥太郎の三菱商会は所有船舶も少なく二番手に過ぎなかった。しかし、弥太郎は明治六（一八七三）年四月に留学中の弟弥之助に「只今大蔵省之ヒイキノ日本郵便会社ト我三ツ川商会ト双方必至之角力ナリ」と書き送り、社内には、「今後の方針」として、まず日本国郵便汽船を倒し、次に日本近海で七割のシェアを占めていた米国の太平洋汽船会社を駆逐すると宣言していた。

明治七（一八七四）年の台湾出兵に関わる輸送業務引受けが弥太郎の飛躍のチャンスとなった。新政府が予定していた外国船傭船は、英米から清国との外交関係が悪化するとの理由で断られ、日本国郵便汽船も断ったために、三菱商会にお鉢が回った。三菱商会の所有船舶は貧弱だったが、政府は自ら購入した船舶を貸与して三菱に運航を委託した。その結果、三菱は、一三隻の船舶を受託運航して台湾出兵の輸送業務を遂行した。また、次の飛躍のステップとなる西南戦争では、船舶一〇隻が追加されて軍事輸送に当たった。

巨大海運会社の形成

明治八（一八七五）年に、新政府は海運保護政策を見直し、三菱に第一命令書を交付し、上海航路への助成金を与えた。この命令に沿って弥太郎は三菱会社の諸規則を整備し、組織を改革し、経営体制の近代化を図った。慶應義塾から招かれた荘田平五郎などが会計規則の作成などを進めた。そのなかで弥太郎は「立社体裁」を定め、三菱の事業は、「全ク一家之事業ニシテ他ノ資金ヲ募集シ結社スル者ト大ニ異ナリ」と社長独裁を宣言した。

弥太郎は、「我国の貿易を発達させるためには、外国汽船を沿岸航路より駆逐するのみでは為し得ない。進んで上海より香港に航路を拡張し、さらに太平洋を横断してサンフランシスコに進出し、ついには『地球を横絶して』世界の全港湾に我が国の汽船を通じなければ、その目的を達しえない」と、世界中の航路に三菱の旗を立てる夢をもっていた。

その実現のために、弥太郎は自己輸送から他人輸送へと海運の事業の形態を変革し、英米の海運会社との競争では荷為替金融などのサービスを拡充して競争に打ち勝った。こうして三菱は、明治十三（一八八〇）年には、日本の沿海と上海・香港・釜山などの近海外国航路を運航し、年間七〇万円ほどの巨利を上げる大企業に成長した。

しかし、巨大化した三菱に対する批判が強くなり、明治十四（一八八一）年政変を契機に、厳しい逆風に弥太郎は直面することになった。出発時点では二番手であった弥太郎は、政府の期待に十分に応えて巨大な事業を作り上げた。しかし、その特権性は事業機会の平等を求める新しい流れから批判されるものとなっていた。晩年の弥太郎が直面したのは、そうした時代の早い変化であった。三菱批判の中で共同運輸が設立されて激しい競争へと向かう中で、弥太郎はその結末を見届けることなく、明治十八（一八八五）年二月に五十一歳で死去した。その弔い合戦の中で、三菱の海運業は日本郵船に譲渡された。激しい批判に対して弥太郎は、「政府が国賊というのなら、汽船をすべて遠州灘に集めて焼き払い、残りの財産は自由党に寄付しよう」と言ったと伝えられている。弥太郎は、売られたけんかから逃げる気はなく、その反発心は若い頃から変わらなかった。

（たけだ・はるひと／東京大学名誉教授、日本経済史）

福澤諭吉——コンパスの如き人

橋本五郎

ふくざわ・ゆきち（一八三五―一九〇一）

慶應義塾の創始者。中津奥平家（現在の大分県中津市）の家臣の五人兄姉の末っ子に生まれた。緒方洪庵の適塾で蘭学を学び、中津藩江戸屋敷で蘭学塾を始める。これが慶應義塾の起源となる。維新前に三度欧米を視察し『西洋事情』を著す。日本近代化のためには個人の独立が不可欠であるとして『学問のすゝめ』や『文明論之概略』を出版する。ジャーナリズムにも進出、『時事新報』という本格的な新聞を創刊する。明治の教育界、経済界、政界に多くの人材を送り出した。その思想の中核に「独立自尊」があり、科学的知識に基づいた「実学」を説いた。『福翁自伝』は自伝中の傑作である。

鎌田栄吉の「福澤諭吉コンパス説」

福澤諭吉をトータルに論じることなどどう考えても困難である。『福澤諭吉事典』（慶應義塾大学出版会）を繙けば、「ルネサンス的万能人」であることがわかる。それでも福澤という高峰を、あえて一言で表すとどうなるか。明治から大正にかけ慶應義塾長を二十五年間も務め、その後文部大臣や枢密院顧問官も歴任した鎌田栄吉がこんなことを言っている。

――コンパスの一本の脚は自由自在に変化するが、他の一本の脚は一点に固着して決して動かない。福澤先生はコンパスの如き人である。独立自尊という主義にちゃんと立脚し、この一脚は、どんな事があっても外へ動かない。他の一方は自由自在に伸縮して大円を描き、小円を描く。それが大変な経国の大事にも、小さな家庭の始末にも対応している。

「福澤諭吉コンパス説」。きわめて説得力がある。ジャーナリストとして私が福澤から学ぶ最大のものがここにある。揺るがぬ原理・原則を持ちながら、現実の動きをしなやかに捉える精神の柔軟さがある。「状況的思考」と言ってもよい。

政治的リアリズム

政治をリアルに捉えることにおいても福澤は一貫していた。「政治とは悪さ加減の選択である」

という醒めた認識に支えられていた。『時事新報』の論説にこう書いている。

「万能の善政府は遂に見る可《べか》らず。是に於てか本来政府の性は善ならずして、注意す可《べ》きは只その悪さ加減の如何に在るの事実を、始めて発明することならん」

明治日本の最大の課題は、いかに植民地にならずに日本社会を近代化するかということだった。その近代化を、福澤は「官」ではなく「民」の立場から成し遂げようとしたが、一方で常に念頭にあったのは、一国の独立だった。「新聞紙の外交論」という論説は、新聞の責任とは何かを思い起こさせてくれる。

「外交の事を記し又これを論ずるに当りては自から外務大臣たるの心得を以てするが故に、一身の私に於ては世間の人気に投ず可《べ》き壮快の説なきに非ざれども、紙に臨めば自から筆の不自由を感じて自から躊躇するものなり。苟《いやしく》も国家の利害を思ふものならんには此の心得なかる可《べか》らず」

一身独立して一国独立

福澤が生きたのは明治維新をはさんで江戸三三年、明治三三年だったが、男女観、家庭観は極めて開明的だった。母や姪を東京に迎えるため故郷に赴いた福澤が書いた「中津留別の書」には、「人倫の大本は夫婦なり」とある。家庭の基本は夫婦であり、夫婦が円満であることが最大の家庭教育なのだということを自ら実践した。

福澤にとって、一身独立してはじめて一家が独立し、一国が独立する。それも男だけでない。女性もそうでなければならない。独立とは精神的な自立であると同時に経済的な自立も確保されていなければいけない。だから、福澤は慶應義塾のなかに「衣服仕立局」をつくった。和洋服を仕立てる工場を自らつくり、女性の働く場を確保した。

それにしても一夫多妻制があたりまえの時代になぜ、これだけ開かれた考え方ができたのか。ジョン・スチュアート・ミルの影響や、三度にわたる海外渡航経験で、アメリカ女性の置かれている立場を実際に見たということもあるだろうが、一番大きいのは母お順《じゅん》の存在ではないかとずっと思い続けている。

『福翁自伝』にはあるように、お順さんは女乞食も決して差別せず、虱《しらみ》さえ取ってあげていた。福澤にとって母の存在は極めて大きかったと思わざるをえないのである。

（はしもと・ごろう／読売新聞特別編集委員）

安場保和——明治の列島改造論者

井上智重

やすば・やすかず（一八三五—九九）

明治時代の官僚で、地方官として活躍した。肥後（熊本）藩士の子として熊本城下に生まれる。八歳で藩校時習館に入り、選ばれて居寮生となる。横井小楠の門下として、嘉悦氏房・山田武甫・宮川房之らと並ぶ四天王と称された。やがて、徴士として戊辰戦争に従軍して活躍。胆沢県・酒田県大参事のち熊本藩少参事になり、故郷熊本で津田山三郎らと藩政改革・廃藩置県に貢献。岩倉遣外使節団に大蔵理事官兼心得として随行したが途中単独帰国。福島県令、愛知県令、福岡県令・県知事、北海道長官を歴任。赴任地においては諸産業の振興に努め、地方官会議幹事としても活躍。日本鉄道会社の設立にも尽力した。胆沢県・酒田県大参事の時、少年時代の後藤新平、斎藤実、山崎為徳等を見出し、県庁の給仕として引き立てた。

戊辰戦争後の民政に携わる

熊本藩は明治維新のバスに駆け込み乗車する。戊辰戦争に官軍として参戦。敗れた東北諸藩に横井小楠門下の藩士らが派遣され、占領政策に当たる。安場は東海道鎮撫総督府参謀として江戸城明け渡しにも臨み、明治二(一八六九)年八月、旧水沢藩の胆沢県(岩手県の一部)に大参事として任じられた。そこで後藤新平、斎藤実ら五人の少年を給仕として採用する。後藤は安場の娘婿となる。斎藤はのちの海軍大将、首相である。

明治三年の熊本藩の藩政改革に安場は呼び戻されるが、実学党による近代化路線は暗礁に乗りかかっていた。隣の豊後で熊本藩にならって雑税廃止を要求する一揆が頻発、広沢真臣参議暗殺の容疑が熊本藩の不満分子にかかる。細川護久は弱気となり、知藩事を辞めると言い出した。「藩主が世襲制によって維持されていては維新後の政治状勢には対応しきれない。自分が辞任して知藩事制度の先駆けになりたい」という辞任願いを出させ、廃藩と新政府内の改革を要求し、猛烈に工作を始めた。これが誘い水になって廃藩置県が断行された。安場は租税権頭に引き立てられた。

明治四年、岩倉使節団に加えられるが、途中、ワシントンDCから単身帰って来る。ホテルで砂糖水(シュガー・ウォーター)を頼んだところ、葉巻(シガー)とバターを持って来た。「英語のできない自分がこの旅を続けるのは税金の無駄だ」と皆が止めるのをふりはらって帰国してしまった。

以後、地方行政官（県令）に徹する。福島県では安積原野の開拓、二本松製糸工場開設。須賀川医学校をつくり、後藤を学ばせる。愛知県では明治用水開削、名古屋—熱田間の掘割開削。地租改正に苦労し、県民側に譲歩している。

元老院議員になり、安川繁成、高崎正風らと日本鉄道会社を構想し、岩倉具視を説得し、華族の秩禄公債や財閥の資金を導入し、東京—高崎間、さらに青森まで鉄道をのばす。岩倉は「戊辰の戦役は兵器を以てせる第一の維新なり。鉄道の敷設は経済界の第二の維新なり。しかして第一の維新の戦功は西郷、木戸、大久保等に帰すべく、第二維新の戦功は安場もその一人たるに相違なし」と語っている。

「小楠のよい弟子は安場くらい」

安場が「実学党を裏切った」とか「小楠の理想を捨てた」といわれるのは、明治十四年の政変を受け、井上毅らと熊本県内の各派を糾合させ、「紫溟会」を結成させたところにある。維新で薩長に遅れをとった反省からの大同団結の試みだったが、わずか二日後、民権派の相愛社は脱会する。さらに嘉悦氏房、山田武甫らかつて小楠のもとで学んだ同志とも、たもとを分かつことになる。

明治十八年、福岡県令に赴任して来たとき、玄洋社の頭山満が協力したものかどうか、と炎天下、裸足で玉名郡小天の前田案山子のもとに訪ねている。案山子は「安場は俺と剣術友達で、一緒に武蔵の二天流を学んだものじゃ」とその人物を保証した。鶴見俊輔は夢野久作の『犬神博士』を論じてみようと読み直したとき、そこに登場する威張り屋の国権主義のカンシャク知事のモデルが自分の曽祖父の安場保和だと気づく。

確かに頭山と組み、選挙干渉はしたが、九州鉄道会社を設立し、門司から熊本まで鉄道を通す。門司築港、筑後川改修などの社会資本の充実、災害防止に力を尽くし、農水産業の改良や医学校、師範学校を開校し、女子教育にも力を注ぐ。貴族院議員となり、離島住民の風土病の救済にも乗り出す。男爵となり、北海道長官もやった。

安場の全体像をとらえるには、日本列島を俯瞰しなければならない。勝海舟は「小楠のよい弟子といったら、安場保和一人くらいなものだろう」と評している。

（いのうえ・ともしげ／くまもと文学・歴史館元館長、ノンフィクション作家）

坂本龍馬——新政府財政を構想

小美濃清明

さかもと・りょうま（一八三五—六七）

土佐藩郷士の次男として生まれ、剣術修業のため初めて江戸へ出た嘉永六（一八五三）年、ペリー艦隊来航に遭遇した。ペリー二度目の来航までに藩の命令で佐久間象山塾で大砲操練を学んだ。この黒船体験が一生を決定した。

勝海舟の弟子になり、操船術を学び、それと共に多くの人物と出会う機会を与えられた。長崎で亀山社中を創設し、薩長同盟を成立させ、倒幕への流れをつくった。また大政奉還を土佐藩から建白させる画策をし、船中八策、新官制擬定書、新政府綱領八策を執筆して新政府の骨格を明らかにした。最後に、福井藩へ行き、三岡八郎と新政府の財政について構想した。死後、それは三岡、薩摩藩の小松帯刀によって実現している。

福井での会談

大政奉還成功のあと、坂本龍馬は慶応三(一八六七)年十月末、福井藩を訪れている。福井藩士の三岡八郎と会い、新政府の財政政策を検討し、基本的な政策を立案している。近代日本の新政府が最も必要とした財政の第一歩をこの二人が動かしたのである。

龍馬は、新政府の財政担当は三岡以外に人材はいない、と後藤象二郎に手紙で推薦した後、殺害されている。

徳川政権返上の過程、朝廷の内情について、龍馬は三岡に詳しく説明した。金もなく、人もなく、新政府は至極難儀であると云う龍馬に、三岡は、天子は天下のために政《まつりごと》をなさる、天下の民は皆天子の民である。天下安寧のために財を散ず、財すなわち安寧の具なり。何ぞ財なく、人なきを憂えんやだ、と答える。それから二人は新政府の財政について語り合う。

御用金について

まず、新政府に必要なのは現金であり、どのように集めるか、その方法である。京都で龍馬が殺害されたあと新政府の財政担当(金穀取扱)となった三岡は、京都・大坂の豪商の名簿から二十数名を招致して、京都の三井家などから五万両、大坂の鴻池家などから五万両の御用金を集めている。

計十万両となる。

三井文庫所蔵の「金穀出納所御用留」には、新政府の出納御用の記録が保存されていて、その状況が判明する。豪商の外に八九五名の人々から、計一六万七千二百八十七両二分の御用金が集められた記録が載っている。この御用金には月一歩の利子が付くことになっていた。御用金に利子を付けるという案は、龍馬と三岡の案であろう。

紙幣発行

福井藩で藩札を発行した経験のある三岡は、当時、日本人の人口が三千万人として一人に一両、計三千万両の紙幣を、発行することを主張した。各大名には石高に合わせて、十万石の大名には十万両、百万石の大名には百万両の紙幣を、十三年という年限をつけて貸すという方法である。

これには新政府内でも反対が強く、すぐ実施とはならなかった。三岡は、簡単に言えば各藩にまず紙幣を貸してやる、それが正金《しょうきん》に引き直るように、一三年の間に紙幣を融通して物産を興すことを怠るなというのが、こっちの趣意だと語っている。

慶応四（一八六八）年閏四月十三日、紙幣発行の事を布告し、五月二十五日より実施された。最初に三千万両、追加で一千八百万両、計四千八百万両の太政官札が発行された。

「江戸の銀座を京都に移せ」

旧幕府が造った貨幣は、金銀の含有率が一定ではなく、国際的に通用するものではなかった。そのため、龍馬が「江戸の銀座を京都に移せ」と、後藤象二郎あての手紙に書いたとおり、国際水準に適った貨幣を造る造幣局を関西に設立することになる。

薩摩藩家老、小松帯刀《たてわき》も新政府参与となり、三岡から龍馬の案を聞き、造幣局建設を実行していく。薩摩藩士で、英語・オランダ語に優れた外国事務御用掛の上野敬介（景範）二十四歳を、慶応四年三月、香港へ派遣した。

香港にある英国の造幣局が廃局となり、その造幣機械を売却するという情報を薩摩藩は握っていたのである。上野は香港で機械を検分し、日本との連絡の後、買付、荷造りをして、六月に帰国している。機械は八月末に大坂・天保山沖に入港する。明治と改元される前である。そして、大阪に造幣局が建設されることになる。

（おみの・きよはる／幕末史研究家）

井上 馨――井上馨と明治日本の経済近代化

由井常彦

いのうえ・かおる（一八三五―一九一五）

長州藩出身の明治時代の政治家、元勲（侯爵）。長州藩士出身で、松下村塾に学び、文久三（一八六三）年伊藤博文とともに貨物船でイギリスに密航、帰国後開国派のリーダーとなる。明治維新後、外交および経済の分野で閣僚となり、明治十八年には外務大臣に就任、条約改正につとめた。鹿鳴館に表象される彼の欧化主義はよく知られている。

伊藤博文とは盟友であり続け、明治時代を通じて政治家として影響力を行使して顕官となったが、総理にはならなかった。文化財のコレクションでも著名な存在であった。

渋沢栄一と井上馨

明治日本の経済近代化は、渋沢栄一が終始リーダーシップを発揮したが、明治政府の側では井上馨の活動が傑出している。渋沢は産業建設に取組み多数の会社の設立にかかわった。これに対し井上は政府にあって企業家の発見と支援、機会の供与に一貫し、近代経済社会の創成をおしすすめた。井上馨は、明治四年から六年まで大蔵大輔の任にあるが、渋沢栄一も大蔵大丞の任にあり、同じ役所で密接な関係にあったことは留意に値する。以来明治の半世紀の間、政界にあって井上は、渋沢の目覚ましい活動に関心を払っており、対するに渋沢は、重要な事あるごとに井上を訪問あるいは井上を招待するなど最大限の敬意を払うことをつねに忘れていない。

大蔵省退官後も井上は元老として経済問題につよい発言権を持ち続け、財界に影響力を行使したから、彼のもとで成長する財界主流は、「政商」グループであり、井上が「政商の守護神」たる側面は払拭すべくもなかった。周知のように井上にとって三井は、もっとも信頼できる政商グループであった。

経済についての鋭い感覚——井上のメキシコ弗《ドル》の買付

井上馨は、明治維新の元勲のなかでも、経済についての鋭い感覚の持ち主であった。この点は強調しすぎることはない。それに彼は、行動力と問題処理能力において抜きんでていた。これらの能力、とくに後者にみる能力は、盟友の伊藤博文と共有するところであった。

井上馨の天性ともいえる経済についての感覚・行動については、幾つかのエピソードが知られている。いま維新政府の経済官僚となった当時の一、二を記してみよう。藩債処分にかかわる政府のドル買いは、若い井上の面目が躍如している。

維新政府が発足したときの重要な問題に、旧藩から引き継いだ藩債の処分（整理）があった。幕末諸藩は軍艦や銃砲を藩債で買い付けたが、結局は貿易通貨たるメキシコ弗《ドル》（過去に大量に開発され貿易に通用していた）で始末しなければならなかった。これに対し新政府も、メキシコ弗の買付も三井などの業者に委託すると思われていたが、井上の大蔵省の動きは当初はっきりみえなかったようである。井上は、公的に知られる委託買付では市価の騰貴が不可避なことから、既存の有力な業者に委託せず、ひそかに横浜に出張し、料亭で遊興を装いつつ、手を廻して徐々に買い付ける方策をとっている。そして市場が、気がついた時には政府は目的を達成していたという。この挙には、チャンスに敏な田中平八（天下の糸平《いとへい》）ら相場師たちを口惜しがらせている（長井実『自叙益田孝翁伝』）。

小野を排して三井を選ぶ

明治政府の経済閣僚たち、大隈重信（佐賀）、井上馨（山口）、伊藤博文（山口）らはいずれも、当面の理財すなわち経済の必要については、既成の大商家の資力・信用と機能にまつ他ないとし、財政資金はこれを大蔵省為替方《かわせがた》として、三井・小野・島田の有力な三家に任命することとした。これら三家は国内各地に支店網を持ち、資力・信用に富み、経営活動も活発であったからである。ただし客観的根拠にもとづくよりも「通念」「世評」を出るものでなかったろう。これに対し井上は自身で、各家の経営のいわば調査を試みている。

彼の調査では、小野は業務は活発なものの、例えば広島・岡山・神戸の支店では、同一の取引が行われているような杜撰《ずさん》なことが指摘された（『世外井上公伝』第二巻）。事実明治七（一八七四）年、政府から小野にたいする政府の貸出にみあった抵当の提出を求められるにいたって、小野の経営は破綻をよぎなくされている。

（ゆい・つねひこ／三井文庫元文庫長）

五代友厚

——時代を抜きんでた「富国」の実業人

八木孝昌

ごだい・ともあつ（一八三六—一八八五）

　薩摩国鹿児島郡城ケ谷に出生。安政四（一八五七）年、幕府の長崎海軍伝習所入所（二期生）。文久二（一八六二）年、船奉行副役。慶応元（一八六五）年、「薩摩藩英国留学」参加。ベルギー国と商社契約締結。慶応四（一八六八）年、大阪外国掛参与就任、土佐藩士の仏兵襲撃事件（堺事件）解決に尽力。明治二（一八六九）年、官退職。今宮に金銀分析所開設。明治六年鉱山業会社弘成館設立。明治十一年、大阪株式取引所設立。大阪商法会議所設立、会頭就任。明治十三年、大阪商業講習所開所。明治十四年、関西貿易社設立。東京横浜毎日新聞、政府が開拓使官有物を五代の関西貿易社に払い下げ予定と誤報。明治十八年九月二十五日、永眠、享年四十九。

近代日本のビジョン獲得

「天下列藩志を一にして国政の大変革を起し、普く緩急の別を立、富国強兵の基本を相守、国政を振起せば、拾余年の功を待たず、亜細亜に闊歩すべし」

（『五代友厚伝記資料』第四巻、東洋経済新報社）

これは薩摩藩の方針で渡欧（密航）した五代才助（友厚）が、慶応元年十月十二日にベルギーより国許の家老桂久武に宛てた書状の一節である。五代はベルギー滞在中に西欧近代国家の産業施設や社会施設を多数見学、目指すべき近代日本のビジョンを掴んだ。五代がモンブラン伯爵を介してベルギー政府と結んだ商社条約第一条には、「薩摩領域の鉱山開発」が謳われている。そこには金属機械文明の近代社会には鉱山資源開発が欠かせないとする認識がある。島津斉彬藩主のもとで青春時代を送った五代は、ここにおいて「農工と鉱山は国の本なり」（『島津斉彬言行録』岩波文庫）という斉彬の富国思想を自己の課題としたのであった。

五代は慶応四年一月、新政府から大阪外国掛参与に任命され、堺事件の解決で実績を挙げるとともに、大阪港を浚渫するなど国際港化の条件整備を進めた。翌明治二年の横浜転勤を機に退官。民間経済人として大阪での活動を開始した。薩摩出身の五代が大阪を拠点としたのは、築いた人脈があったことと、大阪が当時、日本一の産業都市だったことによる。

鉱山業弘成館の先進性

民間人となった五代友厚は、明治二年十月、大阪今宮に金銀分析所を開設した。それより先、同年二月に大阪天満に設けられた造幣局が明治四年に金貨・銀貨の鋳造を開始すると、金銀分析所は小判等から精製した金銀の地金を造幣局に納品した。この事業は五代に「巨万の富」(五代龍作『五代友厚伝』)をもたらした。

その利益を投じて五代は次々と鉱山を買い求め、明治六(一八七三)年一月に鉱山会社弘成館を設立、やがて日本の鉱山王となった。明治九年には、その実績を嘉する天皇の半田銀山行幸があった。

五代は「弘成館自序」(『五代友厚伝記資料』第三巻)において、事業の目的を「山岡土中の鉱物を発掘」して「国家の公益」を図るとし、得られた利益は、「規則を以て各其分を恵割」(社員配分)するとしている。また、半田銀山の公害防止のために多大の投資を行っている。そこには時代に先駆けた五代の識見を見ることができる。明治初期の実業人として、五代は最先端の走者であった。

五代は明治十一年に大阪株式取引所を設立、続いて大阪商法会議所を開設して会頭に就任、十三年には大阪市立大学の元となる大阪商業講習所を設立するなど、地域の公益事業にも大きく寄与した。

開拓使官有物払い下げ事件の濡れ衣

翌年、「明治十四年の政変」の中で、開拓使官有物払い下げをめぐって、「東京横浜毎日新聞」は、五代たちの作った関西貿易社が「開拓使と約定して、北海道の物産を一手に引き受けようとしている」と報じた。しかしこれは誤報で、政府決定の払い下げ先は、安田定則ら四人の開拓使幹部が退職して結成する予定の民間会社であった（国立公文書館所蔵「開拓使官有物払下許可及び取り消しの件」）。にもかかわらず、誤報の「東京横浜毎日新聞」を論拠とした大久保利謙の論文「明治十四年の政変」（昭和二十七年）が影響を与えて、平凡社『日本史事典』、岩波書店『日本史年表』、各高校日本史教科書等が「政商五代友厚の関西貿易社が安値で官有物払い下げを受けようとした」と五代に濡れ衣を着せている。ために、近代化に尽した五代の業績が帳消しになっている観があり、その名誉回復が強く望まれる（拙著『新・五代友厚伝』ＰＨＰ研究所、二〇二〇、参照）。

《追記》本稿執筆以降に高校日本史教科書数社と『日本史年表』刊行の岩波書店に対して、大阪市立大学同窓会が中心になって記述訂正を申し入れたところ、二〇二三年四月からの日本史教科書の記述訂正、『日本史年表』の次回増刷時での記述訂正が確定し、五代の名誉が回復された。

（やぎ・たかまさ／博士（文学））

榎本武揚——近代日本の万能人

榎本隆充

えのもと・たけあき（一八三六―一九〇八）

伊能忠敬の弟子だった幕臣榎本武規（箱田良助）の次男として生まれる。昌平黌、幕府の海軍伝習生として長崎に学び、一八五八年江戸に戻って海軍操練所教授となる。六一年幕艦開陽丸の建造監督を兼ねオランダに留学、造船術、船舶運用術、砲術、化学、国際法規などを学ぶ。帰国後、幕府海軍の重鎮となる。六八年政府軍が江戸を占領の際、軍艦引渡しを拒否し全艦隊を率いて逃走、箱館五稜郭に立てこもり抗戦するも、六九年敗れて帰順。特赦され、北海道開拓使を命ぜられる。樺太千島交換条約、天津条約を締結。その後、逓信・文部・外務・農商務相を歴任した。

「明治日本の隠れたる礎石」

「明治日本の隠れたる礎石」。この文言は、榎本武揚の本格的な評伝『榎本武揚』(加茂儀一著)の副題である。この前書きに、「資料を詳細に調べた結論は、榎本武揚は陸海軍の将帥であり、政治家・外交官であると共に、機械工学者、鉱物学者、地理学者、気象学者、化学者、冶金家、植物学者、各種産業の技術者として自然科学者的、技術者的見識をもち、さらに民俗学、人類学にも関心をもち、言語学にも通じていて蘭、露、英、独、仏、漢の各語をよくし、蒙古語さえも知っていた。又経済的事情に対して理解をもっていた。すなわち、榎本は、幕末と明治という日本にとっての大きい試練が生んだ一種の万能人であったといってよい」と書かれている。「隠れたる礎石」の意は、明治以降の歴史は、戊辰戦争に勝った薩長の側から書かれたものであり、幕臣出身の榎本には、実績の割にはあまり光が当てられなかったからである。

明治の外交官、政治家

榎本武揚は戊辰戦争で敗れた後、約二年半の獄中生活を経て、明治五(一八七二)年に放免、直ちに四等出仕で北海道開拓使となる。四等出仕は県令クラスのかなりの高官で、賊軍の首魁で三カ月前には獄の中に居た人間にしては異例の待遇である。前述の能力と箱館戦争の政府軍総参謀黒田清隆の強力な推薦による。

約二年間の開拓使時には、主に地下資源の開発に従事している。この時、空知炭田を発見し石炭(当時最高のエネルギー源)の積み出し港として小樽を指名(これにより当時寒村の小樽が後に北のウォール街と呼ばれる元となる)、早くも日本の近代化促進の一歩を踏み出した。

明治六(一八七三)年十二月、急遽東京に呼び戻され、初代のロシア公使に任命される。幕末の日露和親条約で樺太の境界線を取り決めなかったため、ここで日・露人の衝突事件が絶えなかった。日本政府は樺太を放棄し、代わりに千島列島を日本の領土にしたいという方針をたてる。現地(ロシア)に人を派遣して交渉に当たらせることになったが、当時の明治政権内に適当な人物が見当たらず、国際法に熟知し、外国語に堪能な榎本武揚にお鉢が回って来たわけである。

明治七(一八七四)年六月ロシアに着任後、榎本武揚は熾烈な外交交渉を繰り広げ、八年五月には樺太千島交換条約を締結、六月にはマリア・ルス号事件も日本の全面勝訴に導く。この時代、大国ロシアと対等な外交交渉の結果、領土問題を締結させた業績は、日本政府は基よりヨーロッパの外交筋から多大な称賛を得た。

明治十八(一八八五)年、内閣制が施行されると、武揚は初代の逓信大臣、農商務、文部、外務の各大臣を歴任、農商務大臣の時には鉄の時代が来るのを見越し、官営八幡製鉄の設立に尽力した。

明治三十(一八九七)年、足尾鉱毒事件の責任をとって農商務大臣を辞任するまで、十数年に渡ってほぼ切れ目なく大臣を歴任したのは、時代の要請と言わざるを得ない。また、電気学会、工業化学会、気象学会、地学協会、等々の会長職を通じて、日本の近代化に貢献した。

学校の設立

榎本武揚は、旧幕臣の団体である葵会や同方会などの会長を務めて、明治十八（一八八五）年、徳川育英会を設立。これは碌を失い、困窮していた旧徳川家の家臣の子弟に奨学金を与える趣旨で作られた。後に徳川育英黌という学校を創り、この農業課が現在の東京農業大学である。教育問題にも深い関心を持っていた。

没後一世紀以上経ち、今もし武揚に日本の今後の生き方を尋ねることができれば、「国際社会の現実を冷静に捉えるリアリズムと、事実に即したプラグマティズムを基にした日本の戦略的な生き方を真剣に考えるべきだ」と答えるであろう。

（えのもと・たかみつ／榎本武揚曾孫）

成島柳北——幕末の将軍侍講、明治のジャーナリスト・実業家

楠木賢道

なるしま・りゅうほく（一八三七—八四）

幕臣の三男として江戸に生まれ、奥儒者、成島稼堂の養子となる。将軍の侍講見習、侍講を勤めるが、一八六三年筆禍事件を起こして免職、屏居となる。六五年に幕府陸軍の歩兵頭並に抜擢され、六七年騎兵頭まで昇進するが辞職。一八六八年一月に外国奉行、会計副総裁に再度抜擢されたが、隠居。新政府からたびたび出仕を要請されるが固辞し、浅草本願寺に学舎を開き漢学を講じる。この縁で七二—七三年東本願寺法主大谷光瑩に随行して欧州歴訪。七四年『朝野新聞』社長となり、新政府批判の論陣を張るが、七六年讒謗律・新聞紙条例を起草した井上毅、尾崎三良を誹謗したかどで有罪となる。

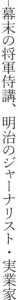

奥儒者から幕府陸軍の将校へ

成島柳北が近代日本で何をなしたか考えるとき、彼が江戸開城の後に発した「天地間無用の人」という言葉に惑わされてしまう。これこそが軽妙洒脱な文人、柳北の魅力である。

柳北は幕臣、松本治右衛門の三男として、天保八（一八三七）年江戸に生まれる。歳の離れた兄が二人おり、長兄孝一郎、次兄泰次郎は、それぞれ幕臣楠山家、森家の養子となった。柳北も非常に幼くして成島家の養子となったため、その事実すら知らず、兄弟の交流が始まるのは、柳北が家督を継いだ後のことである。

成島家は代々奥儒者として将軍家に仕え、柳北は養父の死去に伴い、安政元（一八五五）年に将軍侍講見習となり、安政三年将軍侍講に昇進した。ただ奥儒者はあくまでも、将軍の儒教的教養に資することを本分とし、幕政に干渉することは許されなかった。このため柳北は現実政治では無用の我が身を悲嘆し、狂詩を職場に大書したかどで、文久三（一八六三）年に免職、屏居を命じられた。するとその日のうちに長兄楠山孝一郎と蘭方の奥医師桂川甫周、洋学者宇都宮三郎が自由の身になったことを祝いに訪れている。以後、成島は洋学の修得に励むとともに、成島家、あるいは桂川家で、福澤諭吉、箕作《みつくり》秋坪《しゅうへい》ら少壮の洋学者・外交家と集い、洋学サロンが形成された。やがて彼らは多忙となり去って行ったが、このときの交友を柳北は終生大切にした。

柳北自身も、慶応元（一八六五）年幕府陸軍の歩兵頭並に推挙されて軍務に就き、三年には騎兵頭に昇進するが、大政奉還の報をうけ志を全うできないことを悟り、一旦辞職する。しかし、翌年一月に外国奉行、さらに会計副総裁に抜擢される。このとき柳北は次兄泰次郎に「因果である」と書き送っている。そして新政府軍が迫るなか、一戦交えるべしと主張するが通らず、江戸開城の日が迫ると、柳北は一切の職を辞し家督を養子に譲り隠居する。一方次兄森泰次郎は幕府外交の実務を担当した後、慶応四年三月目付に任じられ、四月徳川慶喜が彰義隊に利用されることを避けるため、山岡鉄舟や高橋泥舟とともに水戸まで護衛し、最後まで徳川家に仕えた。徳川の世の幕引きに兄弟で示し合わせたのであろう。

「天地間無用の人」の実像

新政府からは再三、出仕を要請されるが固辞する。明治七（一八七四）年に『朝野新聞』社長に就任して健筆を振るい、政府の言論弾圧を批判する。明治九年官吏侮辱罪で禁獄四カ月に処されるが、これが逆に宣伝となり、『朝野新聞』は一挙に発行部数を伸ばしていく。

このころから柳北は実業界と交流するようになり、明治九年には安田善次郎らと実業家の親睦会、偕楽会を結成した。明治十一（一八七八）年に渋沢栄一を中心に結成された東京商法会議所でも、政府からの自主独立を唱え、中心的役割をはたした。十三年には、安田に協力し、日本最初の生命保険会社、共済五百名社を設立している。さらに大隈重信が福澤諭吉を介して会見を申し込むところに応じ、明治十五年の立憲改進党創設時には入党した。

このように晩年の柳北は、市井に身を置きながら、公器としての新聞社を育て（経営者としては失格であったが）、公益、互助を考え財界で活動し、民権思想にまでたどり着くのである。このような広範な活動を支えていたのは、柳北の文人としての生き方にひかれていった幕末以来の多様な人脈であったことは間違いない。また柳北を精神的に支えていたのは、二人の兄だったのではないかと、私は思っている。

（くすのき・よしみち／中央民族大学特別招聘教授、アジア史）

板垣退助——自由民権運動の象徴的指導者

谷 是

いたがき・たいすけ（一八三七―一九一九）

戊辰戦争で会津攻略に功績があり、参与に列せられた。帰郷後土佐藩政改革に当たり、翌年西郷隆盛の推挙により明治維新新政府の参議となる。征韓論に破れて下野し、一八七四年愛国公党をおこし、民選議員設立建白書を提出。また、高知で立志社を設立して、自由民権運動のさきがけとなった。その後、国会開設運動につとめ、愛国社をおこし、八一年自由党を結成、その総理となった。八四年自由党を解党。九〇年愛国公党を起こし立憲自由党に合流。九一年立憲自由党を自由党に改組し総裁に就任。九六年第二次伊藤内閣内相。九八年憲政党首領となり、大隈内閣の内相に就任、政界引退後は華族制度の廃止を訴え、社会事業に尽力した。

〝人民の権利〟を主張した板垣

坂本龍馬が長岡謙吉に書かせたとされる「船中八策」には、「一、上下議政局ヲ設ケ、議員ヲ置キテ、万機ヲ参賛セシメ、万機宜シク公議ニ決スベキ事」とある。一方、「一、古来ノ律令ヲ折衷シ、新ニ無窮ノ大典ヲ撰定スベキ事」とある。龍馬がイギリス流の国会開設を考えていたことは、海援隊士・長岡謙吉と八木彦三郎を横浜に派遣し、英国公使パークスにその実態を聞きに行かせていることでも実証できる。「無窮の大典」とは、今日でいう〝憲法〟のことで、日本を〝法治国〟にしなければならないとする、龍馬の思想を表現したものと言えよう。

明治維新後、このような大命題を〝人民の権利〟として主張し、実現したのが、板垣退助その人である。

明治六年、西郷隆盛らと征韓論で敗れた板垣は、参議を辞して、同七年三月、土佐に帰国したが、四月立志社を設立。同志を集め、教育に専念すると共に、没落した士族の救済問題などに取り組んだ。地租の改正によって農民も苦しんでいた。

薩長を中心とした一部の藩が、若年の天皇を取り巻いて、勝手に法案を成文化して政治をする実態に、無上に義憤を感じた結果であろうが、〝こんな社会にすることが我々の先輩が尊い血を流した、明治維新の革命ではなかった〟という思いが、ふつふつと沸き上がったに違いない。

自由民権運動を普及させよ

その闘いは「立志社建白」からスタートした。社員西野友保に起草させ、福岡孝弟が加筆、板垣の同意を得て、片岡健吉が上京、太政大臣三条実美に謁見して、建白の趣旨を述べようとするものであったが、堂々一万四千語にわたる精魂をかたむけた建白書は、無残にも却下されてしまった。

このため土佐では反政府的な思想が高揚し〝自由民権運動〟がいよいよ堅固になった。

江藤新平は〝佐賀の乱〟を起こし、土佐へ逃亡して来たし、西郷隆盛は〝西南戦争〟を起こして敗れたが、板垣の偉さは、政情を十分、洞察しながらも、決して挙兵しなかったことだ。林有造、竹内綱ら〝宿毛人〟らは挙兵に同調の動きを見せたが、板垣そのものは〝もう武力の時代ではない〟と挙兵に舵をきらなかった。〝これからは言論の時代だ〟と思ったに違いない。

立志社では、社長の片岡健吉、副社長の谷重喜などの幹部は根こそぎ検挙されたが、若い取り囲みの青年達が良かった。植木枝盛、古沢滋、中江兆民、馬場辰猪、安岡道太郎、坂崎紫瀾、坂本直寛、細川瀏、弘瀬重正、安芸喜代香、北川貞彦など、すぐれた青年達が銃砲をペンに取りかえて、弁舌を使って、大運動を展開する。県内には南嶽社、南洋社、有信社、修立社、共行社、発陽社などの下部組織ができ、県外からも河野広中、栗原亮一、頭山満、杉田定一などが来県、〝土佐は自由民権運動のメッカ〟と言われる壮観さを呈するに至った。

板垣は明治十一年大阪に「愛国社再興」大会を開催し、その運動を全国的に拡げたが、土佐では『海南新誌』『土陽雑誌』を発行、大阪では『愛国志林』を創刊して、自由民権運動を普及させた。退助自身も全国を廻って、演説をしたが、そのピークは、明治十五(一八八二)年四月六日、岐阜中教院で、刺客に襲われた時であろう。幸い創傷は多かったが、致命傷ではなかった。板垣は「おらを殺したち、自由が死ぬるかねや」と土佐弁で言ったといわれる。それが翌朝の新聞には『板垣死すとも自由は死せず』という漢語調の見出しで報道され、その運動は〝燎原の火〟の如く、全国に拡がった。政府もついに国民運動の高揚に堪え切れず明治二十二(一八八九)年二月、帝国憲法発布、同二十三年十一月第一回帝国議会を開会させたが、たび重なる政府の弾圧に対して民権家達の一身上の多くの〝犠牲の涯《がい》〟と言えるものであった。板垣は絶えずその先頭に立ち続けたのである。

(たに・ただし/土佐史談会会員、土佐板垣会副会長)

大倉喜八郎——貿易立国、日中経済提携の先駆

村上勝彦

おおくら・きはちろう（一八三七―一九二八）

越後新発田の豪商大倉千之助の三男として生れる。一八五四年江戸に出、乾物店ついで鉄砲店を開業、六八年戊辰戦争の際官軍に武器を売り多大の利益を収めた。七二年欧米に視察旅行、翌年貿易商として大倉組商会を設立。台湾征討、西南戦争、日清・日露戦争で軍需品の調達・輸送にあたる。八六年東京電燈会社設立。九三年大倉組商会と内外用達会社を合併し大倉組を設立。事業はビール、皮革、化学、製麻から帝国劇場、帝国ホテルに及ぶ。一九〇二年日本人初の対華約款を結び、朝鮮・中国・満州（中国東北部）で貿易・現地事業を行った。一八七八年渋沢栄一と東京商法会議所を設け、九九年副会頭。一九一一年株式会社大倉組を組織し大倉財閥を築き上げた。

直貿易で商権自立を

貿易立国、日中経済提携の先駆者は大倉喜八郎であった。銃砲商となって近代世界を垣間見た大倉は、廃藩置県を機に国内武力闘争は終わりをつげ、国際的平和闘争が始まると予感し、ただちに欧米視察に出た。大倉は自己資金で一年数カ月も欧米経済視察をした最初の民間人であり、視察を通じて国内交易にとどまる居留地貿易の不利を認識した。

帰国直後に大倉組商会を設立し、その翌年には日本企業初となる海外支店をロンドンに設置したが、これは居留地貿易を脱し、日本商人が海外に直接出向いて交易する直貿易を可能とするものであった。不平等条約（法権・税権）の改正とともに、直貿易拡大による商権自立も経済自立には不可欠であった。現在も多くの途上国は三国間（仲介）貿易として外国商人に牛耳られている厳しい現実がある。大倉組商会は三年後にできた三井物産と競い合いながら商権自立と貿易立国に邁進した。

近代的な商法導入と経済人育成を

近代日本の一問題は、江戸時代の士農工商制度が形を変えて官尊民卑となり、「民」である経済人の社会的地位が依然として低く、時には卑しいものとされたことであり、それに甘んじて粗製乱造品を生産・輸出する者さえいた。現在も途上国で時に見られる問題である。

中央茶業組合幹事長の大倉は、粗悪茶輸入禁止法が成立し日本茶全体の信用が失われかけた米国に行き、八面六臂の活躍でその信用回復を図った。この二回目の欧米視察から帰国直後に『貿易意見書』を著し、欧米の強さ、日本が目指す文明開化の基は富国にあり、生産と輸出を盛大にすることが必要だと改めて述べ、わが国商人は海外事情に疎く、国内に閉じこもりがちだと断じ、欧風の仕組みによる商法改良が緊急の課題だと訴えた。

すでに渋沢栄一らとともに日本初の経済人組織である東京商法会議所（東京商工会議所の前身）を設立し、その外国貿易事務委員に就いていた大倉は、帰国直後に貿易協会を設立し、これら組織を通じて近代的商法の導入を進めた。

同時に巨額の私財を投じて三つの商業学校を創立し、担い手となる近代的経済人の育成に努めたが、それはまた条約改正の内地雑居制度によって、日本経済を制圧する恐れがある外国商人に対抗しうる人材養成の要請からでもあった。

これらによって官尊民卑の打破を目指した大倉は、渋沢とはその点で生涯変わらぬ盟友であった。

アジア主義的な経済活動

『貿易意見書』ではまた、近代的商法の見習い先とした欧米諸国が、アジア市場を制覇すべく激しく競争し、アジア諸地域の植民地化が急激に進行しているとの危機感を表明している。欧米に対抗してアジア諸国の団結と提携を図り、アジアの振興と欧米との対等化を目指すとした初期アジア主義的な興亜会の結成に参加し、役員にも就いていた大倉の当然の発想である。

日本・中国・朝鮮を主とし、ペルシャ・トルコの人士も参加した同会は、アジア諸国間のコミュニケーション、つまり人と物との交流を盛んにし、言語の相互教育、アジア諸国間の貿易、さらには共同経営を目指すとした。

日本企業初の朝鮮支店を設け、最初にペルシャ・トルコに社員を派遣し、盛んにインド貿易を行ったのは大倉組であったが、中国での活動の特徴は、貿易よりも共同経営の実施にあった。最初の日中合弁民間企業となる大規模な本渓湖煤鉄公司を設立し、八回に及ぶ中国訪問を通じて広大な人的ネットワークを築き、抱懐する日中経済提携論の推進に努めたのである。

（むらかみ・かつひこ／東京経済大学名誉教授、日本近代経済史）

大隈重信——藩閥政治に挑戦し、二大政党政治を確立

五百旗頭薫

おおくま・しげのぶ（一八三八―一九二二）

佐賀城下で生まれる。蘭学に熱心な藩主鍋島閑叟に取り立てられ、藩の通商活動に従事する。明治維新後は外交官としての才能を認められ、次いで新政府の財政を主導し、大蔵卿や参議を歴任した。明治十四（一八八一）年の政変で政府から追放されてからは、立憲改進党、進歩党、憲政本党などの政党を率いた。国会開設前夜と日清戦争後に外務大臣として政権復帰し、明治三十一（一八九八）年には四カ月という短命ながら史上初の政党内閣（隈板内閣）の首班となる。多くの期間は野党の立場で藩閥政府に対峙し、旺盛な言論・社交によって国民の政治教育と民間外交に尽力した。大正三（一九一四）年に劇的な政権復帰を遂げ、第二次大隈内閣を組織した。

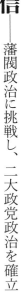

明治政府の青春

大隈重信よりも大きな権力を有し、あるいは長く政権を享受した政治家は数多い。だがどういう点で近代日本を作ったかを問えば、大隈ほど業績の豊富な指導者はいない。

明治維新後、新政府は統一国家の形成に努める。その尖兵となったのが、大隈率いる大蔵省である。

一八七一年、一挙に廃藩置県が断行された。この決定そのものは、薩長出身の政府指導者の間の複雑な駆け引きの結果である。しかしこの間一貫して国家統一への圧力と既成事実との源泉になったのは、大蔵省であった。築地にある大隈邸では意欲的な開明官僚が毎夜議論を闘わせ、それが次々と新しい政策に結実し、文明開化を推し進めた。伊藤博文や井上馨は部下であり、友人であり、後にライバルとなった。「築地梁山泊」と呼ばれる、明治政府の青春時代である。

財政家としての大隈は、通貨制度の混乱を収めて列強の信用を得るとともに、十進法による通貨体系を提案し、これが「円」となった。大久保利通を補佐して殖産興業を推進した。肥前出身の傍流でありながら、明治初期の財政を主導したのである。

だが財政赤字とインフレが悪化し、かつ自由民権運動との結託が疑われた結果、大隈は一八八一年に政府から追放された（明治十四年政変）。大隈の退場によって、薩長藩閥政府が確立したといえる。

二大政党政治の元祖

翌年、大隈は東京専門学校（後の早稲田大学）を設立し、かつ立憲改進党を結成した。自由党を結成した板垣退助と比べ、大隈は財政・外交に通じていたので、その政党は穏健着実とみなされた。だが政策能力に自信があるだけに、在野では藩閥政府に対して論争を挑み続け、入閣すればより大きな発言力を求めた。自由党や後身の立憲政友会が与党化していくなか、改進党や後身の進歩党、憲政本党、立憲国民党は忌避され、野党化していく。

政権志向の強さ故に政権から疎外されたのは、皮肉である。しかしだからこそ、戦前においては二大政党の競合が早くから成立したといえる。

憲政本党は低迷し、一九〇七年、大隈は党総理から退いた。以後、旺盛な講演・出版活動により国民の政治教育に努めた。社交的な大隈は海外での知名度も高く、日本についての政府から自立した説明者として、その発言は注目・報道された。我々が現在、不足を感じている、民間のシンクタンクと広報外交に関して、大隈の役割は巨大であった。

大隈は東西文明の調和といった遠大なビジョンを好んで提示した。「大風呂敷」と言われたが、野党にありがちな偏屈や意固地を超越した明朗さがあった。大正政変に際し、陸軍長州閥の桂太郎が新党結成を一念発起すると、立憲国民党の一部が合流して立憲同志会の中核となる。大隈は素直にこれを祝福してみせた。

政友会を警戒する井上馨ら元老の思惑により、一九一四年、大隈は第二次大隈内閣を組閣する好機を与えられた。総選挙の結果、立憲同志会などの与党は政友会に圧勝、二大政党政治を確立した。一九一四年に第一次世界大戦がはじまると、内閣は対独参戦を断行、中国に対華二一箇条要求を突き付けて、その反発とアメリカの警戒を招く。これにより大戦は欧州の戦争にとどまらず、欧亜にまたがる国際紛争となった。戦間期、日本はパックスアメリカーナの下で中国との協調に苦心する。その正否を見届けることは、頑健な大隈でもかなわなかった。

一九二二年に大隈が死去すると、不屈の指導者を悼んだ「国民葬」が行われ、沿道に一五〇万人が見送ったという。

（いおきべ・かおる／東京大学大学院法学政治学研究科教授）

山県有朋——近代日本の安全保障に果たした役割

伊藤之雄

やまがた・ありとも（一八三八—一九二二）

軍人政治家、元老。父は長州藩足軽。松下村塾に学び、奇兵隊の幹部となる。戊辰戦争の中で西郷隆盛と信頼関係を築く。維新後軍制改革のため、欧州を約一年視察、帰国後陸軍大輔（次官）として、徴兵制を導入。一八七三年陸軍卿。七四年参議を兼任し、太政官制下の内閣に入閣（〜八五年）。七七年西南戦争では征討参軍として九州で西郷軍鎮圧を指揮。七八年参謀本部長。八三年内務卿。八五年内務大臣。八八—八九年欧州出張。八九—九一年総理大臣兼内務大臣。九〇年陸軍大将。九二—九三年司法大臣。九三年から一九二二年まで、断続的に枢密院議長を務めた。九四年第一軍司令官（日清戦争出征）。九八年元帥。九八—一九〇〇年総理大臣。一九〇七年公爵。一九二二年死亡・国葬。

山県は軍の暴走を導いたのか

山県有朋は、陸軍などに山県閥を作り、徴兵制や軍部大臣現役武官制を日本に導入し、また軍の暴走から太平洋戦争への道を作ったとまでいわれた。これは、戦争への反省から非武装中立、もしくは防衛力（軍事力）は少ない方がいいと言われた時代の「戦後歴史学」の強い影響下の評価である。現在、日本の安全保障のため防衛力を否定する者はほとんどいないだろう。適切な安全保障の確保は、国民に選ばれた政府が、同盟等も含め国際的な安全保障環境や自国の軍事力の状況を十分に理解し、必要十分な最小限の軍事力をもって行うべきものといえる。

山県の活躍した幕末から第一次世界大戦直後までの時代は帝国主義の真っただ中であり、日本の安全保障環境は、現在よりもはるかに厳しかった。また、軍部大臣現役武官制を導入した一九〇〇年には、政党の政権担当能力は未熟で、日本の安全保障環境を十分に理解するまでに至っていなかった。その一方で、政党が議会で力を増し、近い将来に、混乱で倒れた隈板内閣のような政党内閣が再びできる可能性すら生じてきていた。

山県のヴィジョンと人柄

山県は、幕末の長州藩の下級武士の長男に生まれた。師の吉田松陰は、「気」（大きな目標のために自らを犠牲にすることを恐れない気力）があると評価して、松下村塾の優秀な五人の中に山県を含めた。尊攘運動に参加、高杉晋作にも気に入られて奇兵隊の軍監（隊長の次）となり、下関で四国艦隊の砲撃を迎え撃ち、列強の圧倒的軍事力を骨身に沁みて知る。

山県は、当時の日本の安全保障の根幹である陸軍の育成に向けて全力を尽し、「一介の武弁」と自称した。徴兵制導入の中心となり、日本陸軍を強化していく。その結果日本は、一八八〇年代前半に列強以外の国としては強国に、一九〇五年に日露戦争に勝利して列強中有数の強国になる。

山県を官僚的な硬直した人物とする見解は根強い。もちろん、憲法など近代日本の形を作った伊藤博文らに比べると、現実に即応する柔軟性や幅広い能力に欠けるが、陸軍創建に限れば、山県には「気」と創造性が見られる。明治初年に、列強が採用していた徴兵制を日本に導入した時には、政府内も含め士族から猛反発を受けた。長州出身の商人山城屋和助の不正事件が大きくなって山県の評判を傷つけたのは、そのせいでもあり、事情を理解した西郷隆盛は、山県を助けている。

もう一つは、日本陸軍が最終的にモデルとしたのはドイツであったが、山県は参謀総長より陸相が実権を持つ形に陸軍を作っていき、予算などで内閣と妥協をできるようにしたことである。先に述べた軍部大臣現役武官制も明治憲法の統帥権の独立規定を具体化して、将来に政権担当能力のない政党内閣が出現してしまった際の予防措置としたのだ。

山県が達成したもの

山県の欠点は、外国語ができず世界の潮流がつかめず、政党に対する不信感が強すぎることと、国際環境の変化を十分に理解できないことだった。日露戦争後に政友会が、原敬などをリーダーとして政権担当能力のある政党に成長したことを理解できず、陸軍の二個師団増設要求を本気になって止めず、第一次護憲運動で批判の的にされた。また、シベリア出兵も最終的に容認してしまった。ただし、山県は最晩年の一九二一年には、政党内閣を率いる原敬首相を高く評価し、シベリア撤兵などを支援するようになる。原の安全保障政策が信頼できると確信したからである。

山県は、思い違いや心配性から少なからぬ失敗もしたが、日本の安全保障のために愚直に尽力し続け、その目的を一応達成したといえよう。

（いとう・ゆきお／京都大学名誉教授、日本近現代政治外交史）

上野彦馬――「近代化」を活写した長崎人

姫野順一

うえの・ひこま（一八三八―一九〇四）
　蘭化学者、写真家。長崎出身。父は蘭学者で貿易商の上野俊之丞。日田の咸宜園で漢学を学び、蘭通詞名村八衛門からオランダ語を学ぶ。舎密試験所でポンペから蘭化学を教授され、写真術を独習する。スイス人写真家ロシエの指導で技術を洗練させる。津の藤堂藩に仕え、藩校有造館の蘭学教師となり化学書『舎密局必携』を著わす。長崎に帰郷し、文久二（一八六二）年写真館上野撮影局を開業。人物写真を得意とし、武士や外国人、庶民を撮影した。ベアトから野外写真術を伝授され、維新以後は質の高い風景写真を残す。西南戦争の戦跡写真は記録写真の魁である。亀谷徳次郎、内田九一、守田来蔵、富重利平、薛信二郎など多くの門人を輩出し、写真界の先覚者となった。

明治維新をはさみ、福沢や渋沢とおなじく「一身にして二生を経た」上野彦馬は、外国と深く交わる「異域」長崎でそだち、その身が「近代化」そのものであった。蘭学者で薬種商の父俊之丞（一七九〇―一八五一）を亡くした彦馬は、十五歳で日田の咸宜園に学び、日本化した漢学としての「和魂」を身につけた。長崎に帰郷してオランダ語を学び、蘭化学（舎密）に触れるうちにポトガラヒー（フォトグラフィー）に遭遇し、写真術の開拓者として日本の近代化を活写した。

「異域」長崎での生い立ち

彦馬の人生観と世界観は家庭で育まれた。俊之丞は御用時計師としてからくりに造詣が深く、鋳金、鍛金、彫金、絵画といった工芸を得意とした。蘭語を解し、蘭書を翻訳して砲術書『炮学便蒙』や三角関数を含む測量術書『砲家秘函』を著した。幼年期に彦馬が眼にした父は、火薬の原料となる硝石を製造し、中島更紗《さらさ》の捺染《なっせん》を操る科学に明るい実技者であった。

彦馬幼年の弘化四（一八四七）年から三年かけて、俊之丞は「輿地平分図」と題した世界地図を描いた。この地図には「閣龍」（コロンブス）、「格古氏」（平戸の航海士コックス）、「勃那把乎爾」（ナポレオン）の小伝が記され、硝石製造所に付属する母屋の庭は、五大陸の地図の形に区分されていた。世界の広さは彦馬の幼時体験であった。

「和魂洋才」の発酵

嘉永四（一八五一）年、十二歳で父を亡くした彦馬は、その二年後画家で医師の木下逸雲の紹介により廣瀬淡窓の咸宜園に入門した。身分・出身・年齢を三奪する平等主義と、月旦評の成績で進級を決める実力主義と、厳しい職務分担のもとで、先輩のいじめに耐え、朝から晩まで四書五経の素読・会読で鍛えられ、詩文、国語、国史の基礎的素養を身に着けた。咸宜園における敬天と積善積徳の思想は、彦馬の和魂の心構えとなった。

三年の修行を経て帰郷した彦馬は、蘭通詞名村八衛門からオランダ語を学び、父の硝石製造所の再興をめざした。津の堀江鍬次郎と共に安政五年二月から大村町の舎密試験所に入門し、蘭医ポンペから蘭化学を学ぶ。

彦馬の近代化学に対する貢献は、蘭書を抄訳して藩校有造館の教科書として出版した『舎密局必携』である。これは日本で初めて化学等量を紹介するもので、「撮形術」と題した写真術の図解はその附録である。

写真・近代化する空間の対象化

写真術は、蘭化学の知識だけでは成就しえない。双眼鏡のレンズで写真機を手作りし、アルコールや硫酸を自製したが、精度が足らず役に立たなかった。成功には、外国の薬品と機材の輸入および実習が必要であった。前者は、出島のオランダ商人ボードインにより、後者は、開国後に訪日したロシエやベアト、ブルガーといった外国人写真師により実現した。

人物写真は、鏡や水面で自分を視覚する個人を、紙やガラスに固着する記録・記憶媒体である。これは、近代化する過渡期個人の瞬間的な描出であった。成長し変化する近代的個人の視覚的発見であった。和魂を弁え権威に媚びない彦馬は、近代化する過渡期の侍や、庶民の老若男女を自然な姿で活写した。

精緻な野外撮影術は、ベアトとブルガーが直伝した。これにより近代に変容する長崎の歴史的な過渡期空間が、固着して可視化された。明治六年のウィーン万博に出品された作品は、和と洋が融合してアートに仕上がった「長崎の近代化」であった。

入門者に対する職人的な伝習により、多くの写真師を輩出し、各地域に映像文化の「近代化」をもたらした。

（ひめの・じゅんいち／長崎外国語大学学長）

長与専斎——近代日本衛生事業の提唱者

小島和貴

ながよ・せんさい（一八三八—一九〇二）

肥前国彼杵郡大村（現在の長崎県大村市）に生まれる。父親急逝のため数え年九歳にて嫡孫承祖が認められる。祖父俊達の影響で漢学及び蘭学の素養をもつ。大村藩五教館、適塾、精得館等にて学ぶ。適塾塾頭、長崎医学校学頭、岩倉遣欧使節団文部理事官随行、文部省医務局長、東京医学校長、内務省衛生局長、元老院議員、東京市区改正委員、宮中顧問官、中央衛生会長、大日本私立衛生会頭などを歴任した。適塾で出会った福沢諭吉（一八三五—一九〇一）とは生涯の友となる。欧米諸国の調査より住民の健康問題に政府の立場からかかわることを決意し、自ら畢生の事業と位置付けた。約一六年にわたり初代内務省衛生局長を務め、日本の衛生事業の形成に貢献した。

「健康保護」を「衛生」とする

土方久元（一八三三―一九一八）は『衛生』という言葉をきくと長与専斎を思い出す」と指摘し、鶴見祐輔（一八八五―一九七三）は、「衛生局の歴史は、即ち長与専斎の歴史である」と評している。こうした見解に現れるように専斎は、近代日本にあって初代内務省衛生局長として、「衛生」の領域で活躍し、内務省の衛生事業を形成するに際して中心的な役割を担ったのである。

西欧諸国の調査より帰国した専斎は、文部省医務局長に就任し、「医制」の制定に着手した。この時、専斎は、彼の地で注目した「健康保護」事業を「医制」に組み入れる際、「衛生」という言葉を選択した。専斎は、「健康」や「保健」といった言葉を当初は思い浮かべたようであるが、『荘子』の「庚桑楚篇」にあった「衛生」という言葉を思い出し、「字面高雅」、「呼声もあしからず」と、これを気に入ったようである。専斎は「健康保護」に「衛生」という呼称を充てたのである。

明治七（一八七四）年に「医制」が制定されたことで、「健康保護」事業は文部省の所管となった。しかしその翌年、この事業は本来、内務行政とのかかわりが深い事務であるとの意向が文部省より示され、内務省へ移管されることとなった。

移管直後、「健康保護」事業は、「第七局」で取り扱われた。内務官僚となった専斎はこの「第七局」を「健康保護」に資するためにふさわしい名称にするべく「衛生局」にするとしたのである。

「公衆衛生」の推進と「官」と「民」の協調

貝原益軒の『養生訓』にみえるように、江戸時代の人々は自身の健康を自身で管理することを旨としていた。幕末の医家に生まれた専斎は、住民たち自身による「摂生」の重要性を理解していた。しかし健康管理を、住民の責任に帰するだけでは、日本が近代化したとはいえないと専斎は考え、「公衆衛生法」の必要性を認めるのであった。専斎は行政作用を用いて医学等の知見を住民に適用することで、健康を保護しようとしたのである。専斎は衛生事業を、「健康保護を担当する特殊の行政組織」を活用しながら、医学等学術を「政務的に運用」することだとしたのであった。この「特殊の行政組織」には中央衛生会にみられるスタッフ系の組織や府県衛生課や町村衛生委員といったライン系の組織が含まれていた。加えて、警察との連携も重要であると専斎は考えていた。警察は明治ゼロ年代より行政警察業務の一つとして「健康保護」事業への関りが求められていた。そして明治十年代の衛生行政組織改革において先の中央衛生会が設置された時には、その委員にも加わることとなっていたのである。

また専斎は、内務省衛生局や府県衛生課、あるいは警察のように政策を提供するいわゆるサプライサイドの視点からのみ「健康保護」を進めようとしていたわけではなかった。専斎は、政府の衛生政策を受容するディマンドサイド、すなわち住民の側にも衛生問題への対応を求めていたのである。それは専斎の大日本私立衛生会にこめた期待に見て取ることができた。同会の活動を通じて専斎は、住民と健康情報の共有を図るべく尽力するのであった。衛生事業の推進にとって専斎は、「官」の役割に加えて、「民」の役割も重要としていたのである。そしてこの「官」と「民」の協働の必要性は、専斎が伝染病予防上重要とした上・下水道の普及事業にもみられることであった。

専斎は明治二十四（一八九一）年に衛生局長の職を辞するが、後任には後藤新平（一八五七—一九二九）を充てた。またドイツ留学より帰国した北里柴三郎（一八五三—一九三一）のためには、伝染病研究所を用意した。

伝染病予防をはじめとする近代日本の衛生事業は、専斎の構想と行動とによって先鞭が付されたのである。

（こじま・かずたか／桃山学院大学図書館長・同法学部教授、日本行政史）

安田善次郎——銀行業最大の貢献者

由井常彦

やすだ・ぜんじろう（一八三八―一九二一）

越中富山藩の下級武士（足軽）の安田善悦の子として生まれる。安田家は善悦の代に士分の株を買った半農半士。善次郎は二十歳で江戸に出、丁稚奉公の末、一八六四年両替商を開き、安田屋と称す。維新直後太政官札の買占めで巨利を博し、七四年司法省為替方となり、七六年川崎八右衛門と国立第三銀行を創立。翌七七年第四十一国立銀行、八〇年安田銀行を創立。以後、地方国立銀行の合併につとめ、一九一二年設立の保善社を中核とする安田財閥を一大で築き上げた。一八七九年に東京府会委員、八九年には東京市会議員に選出されている。一九二一（大正十）年大磯の別邸で国粋主義者朝日平吾に刺殺され落命。

明治期の銀行業の確立

明治日本の経済近代化の達成の過程において、民間企業家のなかでもっとも寄与したのは、前半期に活動した渋沢栄一、岩崎弥太郎、大倉喜八郎、益田孝、そして安田善次郎である。前途がまったく不確実のこの時期に、渋沢は会社企業において、岩崎弥太郎は海運・造船業において、大倉と益田は対外貿易において、そして安田善次郎は銀行業において、比類のない業績をあげた。

これら企業家たちは、天保前後に出生し、政治家として活躍した井上馨や伊藤博文と同じ世代で、幕末に青年期を過し、三十歳代で維新の変革に直面し、近代といういわばリスクが無限な社会にすべてを賭した前衛的《アバンギャルド》な人々であった。同時に彼らが成功によって得た報酬も大きかった。

銀行業の近代化における第一人者として安田をあげることには反論があろう。従来日本の銀行業の発展については、大蔵省で国立銀行条例を作成し、下野して第一国立銀行を創立した渋沢栄一を挙げるのが一般であったからである。もとより渋沢栄一の指導者的役割は重要であった。だが明治日本の銀行の発展の全過程を通じて渋沢一人を評価するのは過大であって、生れたばかりの幼弱な銀行業を、破綻することなく成長路線にのせたことでは、安田善次郎を軽視することはできない。渋沢が手がけた国立銀行条例（明治五年）は、現実には成功といえず、条例の改正（明治九年）をへてから普及しはじめたのが実状であって、改正は、実務に通じた安田善次郎（第三国立銀行の頭取）

の主張をとり入れたものであった。

また銀行業の確立には唯一の発券銀行たる日本銀行の設立（明治十五年）が不可欠であった。だが日銀設立について渋沢の役割は意外なほど乏しく、安田善次郎の手腕によるところが頗る大であった。この頃は、松方緊縮財政によるデフレ不況が表面化し士族銀行の代表格の第四十四銀行と政府支援の横浜正金銀行が破綻に瀕しており、ともに救済が焦眉の急であった。これに対し支援を乞われた安田善次郎は、彼の第三国立銀行をもって、第四十四銀行を吸収合併することに成功している。これは日本最初の大型な銀行合併であったが、善次郎は、資産・負産の査定、合併比率の算出、端株の処理、株主総会の決議など複雑な諸業務を僅か一カ月足らずで終了するという〝離れ技〟をとげた。

銀行救済への貢献

大蔵大臣の松方正義は安田善次郎を信用し、日銀設立委員、設立後は民間出身の理事に任命している。ついで横浜正金銀行の吸収案の作成を委任している。実際には翌年になって政府自身の手による救済となったが、安田案も参考にし、その後も金融については、善次郎に意見を求めている。

銀行業はその後も脆弱で、日清戦争後の不況時には、第九銀行（熊本）、第十九銀行（福岡）そして京都銀行が休業するにいたり、九州一帯そして京都の地元では危機感が拡大した。結局元老の井上馨と松方正義がのり出して、安田善次郎に救済を求めた。その結果、善次郎が再三現地に出張して調査を重ね、安田銀行の系列的銀行とすることで、再発足することになっている。

銀行救済は彼の晩年の明治三十七年の第百三十銀行に及んだ。関西の渋沢と称された松本重太郎の放漫経営の結果であるが、日露戦争中のことで事態は深刻であった。またも井上馨が善次郎を説得し、多額の政府借入によって安田銀行が救済した。この件は有名で、金融史家の研究が行われている。

安田善次郎の銀行業成長に果した重要な役割は、このように明らかである。にも拘わらずこれまで軽視されたことは、彼に対するマイナスの先入観のせいである。「公益に尽した渋沢栄一」とは対照的に、「私利私欲のため」の安田善次郎というイメージは、なお学界にも根づよく存続しており、客観的な研究と評価を妨げているように見える。

（ゆい・つねひこ／三井文庫元文庫長）

九代目市川団十郎——歌舞伎の近代を築いた名優

渡辺 保

くだいめ・いちかわ・だんじゅうろう（一八三八—一九〇三）

初名河原崎長十郎。本名堀越秀。屋号山崎屋、市川家へ戻って成田屋。俳号三升、紫扇、西郷隆盛南洲の役で大当たりをとって以来団州。一八五二年河原崎権十郎へ改名。六九年七代目河原崎権之助を襲名。養家のために芝に河原崎座を作ったが経営に失敗して破産。七三年には甥の河原崎蝠次郎に八代目を譲り、河原崎三升の芸名で大歌舞伎に復帰した。七四年九代目団十郎。七六年新富座の座頭になる。八九年福地桜痴とともに歌舞伎座創立。以後ここを本拠として活躍。明治を代表する名優となる。一九〇三年九月十三日茅ヶ崎の別荘孤松庵にて六十六歳で死去。

明治歌舞伎を代表する「団菊左」

歌舞伎近代の基礎を築いたのは九代目団十郎である。

彼は天保九（一八三八）年七代目団十郎の五男に生まれた。七代目は子沢山であったから生後すぐに河原崎座（旧森田座）の座元で、当時の劇壇で辣腕をふるっていたプロデューサー河原崎権之助の養子になって河原崎長十郎を名乗った。若い頃はあまりうまくなかったために舞台で観客にしばしば「大根」と罵られた。

明治元（一八六八）年維新の混乱のなかで養父権之助が強盗に殺害されたため、権之助を襲名。しかし実家市川家では長兄八代目が自殺、父も亡くなって「団十郎」を継ぐ者がいない。そこで明治七（一八七四）年市川家に戻って九代目団十郎になった。

のちに五代目尾上菊五郎、初代市川左団次とともに「団菊左」と呼ばれて明治歌舞伎を代表する名優である。

明治三十六（一九〇三）年、九代目が死んだ時、劇評家岡鬼太郎は、団十郎真の当たり芸は、世間でいうように「勧進帳」の弁慶や「忠臣蔵」の大星由良助ではなく「仲国」だといっている。「平家物語」に登場する仲国は高倉天皇の臣下。嵯峨野に隠れ住む天皇の寵姫小督を訪ねて、得意の笛を小督の琴に合わせ、天皇の慕情を伝えるという人間である。明治の歴史劇の詩情あふれる作品。

鬼太郎はこれこそ明治の、九代目独自の感覚だというのである。

たしかに九代目は、「仲国」のような新しい歴史劇を作ろうとした。史実に忠実にドラマを作れというのは明治新政府の方針でもあり、九代目がそれに共鳴したのは、明治の写実精神の表れであった。しかしあまりに故実にこだわったために一般観客には不評であった。たとえば殿中で故実通り大名たちが膝行するのを見た観客は「芋虫ごろごろ」と嘲笑し、仮名垣魯文は、これは芝居でない、活きた歴史に過ぎないと批判した。ここから「活歴」という言葉が生まれた。「仲国」もその活歴の一つである。

古典に新しい演出を導入

今日この「活歴」物は読んでも見てもあまり面白くない。しかし当時の批評を読むと九代目には朗々たるせりふ廻しとともに独特の格調があったらしい。ことに九代目は「ハラ芸」がうまい。「ハラ芸」はもともと歌舞伎にあった「思い入れ」の芸を深化したもの。「思い入れ」は無言で自分の想いを身体で表現する方法であるが、九代目はそれを精神的にさらに深くして、以心伝心で観客に伝わるように工夫した。若い頃は「大根」といわれた彼も厳しい修行の結果、そういう深い技法に到達したのである。九代目の弁慶に義経をつとめた五代目歌右衛門は、九代目にジッと見つめられるとまるで弁慶その人に見られているような気がして、自分も自然に義経になることが出来たと語っている。九代目は大きな目玉の人であったが、歌右衛門のいうのは目玉の大きさではない。弁慶に成りきった九代目の「ハラ芸」のためである。

九代目はその一方で江戸時代以来の古典を大事にし、しかしそのまた一方では古典に新しい精神を導入した。たとえば近松門左衛門の人形浄瑠璃の傑作「傾城反魂香」の又平。又平は琵琶湖のほとり大津の街で「大津絵」を書くしがない絵師である。江戸時代の歌舞伎はこの役を農民風の喜劇的な役として表現した。九代目はその又平を、市井の真面目な絵師として演じ大評判になった。一人の芸術家の生き方のドラマにしたのである。

その演じ方は少年時代に九代目に育てられた六代目菊五郎によって近代的な芸術家の苦悩のドラマとして今日に伝わる。今では吉右衛門、仁左衛門、その他多くの又平がこの演出を基本にしている。この一事をもってしても、九代目が歌舞伎の近代を築いた名優であることは明らかである。

（わたなべ・たもつ／演劇評論家）

Ⅲ

1840-49

渋沢栄一——「合本主義」の提唱

渋沢雅英

しぶさわ・えいいち（一八四〇―一九三一）

実業家。武蔵榛沢（埼玉県深谷）の農家の子。幼名栄二郎。従兄尾高惇忠から『論語』を学び人生の指針とする。家業に従事したのち、尊皇攘夷運動の曲折の中で考えを変える。一橋家に仕え、同家財政改革に手腕を発揮、将軍の名代としてパリ万博に出席する慶喜の異母弟、清水家当主の徳川昭武の随員として御勘定格陸軍付調役の肩書を得て渡仏する。この渡仏中に幕府は瓦解し、帰国後栄一は静岡藩に出仕。やがて明治新政府からの招状が届き、民部省の辞令を受ける明治六（一八七一）年に退官するまで、民部／大蔵官僚として働く。官を辞して後は第一国立銀行など多数の会社を設立・経営。また、択善会（後に東京銀行集会所）東京商法会議所（後の東京商工会議所）などを組織した。

今「合本主義」が見直されている

二〇一三年十一月二十五日、パリのＯＥＣＤ本部の会議室で、明治維新の直後に渋沢栄一が、提唱した「合本主義」という経済システムに関する公開討論が行われた。これは渋沢栄一記念財団が、二〇〇九年から企画推進してきた日米英仏の第一線で活躍する八名の研究者たちによる国際共同研究の成果を世界に問おうとするものであった。

合本主義は、当時の途上国日本で、急速な成長を可能にした考え方であり、又現代の資本主義の変革への示唆を秘めてもいるという文脈で、この討論は広い関心を集め、ＯＥＣＤ駐在の各国大使をはじめ、予想を上回る多数の経済官僚や経営史研究者などが参加した。

民間で活動した渋沢栄一

渋沢栄一は慶応三（一八六七）年、パリ万博に参加する徳川昭武の随員としてフランスに渡航、一年余りの滞在と欧州歴訪を経て、近代化された国々の社会経済の、きわめて合理的な構造に驚嘆し、維新後の日本に求められている変革についてもかなり現実的な構想を持って帰国した。明治二（一八六九）年から六（一八七三）年まで、大蔵省に奉職、改正掛りの責任者として、廃藩置県や、それに伴い失職した武士階級の救済など、広範な政策課題に取り組むいっぽう、今後の経済運営の方向として「合本主義」を提唱した。

明治四年には会社設立の手引きとして「立会略則」を著し、明治六年には三十三歳で退官し、日本初の西欧型金融機関である第一国立銀行の総監役に就任。その後は昭和六（一九三一）年九十一歳で亡くなるまで、終始民間で活動し、二度と官界に戻ったり、政治に関係することはなかった。

日本の経済界を育成

ＯＥＣＤでの討論をまとめた『グローバル資本主義の中の渋沢栄一』（橘川武郎・パトリック・フリデンソン編著、東洋経済新報社）という本は、「合本主義」を「公益を追求するという使命や目的を達成するのに最も適した人材と資金を集め、事業を推進させようという考え方」と定義している。文中で島田昌和は栄一の最大の功績は、多くの資金と人材が出入り可能な市場型経済モデル、つまり参入退出が自由なオープンマーケットモデルを形成したことだと述べている。また宮本又郎はこれを「顔の見える資本主義」ととらえ、栄一の果たした歴史的役割は、株式会社の急速な普及に対応して、日本の経済界を育成、リードしたことだったとし、さらに、（栄一は）トップマネージメントの職責を担う多くの管理職社員を選任し、それを監督するとともに、大株主からの圧力から庇護し、調整して、多数の企業の運営の責任を果たしたと述べている。

多くの学校の運営を支援

「合本主義」の特質は、カネだけでなくヒトをも重視することにあり、多くの教育機関にたいする栄一の息の長い努力は、日本の近代化に大きな成果をもたらした。一橋大学の場合は明治八（一八七五）年、商法講習所の設立に関係して以来、商人には高等教育はいらないという当時の風潮にあらがい続け、明治二十（一八八七）年に高等商業学校、明治三十五（一九〇二）年に東京高等商業学校、ようやく大正九（一九二〇）年に東京商科大学となるまでの四五年間の努力は並大抵ではなかった。ちなみに日本女子大学をはじめ、多くの学校の運営を支援するため、栄一が個人的に拠出した寄付金の総額は、現在の貨幣価値に換算して六億四千万円にのぼっている。

なお前記の本の編著者、橘川武郎は最終章のなかで、合本主義は多くの後発国にも有効であろうし、またリーマンショック以後の世界経済に挑戦するものでもあり、今後の研究活動を通してそうした挑戦の一翼を担うという研究者一同の決意を表明している。

（しぶさわ・まさひで／渋沢栄一曾孫）

伊藤博文——合理的国際・国内秩序観の形成

伊藤之雄

いとう・ひろふみ（一八四一—一九〇九）

周防（山口県）生。百姓林十蔵の子、萩の足軽伊藤直右衛門の養子。松下村塾に学び、木戸孝允に従い尊皇攘夷運動に参加。一八六三年井上馨らとひそかに渡英。四国連合艦隊の下関砲撃の報を聞いて帰国、列国と講和を結ぶのに尽力。以後討幕運動に参加。八二年憲法取調べのため渡欧、ドイツ等で憲法を学び帰国。華族制度・内閣制度の創設、大日本帝国憲法・皇室典範の制定・枢密院の設置など、立憲君主制確立のために努力。一九〇〇年立憲政友会を組織し総裁となる。日露戦争後、〇六年日韓協約を結び、初代韓国統監となる。〇九年満州視察と日露関係調整のため中国へ渡り、ハルビン駅頭で韓国独立運動家の安重根に暗殺された。

帝国主義の時代に向き合う

ペリーが浦賀に来航した嘉永六（一八五三）年六月は、伊藤博文が十二歳になる年であった。その頃、世界は帝国主義の時代であり、列強は新しい植民地や市場を求めて世界へ乗り出し、最も遠い極東の日本にもやってきたのであった。

伊藤は十八歳のころから英学を学ぼうとし、二十一から二十二歳にかけての英国への密航体験により、攘夷のおろかさを確信した。さらに帰国後にアーネスト・サトウら英国公使館員・商人ら外国人との接触を通し、英語力を向上させるとともに、国際知識を深め、日本の進むべき道を考えた。

国際化への挑戦から国際平和思想へ

しかし、伊藤といえども青年時代から秀でた列強観・外交観を身に着けていたわけではない。一八六六年に幕府等が長州再征を行う前には、英国軍艦に下関を守ってもらおうと木戸孝允に提言して却下され、一八七一（明治四）年からの岩倉使節団では、米国の助言を得て、条約改正交渉がすぐにできると考えた。

伊藤は西欧人に対して物怖じせず、彼らに気に入られ、列強の動向の情報を集めることができた。他方、個人的交友関係と、彼らが各列強の利害を背景に動くこととの区別がつかなかったのである。

伊藤が本当に列強の動向を理解するようになるのは、ドイツ等での憲法調査を終えた一八八三年になってからである。キリスト教国の西欧が非キリスト教国の日本などに対し一枚岩ではなく、日本が近代化したうえで国際法を背景に毅然と、粘り強く交渉すれば、道が開けると確信するようになった。

伊藤は四十一歳で、英国に密航してから実に二〇年。伊藤ほどの人間でも、列強を理解するのに、これくらいはかかった。

深い列強理解の下で、伊藤は首相として陸奥宗光外相と連携し、一八九四年に条約改正を成功させ、日清戦争期の外交を主導した。また韓国統治も行った。

伊藤は日本が軍事力を背景に一時的に領土を拡張しても、列強が認めないならそれは保持できない、という帝国主義の時代の正当な価値観を持っていた。また、日露戦争での日・露両国の将兵の犠牲を反省し、「武装の平和」を脱却し真の平和を作るべき、との第一次大戦後の国際連盟の理念につながる世界観を持った。さらに、清国や韓国が、日本のように秩序ある近代化と発展をすることが、東アジアの平和につながると考えて尽力した。

「憲法政治」の定着

国内政治の面でも、伊藤は幕末から維新直後にかけて、アメリカ合衆国の独立革命とナショナリズム、建国に強い関心を持った。これは、共和制に共感したのではなく、小国日本が大国に対峙して独立を維持するにはどうすれば良いのかの例を、英国から独立した米国に求めたのである。

したがって、自由民権運動が高まった一八八一（明治十四）年の時点において、伊藤は日本国民の意識が未熟であり、憲法制定と国会開設は簡単にできないとみた唯一のリーダーであった。伊藤の西欧理解と思慮深さがあったからこそ、当時の日本の国民のレベルに合わせた憲法が一八八九年にでき、日本は憲法停止に陥ることなく、第二次大戦以前の非西欧世界で唯一の立憲国家として存続し得た。

伊藤の天才的な点は、日本が当初のドイツモデルから、伊藤の理想とするイギリスモデルへ発展することを想定し、憲法解釈上問題ないように条文を作成しておいたことである。

しかし残念なことに、合理的秩序観にもとづき伊藤が構築した日本の近代外交や憲法の精神は、世界恐慌の衝撃の中で、一九三〇年代以降軍部によって踏みにじられていった。

（いとう・ゆきお／京都大学名誉教授、日本近現代政治外交史）

田中正造――「水の人」「土の人」そして「民の人」

田村紀雄

たなか・しょうぞう（一八四一―一九一三）

下野・小中村（現、栃木県佐野市）の生まれ。安政四年十七歳で父を継いで名主に。同時に土もいじる農民であった。まもなく農民間の水争い問題に遭遇、生涯「水」とともに生きることに。明治維新以後は東北の花輪（江刺県、現秋田県）に公務員として勤務するが今度は刑事事件の冤罪で下獄、波乱万丈の人生の始まり。帰郷後は彼の名を歴史に刻む「足尾鉱毒問題」の運動に身を投じ、大正二年数え七十三歳で渡良瀬川沿岸の農家宅で死去。日本の「近代化」にともなう社会の軋みと正面から取り組む運命となった。明治を全力で駆け抜けたため多様な顔をもち、伝記も次々と書き改められてきている。

言論をもって鉱毒とたたかう

田中正造の生涯は幕末からの七二年間、人生や活動だけでなく、その精神生活もいくつもの思想を縦断した。自然や農民を愛しただけでなく、異なる知識や思想を尊敬した。少年時、両親の許で学問を学び、明治になると、維新で帰郷した漢学者・森鷗村がひらいた「鷗村学社」のメンバーとして朱子学や陽明学にふれた。自由民権運動では欧米の人権思想を身につけ、鉱毒運動が始まると島田三郎、木下尚江らキリスト者と交わった。

政治への請願活動のなかでは大隈重信、津田仙、榎本武揚、谷干城らと接触、やがて谷中村破壊の国の方針がでるや荒畑寒村、石川三四郎ら社会主義者と親交を結び、村破壊以降は米国から帰国した異端のキリスト者新井奥邃を師と仰ぐに至る。

田中正造の活動は多岐にわたるが、手段は言論と表現行為に徹した。明治十二(一八七九)年『栃木新聞』(現『下野新聞』)を興し、栃木県会議員となる。自由民権活動の波を妨害するべく「加波山事件」を口実に投獄される。権力に対する抵抗心を一層つよめ、第一回総選挙で当選した。

生活や活動の中心であった栃木県西部は、渡良瀬川流域の肥沃な大地であった。江戸時代以来の米どころで、関東平野を南下する河川交通により江戸へ運ばれていた。明治二十三年夏、渡良瀬川の大洪水が発生、上流の足尾銅山の鉱毒が一気に堤防を突き破って田畑を襲った。翌二十四年第二回帝国議会で田中正造は鉱毒問題を公にした。以降、大雨や出水のたびに鉱毒は深刻化、「鉱毒停止」要求の農民運動が広がる。

農民は何度も請願を行ない、被害地の中心・雲龍寺に栃木、群馬、埼玉、茨城四県の約百カ村をまとめた「鉱毒事務所」なる運動の核を設置。田中は戦略や戦術で多彩な方法を編み出し、コミュニケーション手段の全てを採用した。「銅山の鉱業停止」に暴力や違法な方法は採らなかった。言論や表現活動の多用であった。

国会での徹底した質問・演説、各新聞社への広報、記者や指導者たちの被害地への取材案内、村々での無数の小集会、さまざまな社会団体・政党・官公署への陳情、救援要請の運動。活字もビラ、幻燈、生まれたばかりのガリ版。夥しく残存する手紙やはがき。大久保にキリスト者の診療施設を開設、病気の農民を収容し、現地の寺院による仏教徒運営の診療所で困窮農民を支援、後のセツルメント運動の先駆となった。これらの運動支援に参加した知識人、大学生、求道者等は数知れない。運動が局面を変え、田中正造が死去したあとも、かれらの人生に影響を残し、その意識変革に寄与した。

「川俣事件」裁判で運動を全国化

農民の意思決定のため「鉱毒議会」を発足させ、村ごとに「鉱毒議員」を選出。国会、国家頼むに足らぬという異次元での「民衆権力機構」であり、ときの政権を不安におとしいれた。これを粉砕するために政府が作り上げたのが、「川俣事件」（兇徒嘯集事件）である。

農民は「押しだし」とよぶ村々から政府への徒歩による平穏な請願大衆行動を何度も試みていた。農閑期を利用して野宿をかさねながらの上京であった。だが「鉱毒議会」発足直後の明治三十三年二月の上京行動を、政府は利根川の川俣の渡しで大量の警官を動員して阻止、多数の指導的農民を逮捕し、八〇人ほどを制定したばかりの「治安警察法」や「集会及政社法」違反として起訴した。

「事件」公判化により、運動は一気に全国に広がり、前橋地裁から控訴審、大審院、さらに宮城控訴審への差し戻しを経て、ここで立消えになった。日露戦争が迫っていたからだ。田中正造は幸徳秋水の手になる直訴状を明治天皇に路上で提出。鉱毒地の最下流の谷中村を全村水没させて「遊水地」を造る政府の試みに抵抗して村内に移住、徹底した抵抗を試みた。

（たむら・のりお／東京経済大学名誉教授、コミュニケーション論）

新島　襄——キリスト教主義教育の父

石川健次郎

にいじま・じょう（一八四三—九〇）

明治時代のキリスト教の代表的教育者。天保十四（一八四三）年一月十四日、安中藩の江戸屋敷内で生まれた。前名は七五三太《しめた》。祐筆職の父民治の長男。元治元（一八六四）年函館から密出国。慶應元（一八六五）年ボストンに到着。その後アンドーヴァー神学校を卒業。明治七（一八七四）年帰国。翌八年十一月二十九日京都に同志社英学校を創設。同十（一八七七）年には女学校を開校。同二十（一八八七）年仙台に東華学校、京都に同志社病院・京都看病婦学校を開院・開校。二十一年には「同志社大学設立の旨意」を全国に公表、キリスト教主義を徳育の基本とする自由教育を標榜した。

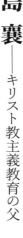

同志社の目標

同志社は新島襄が創設経営したもので、アメリカン・ボード（北米最初の海外伝道組織）は金銭と人物を提供したが、他のミッション・スクールのように、外国伝道会社が創設し、経営するものとは一線を画す。新島は言う。「ただ単に神学や聖書だけを教えるのであれば、最も優秀な日本青年は、我々のもとに留まらないだろうと思います。彼等青年は、近代学術に対する知識を要求しているからです。」新島は、最初から高等専門の知識を授ける大学の設立を目標とし、その上でキリスト教主義による精神で学生を薫陶感化し、他日日本のために貢献すべき人物を養成しようとしたのである。

宿願の同志社創立

武士として成人したこと、キリスト教を信仰したこと、それに南北戦争直後のアメリカ、それもピューリタニズムの本場であるニューイングランド地方で勉学・生活し、自由と自立を実感したこと、この三要件が新島の独創的な宿願を生み、同志社創立を実現させたといえる。

新島は、十四歳の時、藩から抜擢されて蘭学を学ぶ。のち江戸の軍艦教授所（のち操練所）に入り、数学・航海術等を学び、私塾で兵学、測量、算数を学んだ。二十歳の時、主君の本家筋に当たる松山藩所有の洋型帆船で浦賀から玉島（倉敷）への航海実習に参加し、その後二十二歳の時に同じ帆船で函館へ航海する。その函館から多くの助力を得て、アメリカへ向け密出国に成功する。アメリカでは、奇特な保護者と出会い、その好意により、学業、生活一切の世話を享けた。その間、明治四（一八七一）年森有礼少弁務使の斡旋で「米国留学」の免許をうけ、かつての密出国は不問となった。翌年から六年にかけて岩倉具視遣外使節団の理事官田中不二麿と共にアメリカ・ヨーロッパ諸国の学校教育制度を調査し『理事功程』の編纂に尽力した。一八七四年ラットランドにおけるアメリカン・ボードの年会で日本でのキリスト教主義学校の設立を訴え、計五千ドルの寄付を受けて帰国し、明治八（一八七五）年十一月二十九日京都府顧問山本覚馬、アメリカン・ボード宣教師デイヴィスの協力を得て京都に同志社英学校を創設した。

明治十三（一八八〇）年、二年生の上下二クラスの合併をめぐって、上級組が反発し、ストを敢行した。これに対し、一週間の謹慎処分としたが、途中で処分を解除した。新島は全校礼拝の席で、「すべては校長たる自分の責任である。よって校長を罰する。」と言い、持参した杖が折れるほど自分の掌を強打したという。また新島は遺言に「倜儻不羈《てきとうふき》」という言葉を残し、常軌では律しがたいほど独立心と才能に溢れる青年を徒に撓めず、本性を生かしながら導き、将来の「天下の人物」になるよう育成することを望んだのである。しかしその後自らの病軀を顧みず大学設立運動に奔走したが、同二三年一月二十三日、神奈川県大磯で客死した。

個人と社会

脱国の際の福士卯之吉等、アメリカでのハーディー夫妻など新島は実に多くの人々から親身の好意と助力を得た。それらに応えて、同志社創設を実現し、多くの有能な人物を輩出したところに新島の偉大さ、近代日本への貢献がある。この意味から、新島は近代日本を作った偉人の一人に違いないが、他方近代日本社会によって作られた人物であるともいえる。新島も含めて近代日本を作った人々は、個人の能力もさることながら、それを周辺で支えた人々、施設、組織、法律など同時代の社会環境に大いに助けられた。

社会の中の個人、個人の中の社会、つまり「個人と社会の相互関係」という視点から彼らの足跡を見直すことによって、偉業の内実をより一層鮮明に描き出すことができよう。

（いしかわ・けんじろう／同志社大学名誉教授）

アーネスト・サトウ――「幕末育ち」の叩き上げ英国外交官

佐野真由子

Sir Ernest Mason Satow（一八四三―一九二九）

ロンドン近郊で生まれ、ロンドン大学ユニヴァーシティ・カレッジ在学中の一八六一年、英国外務省の極東派遣通訳生に応募し、採用される。同年に大学を卒業後、出発。北京で四カ月間中国語を学んだのち、駐日英国公使館の通訳生となった。六五年通訳官、六八年書記官に昇格。明治維新を見届け、八三年まで在勤。シャム、ウルグアイ、モロッコ勤務を経て、九五年に特命全権公使として日本に復帰した。この間、八七年に法廷弁護士資格を取得。一九〇〇年、駐清公使に転出。〇六年に外交官を引退後は枢密顧問官となり、またハーグ国際仲裁裁判所を舞台に活躍したほか、外交実務の指南書として名高い *A Guide to Diplomatic Practice* の著者としても知られる。日本人女性、武田兼との間に二男。

「小さいが炯々《けいけい》とした黒い目玉の、たくましい大男が寝台の上に横になっていた。……」（『一外交官の見た明治維新（上）』岩波文庫）一八六五年晩秋、兵庫港に停泊中の薩摩船のなかで、サトウが初めて西郷隆盛と出会った場面である。安政の五カ国条約への勅許を実現すべく、外交団が軍艦で上方に集結したときのこと。サトウは英国公使ハリー・パークスの随行メンバーだった。

彼が半ば私的に薩摩人たちと行き来するようなことができたのは、約二年前の薩英戦争のとき現地にいたサトウを、彼らの側が覚えていたからである。西郷とは翌年に再会したのち、本格的に交流を深めた。サトウは後年、西郷が「しゃべるときの微笑には何とも言い知れぬ親しみがあった」（同）と回想している。

一方、長州の伊藤博文、井上馨との初邂逅は六四年夏。二人はいわゆる四国連合艦隊下関砲撃の直前、攘夷に凝り固まる自藩の姿勢を変えようと、密留学先のロンドンから急遽帰国し、当時の英公使ラザフォード・オールコックにも面会を申し入れた。彼らとサトウはすぐに打ち解け、「大いに語り合った」（同）という。

幕末の人脈

サトウは、一八六二年、十九歳で来日した。通訳生という公使館の最末端から、対日活動のエキスパートとして育成され、他国での勤務も経て、九五年、ついに特命全権公使となった。一九〇二年に実現する日英同盟の時点では駐清公使に転じていたが、他の追随を許さない日本通として、隣国から日露戦争の行方を見守った。

その長いキャリアの基盤をなしたのは、幕末に築いた人脈にほかならない。一八四一年生まれの伊藤、三六年生まれの井上に対して、サトウは四三年生まれの同世代。お互いの存在に興味を持ち、意気投合した。西郷は少し年長の二八年生まれだが、それでもサトウが会った時点でまだ三十代。周りの顔ぶれも皆、若かった。倒幕の志士たちが明治政府の中心人物になっていったのと並行して、サトウは外交官として成長し、彼らと交わりを続けながら、同じ時代を生きた。

若き日のサトウが外交官としての中立を逸脱し、倒幕側との関係を深めたことはよく知られている。が、本人の回想からも、深謀遠慮をもって接近したというよりは、やんちゃな若者が血気盛んな日本人の群れを発見し、嬉々としてそのなかに立ち混じっていったというほうが、実態に近いように思われる。その存在は、もともと対外関係の激変によって始まった明治維新という日本の変革に、文字どおりトランスナショナルな性格を与えた。

単に彼らがサトウと交流し、影響を受けたからというのではない。日本人たちはサトウと接触しつつ、情報を取捨し、伏せるべきことは伏せ、政事の核心については巧妙に距離を保った様子が窺える。身近に相手があり、自ずとそうした機微を身に着けたことこそ、日本人の「開国」の重要な一端ではないか。

並外れた日本語力

公私に交わった多くの日本人と、サトウは幕末の時点ですでに、不自由なく日本語で渡り合っていた。それゆえの人脈であり、会話だけでなく、くずし字で記された自筆の書簡などから想定されるその実力には、あらためて舌を巻く。

サトウはやんちゃぶりの一方、日本語の習得に関しては、公費の範囲を超えて自ら教師を雇い、教材を買い込むなど、並々ならぬ勤勉ぶりを示している。真面目というより、本当に語学の学習が好きで、かつ才能に恵まれていたのだろう。

サトウの語学力、ひいては日本の歴史、文化への関心と理解は、外交上役立っただけではなく、アカデミックな日本研究の端緒を開いた。そのことは翻って、世界に日本の「場所」をつくったと言える。

（さの・まゆこ／京都大学大学院教授）

井上　毅——明治国家のグランドデザインを描く

松本健一

いのうえ・こわし（一八四四—九五）

熊本藩の家老米田家（長岡是容）の中小姓格飯田家に生れる。後に井上茂三郎の養子となる。必由堂、藩校時習館等で学び、やがて江戸や長崎へ遊学する。長崎遊学中に藩命により戊辰戦争に従軍。明治維新後は大学南校で学び、明治四（一八七一）年司法省に仕官、翌年官命により一年かけて西欧視察に赴く。帰朝後、大久保利通に認められ、台湾出兵後の日清交渉に随行した。岩倉具視、伊藤博文らの国会開設の詔勅の基本方針策定を助ける。大日本帝国憲法の起草、清国・朝鮮との外交交渉にも参画している。憲法制定の総仕上げと教育勅語の制定に尽力した。（編集部作成）

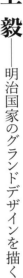

憲法・教育原理・皇室をデザイン

明治国家のグランド・デザインを描いたのは、井上毅である。なるほど、大久保利通はその独裁的権力によって明治国家の運営をおこない、伊藤博文はそれを内閣システムのほうに移行した。しかし、大久保はその伊藤を補佐し、ばあいによっては伊藤を超えて明治国家のデザインを描きうる人物として、予め井上毅を選んでいたのである。

井上は、伊藤博文のもとで『大日本帝国憲法』の草案をつくり、『教育勅語』の草案もつくり、『皇室典範』まで作成した。明治国家のアイデンティティとしての憲法、その国家を支えるべき国民の教育原理、そうして日本に特異なる政治的・文化的システムとしての皇室、それらすべてを井上毅がデザインしたのである。それゆえわたしは、「代表的日本人一〇〇人を選ぶ」という選考座談会（『文藝春秋　特別版』二〇〇六年八月刊）で、その日本人一〇〇人に伊藤博文を入れるなら、「国家設計の実務をやった」井上毅を「対にして」入れなければならない、と強く主張したのである。明治国家における井上の役割を高く評価したのは、わたし以前には松田道雄、神島二郎ぐらいのものだろう。

『大日本帝国憲法』の草案をつくったのは井上毅だが、それを枢密院（議長・伊藤博文）で説明したのも井上（枢密院書記官長）だった。伊藤の『憲法義解』という著作があるが、これも井上が書いたものである。もっとも、伊藤博文はある意味で公正な政治家で、明治国家の重要法案の「九割方」

は井上毅によって起草され、じぶんの「唯一の相談相手であった」とも回顧している。

欧州に倣った立憲君主の憲法

井上毅はもと熊本藩士で、「五箇条の御誓文」の原案をつくったともいえる横井小楠門下の俊秀である。ただ、大久保利通（薩摩藩士）の十四歳下、伊藤博文（長州藩士）の三歳下で、明治維新のとき数え二十五歳にすぎなかった。師の小楠がはやく暗殺されてしまった（明治二年）ため、伯楽役となったのは大久保である。

大久保の『甲東逸話』に、次のようにある。

「明治七年八月、甲東（大久保）が（台湾問題で）全権弁理大臣として清国に赴いたときのことである。甲東は渡清の途次、神戸から電報を発して東京より井上毅を呼び寄せ、随行の一人に加へたのであった。

井上は、甲東の出発前支那問題に関し、一文章（「試草呈大久保公」）を認《したた》め、甲東の閲覧に供し（中略）、甲東は船中で之《これ》を一読し俄《にわか》に招き寄せて随員を命じたのである。

後、清国に到って、北京政府といよ〳〵談判を開くに及び、其《その》往復会照（照会）等の文書作成については起草に当らしめ、彼は初て世に其材幹を認られるに至った。」

井上はこのときはまだ、司法省七等出仕の最下級役人にすぎない。その後、右大臣・岩倉具視に認められた。明治十四年の政変（大隈重信以下が罷免）にさいして、岩倉が提出した「憲法制定に関する意見書」も、井上が作成したものである。

憲法草案の作成にあたっては、井上のほかに伊東巳代治、金子堅太郎がこれを担当したが、憲法制定後の明治二十二年三月六日に授与された勲章は、井上が勲一等瑞宝章、伊東が勲三等瑞宝章、金子が勲五等瑞宝章と大きな開きがあった。

この憲法については、第一条「大日本帝国は万世一系の天皇之を統治す」とあるように、プロシャ型で、統治の全権を天皇に与えたものとして批判されることが多い。しかし、伊藤博文が「憲法起草の方針」（明治二十一年四月）でのべているように、――これは欧州諸国に倣った「純然たる立憲君主的の憲法」であり、その「立憲政治の実を挙げん」と欲すれば、「国民の権利及び自由を十分に保護せざるべからず」、そのためには「天皇の大権を制限せざるべからず」、と考えたものである。

天皇を「万世一系」と規定する問題点もふくめて、こういった『大日本帝国憲法』の全体構想すなわち明治国家のデザインを考えることと、そこで井上毅が果たした大いなる役割を考えることとは、別のことではないのである。

（まつもと・けんいち／文芸評論家）

陸奥宗光——外交と政党政治

佐々木雄一

むつ・むねみつ（一八四四—九七）

陸奥宗光は御三家・紀州の生まれ。父・伊達宗広（千広）は自身の才を頼りに藩内で出世したが、陸奥の幼少期に失脚した。そして幕末の動乱期、一時的に藩内の地位を得た義兄も失脚し、陸奥は志士活動に入っていく。そのなかで名を何度か変え、やがて陸奥陽之助宗光となる。坂本龍馬のもとで頭角を現し、坂本が暗殺された後は新政府に出仕し、急進改革派として伊藤博文とともに近代国家形成を訴えるなどした。ただ、薩長などの出身でないために正当な待遇を得られていないと不満を持ち、何度か職を辞し、最終的には西南戦争時に政府転覆計画に関与して数年間投獄される。出獄後はイギリスなどで議会政治について研鑽を積み、その後駐米公使、農商務大臣、そして第二次伊藤内閣で外務大臣となった。

近代日本外交の祖

戦前、外務省の正面には陸奥の銅像がそびえ立っていた。陸奥像は太平洋戦争中に金属回収のため撤去されるが、戦後に再建される。

そのことからもわかるように、陸奥宗光といえば、近代日本を代表する外交指導者として知られる。第二次伊藤博文内閣の外務大臣として、積年の課題である条約改正の実現に寄与し、初の本格的な対外戦争である日清戦争を乗り切った。その冷徹な現状認識と外交手腕は、「陸奥外交」として名高い。

近年の研究では、「陸奥外交」というのは実はそれほど華麗なものではなかったことが知られている。陸奥外相期の条約改正事業で最も重要な交渉相手となったのはイギリスだが、その交渉を担ったのは、元外相で駐英公使の青木周蔵である。陸奥が大国を相手に策を駆使して条約改正にこぎつけたというような事実はない。あるいは日清戦争に関しても、開戦過程から終局に至るまで、誤算や方針転換は多々あった。

とはいえ陸奥が、外務大臣として外交部門を率い、政府内の合意を形成し、ときに「カミソリ」と呼ばれた判断の冴えを見せたのもたしかである。条約改正・日清戦争という大きな出来事とともにその名が歴史に刻まれるのも、もっともなことである。

また、陸奥外相期には、外務省・在外公館の官制が改正され、外交官・領事官試験制度が導入された。以降、そのときに匹敵する外務省の組織改編は、第一次世界大戦後までない。条約改正・日清戦争を通じて、主要国における日本の公使（館）の活動も活発になっていく。

人的つながりという点でも、陸奥周辺の人物たちが日本外交を支えていった。陸奥以降、明治時代に外務大臣を務めた七人のうち、西徳二郎、林董、内田康哉は、陸奥ととても親しいか陸奥が引き立てた者たちである。小村寿太郎も、日清開戦時の働きが陸奥の目に留まり、その後登用された。

近代日本の政党政治と陸奥

もっとも、陸奥が終生強い関心を向け続けていたのは、実は外交よりも日本の政治体制の変革だった。明治初年以来、薩長出身でないために実力相応の待遇を受けていないと不満を持つ陸奥は、能力本位の政治を求めた。そして、立憲政治・議会政治に期待をかけた。陸奥からすると、立憲政治も、議会や政党、選挙も、より公平に才や智を競うことを可能にする仕組みだった。

陸奥に政党指導者として大きな可能性があったかというと、そうではない。陸奥は藩閥に対して強い批判の意識を持つ一方で、様々な人とつき合い清濁あわせのみながら勢力を拡大する必要がある政党の世界にはなじみきれなかった。

したがって陸奥は、議会・政党勢力とのパイプを持ちながら藩閥政府内で枢要な地位を占め、両者のはざまで双方を操るというところに、自らの居場所を見出していた。第二次伊藤内閣と自由党が提携する素地をつくり、死の少し前には陸奥の自由党総理就任が計画された。

陸奥の人的つながりは、外交面と同様、日本政治にも大きな流れを生み出した。陸奥の死の三年後、伊藤博文は立憲政友会を組織する。そのとき、星亨が力を発揮し、旧自由党系を政友会に合流させた。星は翌年暗殺されるが、伊藤に続いて二代目、三代目の政友会総裁となったのは西園寺公望、原敬であった。四人はいずれも、陸奥ときわめて関係の深い人物たちである。そして、陸奥と強い信頼関係で結ばれた腹心の部下であり、かつ陸奥よりも政党指導者としての適性があった原が、日本初の本格的な政党内閣を組織するのである。

（ささき・ゆういち／明治学院大学法学部准教授、日本政治外交史）

石黒忠悳——近代軍医制度の生みの親

笠原英彦

いしぐろ・ただのり（一八四五—一九四一）

幕末は一八四五年、陸奥国伊達郡梁川に幕府代官手代であった平野順作良忠の長男として生まれた。幼名を庸太郎といったが、両親を早く亡くしたため、一八六〇年、伯母の嫁ぎ先であった越後国三島郡片貝村の石黒家の養子となった。長じて信州の松代で私塾を開き、佐久間象山に強い影響をうけた。一八六四年に江戸へ出て、医学所に入った。いったん帰郷したが、再び上京して大学東校に勤務した。その後、松本良順の斡旋で兵部省に軍医として入省した。同省では専ら軍医制度の構築に邁進し、成果をおさめた。一八九〇年には軍医総監に就任し、陸軍省医務局長を兼務、一貫して軍医の道を歩んだ。同省勇退後は日本赤十字社の創立に尽力し、第四代日本赤十字社社長を務めた。

運命を変えた若き日の出会い

早くに両親を失い伯母の嫁ぎ先の養子となった石黒忠悳《ただのり》は、二人の先達との出会いがなければ、信州の私塾経営者としての人生を送っていたかもしれない。その一人は江戸時代の儒学者、兵学者として高名な佐久間象山である。石黒は若い頃から象山に傾倒していたが、幽閉の身であった象山が近く解放されるとの情報を入手した。文久三（一八六三）年、石黒は江戸へ向かう途次、松代の象山を訪ねることを決意した。いったんは門前払いとなったが、石黒の熱意が通じ、ついに対面がかなったのである。象山は石黒の熱い思いを正面から受け止め、まもなく石黒を「足下」と親しげによび、「足下位の若者は充分我が国の学問をした上、更に西洋の学問を為し、そして夫々一科の専門を究める事にせねばならぬ」（『石黒忠悳懐旧九十年』）と青年の志を説いた。石黒は象山の教えをしっかり踏まえて、ここに己の進むべき道を思い定めた。

その後、石黒は医学の道を志し、江戸へ出て医学校で学んだ。いったん帰郷したものの、再び上京して文部省出仕となった。しかし石黒は仕官が嫌になり洋行に出ようと、文部省を辞め帰郷の荷造りをしていた。そこへ同じく医学所で学ぶ親友の渡邊洪基《こうき》がやってきて石黒に翻意を促し、兵部省の軍医制度創設に取り組む松本良順のもとを訪ねるよう熱心に説いた。かつて医学校の頭取を務めた松本は、すでに医学界の重鎮となり、同人の兵部省入りも西郷隆盛や山県有朋らが直々に松本宅に出向き口説き落としたとされる。何とその松本がわざわざ石黒宅を訪問し、兵部省に出仕し軍医部設立への協力を懇請したから、石黒も驚いたにちがいない。松本のところにも多くの門下生がいたが、みな治療や学術の専門家で、制度に精通する者はいなかった。そこで白羽の矢が立ったのが石黒であった。石黒は制度に明るく、地位を求めず、国のために尽くしてくれる逸材であることを松本は熟知していた。石黒も松本の純粋な要請を受けて、国家の根幹である兵制の確立に邁進する覚悟を決めたのである。

軍医制度の近代化に貢献

明治四（一八七一）年九月、石黒は兵部省出仕に着任早々、山県有朋に対し、軍医とは他の官職とは異なり学術の社会であるから、藩閥の情実で人選することはできない旨を告げた。また、入省まもなく石黒を待ち構えていた難題は軍医の淘汰であった。上司であった松本のおかげで、これも果断な対応で乗り越えた。かくして軍隊には良医を確保することができた。もっとも実際の組織では、やはり人事をめぐり絶えず軋轢に悩まされた。軍医の人選において、藩閥の壁と専門性の確保とを両立させるのは至難の業であった。

こうした泥臭く厄介な仕事をこなす上でも、出征して現場を知ることが求められた。石黒は佐賀の乱や西南戦争での従軍経験を有した。内務省衛生局の役職をも兼務し、長与専斎とともにコレラ対策などで連携した。明治二十（一八八七）年にはドイツに派遣され、各地の医療関連施設を視察して、第四回赤十字国際会議に出席した。その際、北里柴三郎や森林太郎ら著名な医学者の知遇をうけた。帰国後は陸軍軍医総監となり、陸軍軍医の人事権を掌握する陸軍省医務局長に就任した。日清戦争では、大本営陸軍部において野戦衛生長官を務めた。それは地味だが重要な職務であり、傷病治療にとどまる職務ではなかった。このとき、森林太郎は石黒の配下にあって出征した。

このほか、石黒は後藤新平の内務省入りや、日清戦争時の検疫事業を後藤に任せるよう児玉源太郎陸軍次官に進言するなど、医療界の潤滑油の役割を果した。石黒が医療分野において日本を近代化した功績は大きい。

（かさはら・ひでひこ／慶應義塾大学名誉教授、日本政治史）

中江兆民——東洋のルソーの知られざる闘い

鶴ヶ谷真一

なかえ・ちょうみん（一八四七—一九〇一）

政治思想家、翻訳家、哲学者、ジャーナリスト、自由民権運動家。土佐（現・高知県）出身。本名は篤助（また得介）。一八七一年、岩倉使節団に同行して渡仏。七四年帰国後、東京に仏学塾を開き、新時代の学問・思想の教授に努めた。西園寺公望の『東洋自由新聞』の主筆となり、自由党創設に参画。著作のかたわら、ジャーナリストとして自由民権思想の啓蒙と明治専制政府への攻撃に舌鋒をふるった。ルソーの『社会契約論』を翻訳・読み解いた『民約訳解』は大きな思想的影響を与えた。門下に幸徳秋水がいる。癌のため余命一年半を宣告されて執筆した最晩年の自伝『一年有半』は当時二〇万部を超えるベストセラーになった。

「日本に哲学なし」

日本に哲学なしと断言した中江兆民は国の将来を思う熱情の持主でもあった。この二十五歳の理想主義者は、時の大蔵卿大久保利通に直訴して海外留学を訴えた。大蔵卿は莞爾としてそれに応じ、兆民は明治四年、岩倉大使一行と横浜を出帆し、米国を経てフランス留学に赴いた。

司法省の留学生であった兆民は法律よりも哲学・歴史・文学の研究に没頭したようだ。明治政府の財政緊縮のため留学は二年余りで打ちきられ、帰国を余儀なくされた。それを惜しんだフランス人教師は、今しばらく勉強を続ければフランスで新聞記者として十分やっていける、学費はわたしが出そうといって帰国を押しとどめた。しかし故郷で待つ老母のことを思って、兆民は帰国を決めたという。

兆民はフランスで自由民権思想を知り、後に明治政府の要人となる西園寺公望と井上毅の知遇を得た。帰国した兆民は新生の明治日本に自由民権思想を根づかせようと、東奔西走の活躍を始めた。

「文章は経国の大業にして不朽の盛事」

帰国早々、兆民はルソーの『社会契約論』の翻訳にとりかかった。訳文に漢文を用いたのは当時として適切な選択だったといえよう。流麗繊細をきわめた和文で概念や論理を語ることは難しく、儒教や仏教の表現媒体である漢文を選ばざるをえなかった。三千年にわたって磨きぬかれてきた漢文をもってすれば、いかなる翻訳も可能だとの信念と自負を彼は抱いていたのだ。

数年を要した苦心の訳業は『民約訳解』として刊行され、自由民権思想の啓蒙に大きな役割をはたした。後年、その漢文訳は中国でも何度か刊行をみたという。

兆民の文章表現の緻密さと周到を示す逸話がある。明治十四年、「東洋自由新聞」創刊のおり、社長の西園寺公望が天皇の内勅によって辞職を余儀なくされたとき、同僚の松沢憲は内情を暴露する檄文を配布して検挙された。主筆の兆民は西園寺の退社を伝えながらそれとなく「嗚呼《ああ》天自由を我に与えて又天之を奪う」と記し、二字目の天に傍点を付して、退社が天皇の意向であることを匂わせた。こうした高等戦術に、検閲の当事者はこれではどうにもならぬと唇をかんだに違いない。

自由民権の理論家にとって、検閲を免れることは切実な問題であった。代表作『三酔人経綸問答』は、東洋の小国であった日本の進路をめぐって、三人の酔っぱらいがそれぞれに熱弁をふるうという、当局が神経をとがらせるような作品だった。兆民はこのとき絶妙ともいえる秘策を用いた。旧知の井上毅を訪問し、その稿本をみせた。一読した井上は、面白い趣向だが素人にはわかるまい。とても『佳人の奇遇』ほどは売れまいと言った。『佳人の奇遇』は、当時一世を風靡した政治小説であり、兆民の代表作は売れ行きにおいて遠く及ばなかった。しかし兆民の意図はこのとき十分に達せられた。法制局長官井上邸訪問の目的は、一種の事前検閲を求めるところにあった（前田愛の説）。

明治政府きっての明敏な頭脳と称された井上毅が、作品にこめられた苦い毒を見抜けなかったはずはない。だが屈折と韜晦を重ねる兆民のしたたかなレトリックには苦笑するほかなかったであろう。

人知れずフランス古典劇の形式に則ったと思われるこの思想劇を読み返すと、検閲を半ば楽しむかのように、目配せにも似た仕掛けが随所にしのばせてあるのに気づかされる。まるで贅沢禁止令にあった江戸の粋人が、羽織の裏地に贅を尽くしたようだと言ったなら、兆民先生は破顔一笑しただろうか。

奇しくも二〇二一年は没後百二十年、中江兆民なかりせば、明治はどれほどさびしい時代になっていたであろう。

（つるがや・しんいち／エッセイスト）

大槻文彦――「ランゲージ」と格闘した生涯

長沼美香子

おおつき・ふみひこ（一八四七―一九二八）

祖父は蘭学者の大槻磐水（玄沢）、父は漢学者の磐渓という仙台藩の学者一族の家系で、江戸生まれ。実名は清復、号は復軒。幕末明治初期に洋書調所・開成所・大学南校で英学や数学などを学び、新政府の文部省に出仕。学術結社の明六社や洋々社に参加、「かなのとも」を創立。文学博士。国語調査委員会主査委員、帝国学士院会員。詳細については、「大槻博士自伝」「年譜」など掲載の『国語と国文学』（第五巻第七号）、伝記『言葉の海へ』（高田宏）参照。『言海』は現在、国立国会図書館デジタルコレクションにて閲覧可。

「ことばのうみ」のナショナリスト

敷島ややまと言葉の海にして
　拾ひし玉はみがかれにけり　後京極

大日本帝国憲法が発布された年に、日本初の近代国語辞書が大海原へと船出した。文部省の上司であった西村茂樹からの官命を受けて、一八七五年に始まった孤独な辞書編纂作業。ついに『日本辞書 言海』として完成し、初版が四分冊で一八八九年から九一年にかけて自費出版されたのである（のちに合本や縮刷版、そして没後には増補改訂版『大言海』も）。

大槻文彦と言えば、まずはこの『言海』を編んだ国語学者として記憶されているであろう。福澤諭吉に「言海以前日本に辞書なし」とさえ言わせたほどであり（「寄席の下足札が五十音でいけますか」との苦言も受けたが）、学校行事の記念品としても「国民」的人気が高かったようだ。また、「文明国標準としての辞書」（安田敏朗『辞書の政治学』）との見方をすれば、『言海』という小宇宙に五十音で排列された普通語の「国語」とその品詞情報などの「文法」は、近代日本が国際社会の一員となるために不可欠であった。第一回帝国議会から約半年後に開かれた出版祝賀会には、伊藤博文をはじめ錚々たる著名人が列席し、政治色濃厚な行事となったのも避けられぬ宿命だったか。

彼の生涯を数行でまとめるのは乱暴だが、当時の知識人の常として洋学に明るく、国語国字問題への関心が高く、そして領土論や歴史書も著した多才な人物である（本人によれば「雑駁」「荒物屋の店」との評）。近代日本に吹き荒れた時代の風を正面から受け止めながら、「ことばのうみ」を泳ぎきった生粋のナショナリストであった。

「文法」へのまなざし

『言海』の巻頭では「語法指南（日本文典摘録）」として、日本語文法の解説がなされている。この部分は別冊にもなり、また後には改めて『広日本文典』として刊行された。西洋言語学との折衷的な彼の文法論は、いわゆる「大槻文法」と呼ばれることもある。

幕末明治期に活躍した多くの学者の思想形成には西洋学問からの強い影響が見られるが、それは翻訳行為を通しても培われただろう。文彦は明治初期の大規模な国家的翻訳プロジェクトにも名を連ねていた。英国のチェンバーズ兄弟による九十二編の啓蒙書を翻訳した文部省『百科全書』の一冊『言語篇』は、文彦の訳述である。この翻訳書の冒頭では、languageを「言語トイフモノ」と訳し、二字漢語には「ランゲージ」と音訳が併記されている。この過剰な慎重さが物語る感性は、いまの私たちには想像し難い。

文彦は、「ユニブルサル、グラマ」と左ルビを付した「普通文法」とも出会っていた。現代では「普遍文法」（universal grammar = UG）は、生成文法の提唱者チョムスキーと結び付けられることが一般的だが、じつは十七世紀のポール・ロワイヤル文法にすでに登場し、西洋言語学のなかでは脈々と受け継がれてきた概念である。近代日本の言語研究や文彦自身の文法論をどのように挑発したか（しなかったか）は別にして、文彦の翻訳行為を通して十九世紀の日本に紹介されていたという事実は覚えておきたい。

エピローグにかえて

「募ってはいるが、募集はしていない」との発言が、無知から出た保身のための詭弁であれば軽蔑するしかない。しかし一周回ってあえて言えば、異なる単語の意味はやはりズレると思う。たとえば、恋心は「募る」が、「募集」できないではないか。ちなみに『言海』では、「募集」は立項されておらず、「募る」については、他動詞としては「激シク求ム。力（ツト）メテ招キ集ム」、自動詞としては「愈、激シクナル」とある。文彦なら「募る」と「募集」を同一視したであろうか。

（ながぬま・みかこ／神戸市外国語大学教授、通訳翻訳学）

桂　太郎——軍から政治家を経て政党へ

千葉　功

かつら・たろう（一八四七—一九一三）

長州藩士の長男として萩に出生。戊辰戦争に従軍後、一回目は私費留学生として、二回目は公使館付武官として、ドイツへ留学、ドイツ軍政を調査・研究した。帰国後は参謀本部や陸軍省の要職を歴任して、軍制改革を実施した。日清戦争時には第三師団長として出征した。日清戦争後には台湾総督に就任するが、数カ月で辞任した。その後、一八九八—一九〇〇年、四代の内閣で陸軍大臣をつとめた。一九〇一年には第一次内閣を組閣、途中、日露戦争の開戦と終戦・講和を経て、一九〇六年初頭までつとめた。さらに、一九〇八—一一年という長期にわたって、第二次内閣を組織した。しかし、大正政変という政治混乱を前に、第三次内閣は二カ月弱という短命に終わった。

陸軍官僚として

桂太郎を近代日本を作った代表的人物と言ってよいかは議論がわかれるであろうが、陸軍官僚から政治家へ、そして最後は政党を結成するなど、その歩みを近代日本に重ね合わせたとき、興味深いものがあるのは確かである。

桂は、討幕において原動力となる長州藩の萩に、長州藩士の長男として出生した。世代としてぎりぎりではあるが、戊辰戦争で従軍経験のあることが、のち元老に加えられる要因となった。

戊辰戦争での従軍後の明治初年にドイツへ留学し、ドイツ軍制を研究したが、そのとき「ミリタリー（軍事）」の周辺に広がる「アドミニストラシヲン（行政）」を学ぶ必要性に気づく。帰国後は、陸軍の実力者山県有朋の信認をえて、軍務官僚として順調に出世していく。一八九八―一九〇〇年には四代の内閣で陸軍大臣をつとめ、軍政面で辣腕を発揮した。

政治家として

一九〇一年には伊藤博文・山県有朋ら元勲の次の世代として、内閣を組織する。この第一次桂内閣は、国内では、元老の伊藤が率いる衆議院第一党の立憲政友会と租税問題で対立をかかえていた。他方、国外では、満州・朝鮮における両国の勢力範囲をめぐってロシアと対立、結局、日露交渉は決裂して日露戦争へと突入する。このように、国内外の難関を切り抜けた桂は、第一次内閣を終えるころには大きな自信を抱くことになる。

さらに、桂は第一次内閣の末期に、政友会との妥協体制（桂園体制）を構築することに成功する。その桂園体制を背景に、第二次内閣は、戦前には珍しい長期で安定的な政権となった。すなわち、国内では衆議院が二期連続で満了となるとともに、外交では各国との間で構築した多角的な同盟・協商網をバックに韓国併合を「達成」したのである。

ただし、桂園体制には、桂や陸軍・山県閥側と政友会側が体制維持のために自己主張を抑制するという相互補完的な側面とともに、両者ともあきたらないがために体制を破壊しようという衝動をいだく対立の契機も内包していた。

政党指導者として

一九一一年、内閣を政友会総裁の西園寺公望に譲った直後に起こった辛亥革命に対して、西園寺内閣は無策であると桂には思われた。再々登板をする機会をみすえつつ、桂は一九一二年、ひさしぶりの訪欧に旅立つが、その目的の一つにはイギリスでの政党調査があったという。政友会との妥協体制に拘束されないためには、非政友会勢力を糾合した政党を組織して、みずからそのトップに立つことが必要であると考えたのだろう。

帰国後の桂は内大臣に任じられ、内閣再組織から遠ざかったと思われた。それが、西園寺内閣が二個師団増設問題で倒壊したあと、紆余曲折の末、桂は第三次内閣を組織することができた。

しかし、西園寺内閣倒壊の背後には陸軍や桂がいるとして、桂内閣へは強い非難がおこった。そこで桂は政党組織計画を前倒しして、一九一三年一月、新党構想を発表する。これは、伊藤亡き後の元老筆頭は自分であるとの自信を背景として、衆議院のみならず、貴族院や官僚をも網羅した政党である「立憲統一党」を結成するというものであった。ただし、最終的には衆議院の、それも反政友勢力である立憲国民党脱党組が中心となってしまったために、「立憲同志会」へと落ち着いてしまった。

桂はこの後一年もせずに死去してしまったために、政党指導者としては十分な活動はしなかった。ただし、桂のつくった政党は「立憲同志会」として、立憲政友会との「擬似的二大政党制」を形作ることになるのである。

（ちば・いさお／学習院大学教授）

浅野総一郎

——驚異的スピードの近代化

新田純子

あさの・そういちろう（一八四八—一九三〇）

越中生まれ。六歳で医家の養子となるが、コレラ患者に驚愕し、実家に逃げ帰る。十四歳で少年事業家をめざすも、挫折。十九歳で庄屋の婿となり、企画した産物会社が失敗し離縁。明治四年に上京。「水売り」にはじまり、竹の皮屋、薪炭、石炭商を営む。横浜ガス局の廃棄物・コークスに着目。官営深川セメント工場に売り込み、巨利を得る。渋沢栄一の応援もあり、一八八一年に同工場の賃下げ、八三年に払い下げを受け、国の方針のもとセメント事業は拡大。九八年、渋沢、徳川、安田よりの出資計三〇万を加え、八〇万円の合資会社、一九一二年株式会社となる。その間、造船、石油、海運、石炭、築港、埋立、電力界にも進出し、浅野財閥を築いた。

浅野総一郎と日本の近代化

明治維新から昭和初期までの近代化に尽くした政治家、実業家たちは実に多彩である。浅野総一郎はその代表的一人で、セメントをはじめガス、石炭、炭坑、石油、築港、鉄道、造船、外航、埋立、発電と業績を挙げげれば切りがない。しかし、今回は、「浅野が存在したことにより、日本はどのような近代化をなしとげたか」を考えたい。そのことで、彼の存在意義を再発見できると信じる。

インドや中国などは、近代化とともに大きな格差が生じているが、日本の場合、ごく最近まで、「一億総中流」と云われるように、国民のほとんどが中流意識を持って生活してきた。要は、貧富の差は諸外国に比較すれば少ない。このような特徴は他国には少なく、それはおおいに浅野総一郎という個人のパーソナリティーに負っている、と私は分析している。

実は、官営工場の民営化一号が民間人、浅野へのセメント工場の払い下げであった。浅野は朝四時から起きて身を粉にして働き、その目からは、官営事業で働く役人は遊んでいるようにしか映らず、「いつまでも赤字であるのは理解出来ない。私ならば、きっとたちまち黒字にしてみせる」と、渋沢栄一に熱心に訴えたのだ。

企業経営が家族主義の延長線上にあったことも特徴で、他社や外国と競争となれば、社員たちは一丸となり戦い、張り切った。浅野の事業は後に浅野コンツェルンと呼ばれるまでに発展・拡大する。

浅野は人を信じ、技術者を信じ、彼らに果敢に未知に挑戦させ、その為にはかなりの金を使った。浅野が動かす資金は国家的規模に及ぶことも多かったが、しかし、浅野自身は、あまり「富裕者」との感覚は持たず、常に「働く者と一緒」「現場主義」であったことは、「貧富の格差の少ない社会の形成」と関連し、日本に多くの中間層を生んだことであろう。これらの特性は近年のグローバル化により急速に失われているが、そのことを意識し、労働的幸福感というものを再構築することを考える機会にしたい。

「負けず嫌い」と「工夫力」

日本近代化の二つ目の特徴は、「驚異的なスピード」である。それは、浅野の人並み外れた「負けず嫌い」と「工夫力」も影響していると感じている。

浅野総一郎は世界最先端の技術を積極的に取り入れ、そこに必ず工夫を加え、常に「日本で一番」、時には「世界で一番」を目指し続けた。例えば、外国航路に参入し、はじめて日本国籍の船を横浜―サンフランシスコ間に走らせ、豪華客船天洋丸を国産で建造した。「原油で船舶を動かそうとした」のは、浅野が世界的にも最も早く、外国から原油をタンカーで運び、日本で精製する計画に挑戦した。また、当初は内海を走る船しか作れなかった日本だが、一万トン級の船舶の大量生産に果敢に取り組んだのは浅野造船所であった。そして、日本はいつの間にか世界トップの造船国となった。

　埋立や築港に関しても現代の日本の技術は世界的にも定評がある。これらのことが実現出来たのは、リーダー自らが現場主義に徹していたことが大きく貢献している。現場にこそ、工夫のための気づきが詰まっている。この「独自の工夫力」が加わることで、日本の「ものつくり」は世界に誇れるまでに進歩している。

　その後も、沖電気社長、京浜工業地帯の父、浅野学園創設、舗装事業、佐久発電所と小牧ダム完成と、一人の仕事とは信じられない仕事量だが、その流れを汲む企業が今日も存在し続けていることは驚きである。但し、利益率の高い事業は他からの金融支配が強く働いている。

「ものつくり日本」「先進国日本」の基本に早急に取り組んだ浅野が、近代日本に貢献した意義ははかりしれない。


（にった・じゅんこ／作家）

益田　孝——自転車で富士山に登る男

由井常彦

ますだ・たかし（一八四八―一九三八）

佐渡に生まれる。幼名は徳之進。父は幕臣。孝も江戸に出て、ヘボン塾に学び、アメリカ公使館に勤務、ハリスから英語を学ぶ。一八六三年、幕府の遣欧使節団に参加、帰国後は幕府陸軍に入隊。一八六七年に旗本となる。維新後は横浜のウォルシュ・ホール商会に勤務したのを皮切りに輸出商となる。この時知り合った井上馨の勧めで一八七二年に大蔵省に入るも、翌年井上が下野すると、益田も職を辞した。一八七四年には、井上が設立した先収会社の東京本店頭取に就任。一八七六年には『中外物価新報』を創刊。同年、先収会社を改組して三井物産を設立し、同社の初代総轄に就任。明治後期には取扱高が、日本の貿易総額の二割ほどをも占める大商社に育て上げた。

ウルトラ商社マンの誕生

明治九（一八七六）年に設立された三井物産の社長となった益田孝は、明治の末までに同社を日本でもユニークにして巨大な総合商社に発展させることに成功した。発足当初の業務は、政府官営の三池炭鉱の石炭の委託販売を主とするものであった。それが、三十年そこそこで、国内はもとより、世界の主要都市に支店網をはりめぐらすまでに成長した。そして国産の主要商品を輸出し、他方で海外の素材や機械を輸入する、世界的な総合商社に発展したのだから、三井物産の成功は「離れ業」というべきものがあった。

したがって、明治日本の経済近代化における益田孝の役割は、渋沢栄一に次ぎ、海運業の三菱の岩崎に並ぶものがあった。事実、明治末年には、職業経営者としてはただ一人、爵位（男爵）が授与されている。財界の偉人といって差支えない。

だが、渋沢栄一とちがって、益田孝はそれほど一般に知られているわけではない。また、岩崎弥太郎の三菱が明治政府から多大な資金・資産の助成を得たのに対して、三井物産は、政府財政とはほとんど無関係であった。官営の三池炭鉱の払い下げは、政府による三井の優遇例として論述されることが多いが、入札方式で、四五五万五千円というきわめて高価な買い物であって、この例をもって三井物産の成功の特権的政商的性格を重視することは正しくない。

なお、三井物産の急速な成長を、三井の財閥的な豊富な資力に求めることも誤りである。事実、三井銀行が明治期の三井物産の発展に資することは非常に乏しかった。益田孝は創業早々に非常に積極的な輸出入活動にのり出したので、創業期から三井物産の資金繰りは、海外の諸銀行や新興の安田銀行からの融資に依存している。三井物産の成功は、客観的な諸条件よりも、何にもまして益田孝という桁外れの人物と、商社マンという斬新な企業家活動の成果に帰すべきである。

幕臣出身の益田孝の経歴は複雑で、人物は頗る柔軟であった。彼の活動はあまりに多様多端であって、明治の商社マンとしてイメージすることは容易ではない。同時代の外国人駐日商社マンにとっても、益田孝は商社マンの通念をこえた怖れられる存在となり、彼らのなかで益田孝は、「自転車で富士山に登る男」と称された。

要するに益田孝は、リスクや困難にめげないビジネスマンであった。彼の生涯はチャレンジにつぐチャレンジであった。ただし、彼は無分別であったわけではなく、また国益主義者でもなかった。彼は市場を信じ、なによりも商品市場の動向を意思決定の基準に用いた。三井物産創立の明治九年末に『中外物価新報』(のちの『日本経済新聞』)を公刊しているが、毎日の物価と相場の変動こそ、彼が必要とした情報のデータであった。

「自転車で富士山に登る」益田孝

彼が仕切った初期の重要な貿易取引に国産米の輸出がある。米は昔も今も日本で最大の農産物であり、買い手優位の商品である。のちに三井銀行の専務となる中上川彦次郎は、国産米の国際競争力の欠如を強調し、「農村の田を廃し、桑畑とすべき」ことを論じている。

こうした状況にも拘わらず、益田孝は、会社の設立早々、三池出張の帰途に防長米を買付け、海外輸出を試みている。彼が大阪の中央市場における銘柄別の取引を調べ、同じ米でも良質な肥後米や防長米の存在を知ったことであろう。益田孝が、米相場の動向に注意し、高品質銘柄を安値で買付けたことは明らかで、国産米をロンドンで販売したところ、製織用糊として好まれ、大成功であった。彼がどこまで需要を見込んでいたかは不明であるが、この取引は、「自転車で富士山に登る」益田孝の片鱗をよく示しているといえよう。

（ゆい・つねひこ／三井文庫元文庫長）

乃木希典——予は諸君の子弟を殺したり

佐々木英昭

のぎ・まれすけ（一八四九―一九一二）

江戸詰め長府（長州の支藩）藩士の父から厳格な訓育を受け、明治四（一八七一）年陸軍少佐に任官して萩の乱、西南戦争に従軍。二十年戦術研究のため川上操六とドイツ留学。日清戦争では歩兵第一旅団長として旅順占領の功を挙げ、二十九年第三代台湾総督に就任。三十七年大将に昇進。日露戦争では多数の犠牲者を出しながらも、児玉源太郎との指揮交替を経て旅順攻略を果たし、降伏した敵将ステッセルと歓談する「水市営の会見」を行う。凱旋後は犠牲者多数の責を負うて切腹を申し出るも、天皇にこれを制止され、四十年には学習院の院長に任ぜられる。天皇大喪の日、妻静を道連れに切腹して果て、毀誉褒貶の議論を呼んだ。

〝乃木もの〟外れっこなし

「近代日本を作った一〇五人」に乃木希典が加わることには異論もあろう。だが、「作った」とは言えるのだ。軍人としては失点の方が大きかったとしても、乃木は日本人の心をたしかに作ってきた。

乃木の伝記出版は一九七五年の時点で日本で二五〇、外国で三五〇に上り（前川和彦『軍神乃木希典の謎』）、一九三七年の東京帝大学生への「崇拝人物」アンケート、下って七〇年のNHK調査「私の尊敬する人物」では、いずれも乃木は第四位につけていた（橋川文三「可愛相な乃木」、王丸勇「乃木希典」）。

乃木没後、溝口健二監督の『乃木大将と熊さん』（一九二四）を含め、〝乃木もの〟の芝居や映画は量産されて「外れっこなし」といわれたし（桜井忠温『将軍乃木』）、国民的作家と称される夏目漱石の、今なお高校国語教科書から外れることのない小説『心《こころ》』の幕引きに乃木が登場することも、人気持続の一要因をなしているにちがいない。

軍旗を奪られて三十五年……

『心』の「先生」に自死の決意を固めさせるのは、明治天皇の後を追った乃木の遺書の「西南戦争のときに敵に旗を奪《と》られて以来、申し訳のために死なう〳〵と思つて、つい今日まで生きてゐた」

乃木が描かれたブリキの筆箱

というくだりだ。西南戦争から天皇崩御までの三十五年間が「死ぬ機会を待つ」期間と意味づけられていたと知ることが、彼の自決の引き金になったのである。

　軍旗を奪われることが西南戦争時点でそれほどの恥辱であったかは疑問で、その観念自体が乃木自身による神話化だとの見方もあるのだが、ともかくこの戦さで不面目を喫した乃木は、その後、日清戦争で名誉回復したものの、日露戦争では旅順総攻撃で五万ともいわれる兵士の命を犠牲にし、なお目的を達せぬまま指揮権を児玉源太郎に譲るという、生涯最大の不面目に見舞われる。

予は諸君の子弟を殺したり

　この交代劇をお手軽な滑稽譚に仕立てたのが司馬遼太郎や福岡徹の小説だが、福田恆存はその根拠薄弱な通俗性を鋭く糾弾している。乃木は無能だったのではない。自らの息子二人を含む五万の死は、彼の智謀を尽くした結果であった。凱旋後はその責を負うべく天皇に切腹を申し出るも、「強ひて死せんと欲するならば宜しく朕が世を去りたる後に於てせよ」との命を受け、これに従った。

かつその間、各地の講演で「予は諸君の子弟を殺したり」と落涙の謝罪を続けたのである。

そういう人を赦さない厳酷さは、日本の国民性になじまない。没後流行した〝乃木もの〟のお決まりのパターンは、ただの爺さんに身をやつして旅する乃木が、旅順で戦死した兵士の親に遭遇し、「息子を殺したのは乃木だ」と罵倒され、固くなって耐える……というものだが、もちろん正体が露見してからは、乃木の真情を解してなお赦さないような父母はいないのだ。

無数に出回った〝乃木グッズ〟の一つである筆箱（写真）にも、それに類する日本人らしさが読みとれる。それは、西南戦争で政府軍旗を死守しながら戦う若き乃木という、歴史的事実には反しかねない場面をわざわざ図案化したものである。

いいんだよ、乃木さん。あんたは立派に戦った。軍旗だって、ほら、しっかり握ってたじゃないか……というブリキ職人の声が、そこからは聞こえてくる。

（ささき・ひであき／著述家、比較文学比較文化）

IV

1850-59

小泉八雲——霊の日本の発見者

平川祐弘

こいずみ・やくも（一八五〇—一九〇四）

英国軍医とギリシャの島の娘の間に生まれた。英国名はLafcadio Hearn。ダブリンで育ち、家庭崩壊後、英国北部ダラムの寄宿学校で教育を受け、フランスにも滞在した。面倒を見てくれた大叔母が破産、十六歳で学校を中退、英京でどん底の悲惨を味わった。一文無しで渡米、新聞記者として名を成した後、一八九〇年来日、日本が文筆活動にふさわしい土地であることを確信、松江で中学、熊本で高校、東京で大学で教えながら文章家として精進した。小泉節子との間に三男一女を儲けた。明治日本を見事な英文一二冊に綴ったのみか、西洋詩文の妙趣を日本人学生に教授した。ハーンはわが国でもっとも愛され読まれ続ける外国生まれの英語作家である。

西洋人日本研究者を二大別する

戦前来日した西洋人日本研究者を二大別すると、西洋キリスト教文明を至上として他を見る人と、それとははずれた見方をする人とがある。前者はバジル・ホール・チェンバレン（一八五〇―一九三五）に、後者はラフカディオ・ハーンに代表される。その違いは現地女性と結婚すべきか否かの点で判然とした。チェンバレンは分別ある英国紳士として忠告した。「ハーンさん、あなたがお選びになるべき道は、言うまでもなく、日本ではごく普通に行なわれていること、すなわち全然法律上の結婚はしないでおくことです」。だがハーンは結婚したばかりか、日本に帰化した。明治二十九（一八九六）年当時は不平等条約の下、西洋人の夫の遺産は西洋人親族に渡ることになっていたからである。小泉八雲と名を改めたハーンは「土人になった」と陰口をいわれた。

マルティニークと日本の並行体験

ハーンは戦争花嫁であったギリシャ人の母が英国生活になじめず、故郷に帰ってしまったことがトラウマとなり、終生瞼の母に憧れ、父を憎み、父に代表される西洋近代産業社会に反撥した。米国でも北部のニューヨークや中西部のシンシナーティなど近代都市を嫌い、南部のニューオーリーンズ、それもラテン系地域を好んだ。一八八七年にはフランス領西インド諸島に渡り、黒人奴隷の子孫たちの生活に入り込んだ。クレオール語で語られる彼らの迷信や霊の生活を記録し、その怪談を書きとめた。

ハーンは当時の流行であった西洋脱出の夢にとりつかれた一人で、そのマルティニーク島ではゴーガンも同じ頃に目と鼻の先の所で暮らしていた。フランス人宣教師は島の人を全員カトリックに改宗させたと言ったが、ハーンがそこで見聞きしたのは魑魅魍魎の世界で、後来の大宗教は土着の信仰を根扱ぎできないことに気づいた。日本でも中国渡来の仏教や西洋渡来のキリスト教文明が土着の神道を根扱《ねこ》ぎできるはずはないと予想して出雲へ行ったら果してそうだったのである。

日本で末永く愛読される英語人

「近代日本を作った」人という視角から論ずるなら、日本国内で西洋文学の妙趣を伝えてもっともすぐれた教師は、東大英文科で明治二十九年から明治三十六（一九〇三）年まで教えたハーンであろう。明治日本のイメージを外国に広めたことにかけてもハーンが第一人者にあげられるのではなかろうか。

民俗学的観察が巧みに生かされた紀行文『知られぬ日本の面影』（*Glimpses of Unfamiliar Japan*, 1894）や、日本文化論的考察をも含む『心』（*Kokoro*, 1896）などは、芸術的にも高度に完成したルポルタージュ文学の傑作である。しかしカウリー（M. Cowley）などによって日本におけるハーンが、ドイツにおけるグリムやデンマークにおけるアンデルセンに比較されるに至ったのは、民話などに材を求めた『怪談』(*Kwaidan*, 1904)によってである。その多くはインフォーマントだった節子との夫婦合作の成果である。ハーンは日本語訳でも愛読されているが、わが国でももっとも広く英語でも読まれてきた英語文学者はハーンなのではあるまいか。東大での英米文学講義も、「霊の日本」ghostly Japanにまつわる観察、日本の人情や民俗を伝える随筆も怪談ghost storiesなど、そのすべてが英語教科書となって日本人に親しまれてきた。なお「ゴーストリー・ジャパン」とは「物の怪の日本」とも「神道の国日本」とも訳し得る内容である。

私自身はハーンや、さらにはハーンを愛読したらしいクローデルなどの眼を通して、神道を見直した一人である。私たちの日本観を作った人の中にハーンをあげることもできよう。最初の神道発見者と呼び得る西洋人はハーンだが、ハーンの作品は英語で書かれた明治文学の傑作と呼ぶべきであろう。

（ひらかわ・すけひろ／東京大学名誉教授、比較文化史家）

荻野吟子——身をもって示した女性の自立

広瀬玲子

おぎの・ぎんこ（一八五一―一九一三）

武蔵国幡羅郡俵瀬村（現埼玉県熊谷市）に生まれる。最初の結婚で破婚。松本万年、井上頼圀に師事。女教院で田中かく子・内藤ます子らと知的女性のネットワークを作る。紆余曲折を経て一八八五年公許女医第一号となった。数少ない女医とともに私立大日本婦人衛生会を設立した。基督教婦人矯風会に入会。明治女学校の校医として巌本善治・星野天地らと親交を結ぶ。社会事業家石井亮一とも交わる。北海道開拓を志す組合教会信徒志方之善と再婚、九四年北海道へ赴いた。瀬棚へ移り医院を開業し、夫の没後一九〇八年東京に戻り開業。日本女医会の集まりで後輩を激励した。

女医への道を開く

数年前医学部入試で女子の点数を低く抑えるという女医への偏見と差別が明るみに出た。いまだにこのような現実に直面せねばならぬのかと思った。

女医の歴史を遡ると荻野吟子にたどりつく。豪農の娘として育ち、結婚により夫から淋病に罹患させられ離婚する。男性に非がありながら女性が犠牲になる不条理、女ゆえにうける痛み・苦しみを吟子は味わうことになった。

鬱々とした治療の日々のなかで、同病の女性たちが男医の診察に強い羞恥と苦痛を自分同様感じていることを知る。ここから自らが医師となり救世主として立とうという決意が芽生えた。サバイバーとなったのだ。しかし、当時の制度は女医を認めていなかった。暗中模索のなかで東京女子師範学校を卒業、石黒忠悳の助力により好寿医院で医学を学んだ。女性に受験資格を認めていなかった医術開業試験の門戸を開くよう請願を繰り返し、門戸を開かせ、一八八五年受験・合格した。公許女医第一号の誕生だった。吟子の後に続々と女医が誕生していく。

吟子の唯一の論文「本邦女医の由来及其前途」は、当時の男性優位のジェンダー秩序を鋭く批判し、女医の意義を明快に述べ、女医が絶対必要とされている部署を、宮内省皇后担当医・警視庁性犯罪被害者担当医・地方各府県病院の婦人科・小児科・産科と指摘した。今日においても色あせない主張である。

社会運動で弱者を救う

診療を開始するかたわら、私立大日本婦人衛生会を設立して家内衛生思想の普及に努める。「衛生は国家富強の礎」が彼女の主張だった。ナショナリストでもあった。キリスト教に入信し基督教婦人矯風会に参加、副会頭として廃娼運動の先頭に立ち、女性を苦しめる根源との闘いを開始する。一夫一婦制の請願にも名を連ねた。石井亮一と手を携え孤児救済活動も行った。その一方で女子の政治活動を全面的に禁止する集会及政社法に抗議して、「婦人の議会傍聴禁止に対する陳情書」に名を連ねた。弱者へ注ぐ温かいまなざしと女性の権利拡張は表裏をなしていた。

女性の自立を問い続ける

若きキリスト教徒志方之善との出会いが吟子を北海道へと誘うことになる。北海道にキリスト教徒の「理想郷」を築く夢に共鳴した吟子は、九四年に利別原野に渡った。「理想郷」建設の夢は破れ九七年に港町瀬棚で開業した。ニシン漁に沸く瀬棚には遊郭で働く女性たちがいた。教会の日曜学校に出向き、淑徳婦人会を結成して女性の修養と地位向上に努めた。

吟子の思索の跡をたどることができる「手帳」が残る。記された多くの聖書の句は、敬虔な信徒であったことを物語る。神を信じ敬神の心を持つことが女性の価値を高めること。心の持ち方で女性の価値は決まると記す。女性は「一家の女王」「社会の副王」で、女性が修養を積み良き主婦となることが家庭に祝福をもたらすとした。

その一方で女性の経済的自立に言及する。男性への経済的依存が男尊女卑の風潮を温存していると記す。医師になりたての頃に、女医という職業が家庭と両立できるかと問われて、夫の「慰め手」であろうとすれば両立は難しいが、「扶け手」であろうとすれば良き同伴者となると述べていた。良妻賢母主義が普及する以前に女性の自立について思索をめぐらせていた。「常に真実を語れ」「人その友の為に己の命すつるは是より大なる愛はなし」は彼女が愛した言葉だった。彼女の生き方は困難な時代にあっての女性の自立の道を指し示している。

二〇二三年熊谷市では、吟子とその周辺の資料を網羅する『熊谷市史調査報告書　荻野吟子——その歩みと出会い』を刊行する。この刊行により吟子の人間像と思想が多くの人に知られることを願っている。

（ひろせ・れいこ／近代日本思想史・女性史）

児玉源太郎——伊藤博文と連携した「立憲主義的軍人」

小林道彦

こだま・げんたろう（一八五二―一九〇六）

徳山藩出身。藩の内訌で兄次郎彦を失う。徳山藩士として戊辰戦争に出征。大阪兵学寮に入校の後、士族反乱の鎮圧に動員され、神風連の乱で軍功を上げる。参謀本部などの要職を歴任。一八九二年、陸軍次官。伊藤博文のシンクタンク集団に抜擢され、日清戦争では陸軍軍政全般を差配。台湾総督（一八九八―一九〇六）として統治を軌道に乗せ、第四次伊藤・第一次桂内閣では国制改革に従事し（陸相、一九〇〇―〇二）、内相・文相を兼任。一九〇四年、参謀次長から満州軍総参謀長となり、日露戦争を勝利に導く。戦後は満鉄の創立を主導し、参謀総長として参謀本部の憲法内機関化を試みたが、脳溢血に斃れる。

軍事権力の相対化

児玉源太郎は毛利氏の支藩、徳山藩出身である。児玉家は幕末における藩内の抗争によって、将来を嘱望されていた義兄を斬殺され、一時は御家断絶の憂き目を見た。ところが、高杉晋作の蹶起により藩論は急転し、児玉家は一夜にして逆徒から功臣へとその立場を変えた。源太郎は徳山藩士として戊辰戦争に出征し、維新後の出世の糸口を掴んだ。

若き日の痛切な経験は児玉の生涯に大きく影を落としており、彼と故郷徳山との間には微妙な緊張感が持続していた。児玉は長州閥に属してはいたが、郷党の論理の中で生きた人ではなかった。彼は実力主義者であり、軍人は戦場での軍功で評価されるべきだと考えていた。それが軍事行政への文官の起用という発想に繋がり、後藤新平という文官を「臨時陸軍検疫部」という軍隊組織の中枢に据えて、日清戦争の凱旋軍に対する一大検疫事業を担わせるという卓抜な組織運営を可能にした。

児玉の武勲第一主義は、薩摩系軍人が濃厚に湛えていた武士的エートスの琴線に触れるところがあった。時に対立しつつも切れることのなかった大山巖と児玉の信頼関係は、こうした要素に着目しなければ理解できないものである。

すでに日清戦争以前から、児玉は伊藤博文が組織した知的シンクタンクの一員に選抜されており、伊藤や原敬と国制改革について議論を重ねていた。この時、伊藤は明治憲法の不安定要素、内閣の権力的位置づけを明確化して、行政権を総理大臣に束ねさせるという政治改革に踏み切ろうとしており、児玉もそれには共感を覚えていた。参謀総長・陸軍大臣の帷幄上奏権を縮小して、軍権力を内閣と調和させなければ、いずれ国家意思の分裂は避けられなくなるとの危機感を彼らは共有していたのである。

伊藤―児玉―桂による国制改革への試み

だがそれは大山らの抵抗によって頓挫し、改革の再起動は第四次伊藤内閣に陸相として入閣した後のこととなる。児玉は伊藤の「憲法改革」構想に共鳴しており、伊藤は児玉を通して長州閥陸軍の権力中枢に大きな影響力を振うようになった。伊藤―児玉―桂太郎―寺内正毅という国制改革ラインが日清戦後に形成されたのである。

第四次伊藤内閣は短命に終わったが、児玉は桂太郎への大命降下を画策し、それを実現させた（第一次桂内閣）。そして、内相に就任するや、府県半減による地方分権と文部省・逓信省の廃止、帷幄上奏権の縮小、警視庁や憲兵隊・陸軍経理学校・幼年学校の廃止といった一連の「自由主義的」な改革を模索し、一部を実行に移そうとした。

桂・児玉の国制改革は日露関係の緊張によって棚上げされ、児玉は内相を辞任して満州の戦野に赴いた。そして、日露戦争を勝利に導いたのであるが、肝腎の国制改革は日露戦争の勝利という「目も眩むような成功体験」の中でいつしか等閑視されるようになり、伊藤と児玉の相次ぐ死によって中断した。だが、改革の精神は桂太郎に密かに受け継がれており、彼は陸軍政治権力の縮小と財政健全化を推進すべく、自ら新党を組織して現状打破を試みる。だがそれは裏目に出て、桂は尾崎行雄の大衆扇動の前に膝を屈した（一九一三年、大正政変）。

児玉が伊藤とともに見出した国制改革への道筋は、やがて大きな流れとなり昭和の二大政党制へと繫がっていった。それは児玉にとっては想定外の事態であったであろう。歴史の巧まざる配剤である。

（こばやし・みちひこ／北九州市立大学名誉教授、日本政治外交史）

北里柴三郎——伝染病研究の先駆

森　孝之

きたざと・しばさぶろう（一八五三―一九三一）

一八五三年一月二十九日に現在の熊本県阿蘇郡小国町に生まれ幼少の頃より儒学を学ぶ。熊本医学校、東京大学医学部で医学を学び、卒業後は内務省衛生局に勤務。八六―九二年、六年間ドイツ・ベルリン大学のコッホ博士に師事し最先端の細菌学を学ぶ。八九年破傷風菌の純培養に世界で初めて成功、九〇年血清療法という画期的な伝染病の予防・治療法を確立。

九二年に帰国し、後藤新平・福澤諭吉等の協力を得て、日本初の私立伝染病研究所を設立。九三年には、福澤諭吉らの支援を受け結核専門病院「土筆ヶ岡」養生園を開院する。九九年私立から内務省所管の国立伝染病研究所となる。一九一四年文部省へ移管されるのを機に辞職。私立北里研究所を開設し、各種疾病に対する研究・開発・医療のさらなる発展普及に尽力すると共に学術教育の向上に努めた。

さらに、日本結核予防協会理事長（一三年設立）、慶應義塾大学医学科長（一七年創設）や法定日本医師会会長（二三年設立）を歴任。二四年、男爵位を賜る。

日本初の私立伝染病研究所を設立

明治中期から大正、昭和初期にかけて日本の伝染病研究を先導し世界レベルに引き上げた北里柴三郎は、常に「研究成果を社会に還元する」という理念を持っていた。一八九二年、ドイツ留学から帰国した北里は、後藤新平、福澤諭吉、長与専斎、森村市左衛門等の協力を得て、日本初の私立伝染病研究所を設立した。理論と実践を双翼として、伝染病撲滅に向け大きく動き始めたのである。

一方、明治新政府が近代国家を目指して、富国強兵・殖産興業を推進し、軍備・経済に国家の眼が注がれる時代にあって、医療・衛生に対する関心は低かった。伝染病制圧に向け適切な方法が開発されても、全国規模で着実に実施されなければ効果は少ないと判断した北里は、衛生行政との連携を強化し、規程・規則等のルールにより「すべきこと」「せざること」を明確にした。

特に一八九七年に北里も参画して制定された伝染病予防法は、従来のコレラ病予防仮規則、検疫停船規則、伝染病予防規則をさらに充実させた内容で、コレラ・赤痢・腸チフス・痘瘡・発疹チフス・猩紅熱・ジフテリア・ペストに関する対応策を提示した。これまでにない特徴は、諸々の規制によって不利益を被る市民たちへの金銭的救済処置を盛り込んだことである。

この伝染病予防法を実効性あるものにしたのは、北里が独自に開発した血清療法（一八九〇年）である。異種動物を、病原体あるいはその毒素で免疫し獲得する特異的な抗血清を患者に接種する、という免疫学にもとづく血清療法は、世界でも高く評価された。北里は第一回ノーベル生理学・医学賞の候補者となり、極東の小さな島国日本の研究者達の能力の高さを、欧州学術社会に知らしめた。

北里は伝染病の専門家を数多く育てあげるだけではなく、市民レベルでの公衆衛生に対する意識の向上にも努め、清潔法・消毒法などを平易に解説した家庭の医学書を刊行した。国民一人ひとりに伝染病の蔓延を助長する因子を排除するよう呼びかけたのである。

医療の発展を世界規模で考える

医学に対する北里の信念は、東京大学医学部在学中にまとめた「医道論」（一八七八年）に集約されている。日本の脆弱な医療体制に大きな不安を感じた北里は、「摂生保健に努め、病を未発に防ぐこと」という予防医学を標榜した。

一九〇七年（ベルリン、万国衛生会議）、日本のペストに関する発表で、「世界人類の仇敵である病根を断つには、文明国が連合し、船舶交通による病毒の輸出入を防がねばならない」と述べた。

一八年の沖縄県結核予防協会発会式では、化学療法あるいはエックス線を引き合いに出し、「化学的・物理学的研究も医学に大きな進歩をもたらす。細菌学・微生物学・免疫学等の関連分野だけではなく、専門以外の学科の進歩にも絶えず顧慮することが肝要である」と発言。

一四年、北里研究所の設立に際して、「世界規模での医学発展において、医学あるいは衛生学のみならず、他の領域まで進入しまして、農業・水産・工業等、その他にも我が微生物の研究を応用して、国家、社会に貢献したい考えであります」等と述べている。

北里柴三郎の頭の中には、このときすでに現在につながる領域横断的な医療の強化とグローバリズムが形成されていた。

（もり・たかゆき／北里柴三郎記念室）

下田歌子――もう一つの女性の「国民化」

広井多鶴子

しもだ・うたこ（一八五四―一九三六）

一八五四（安政元）年、岐阜県岩村藩に生まれる。幼名、平尾鉐《せき》。一八七一（明治四）年、満十六歳で上京。翌年宮中に出仕し、約八年間、美子《はるこ》皇后に仕え、「歌子」という名を賜る。結婚により宮中を辞した後、一八八二年に桃夭《とうよう》学校を開設。夫の病没後、華族女学校の設立準備に当たり、一八八五年の設立から一九〇七年まで二二年間、教授および学監として華族女学校の教育を担う。その一方、一八九三年九月から約二年間、皇女教育に当たるために欧米各国の女子教育を視察する。一八九九年、私立実践女学校と女子工芸学校を設立。順心女学校（現広尾学園）、帝国婦人協会新潟支会附属裁縫伝習所（現新潟青陵学園）、愛国夜間女学校など、一三校以上の設立運営にかかわる。その多くは貧困階層の働く女子のための学校だった。一九二〇年から一九二七年まで愛国婦人会会長。

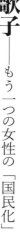

女性の社会的成功者の先駆け

下田歌子は、歌人であるとともに、華族女学校や実践女子学園をはじめ、多くの女学校の設立・運営に当たった女子教育家であり、明治天皇の第六皇女常宮《つねのみや》昌子内親王と第七皇女周宮《かねのみや》房子内親王の御用掛でもあった。また、帝国婦人協会や東洋婦人会、愛国婦人会など、いくつもの婦人団体を束ね、貧困階層の女子の福祉事業や清国女子留学生のための教育事業などに取り組んだ社会事業家でもあった。その傍ら、下田は歌集や教科書、家庭論など、膨大な著作を著しており、単行本だけでも八〇冊以上にのぼる。

そのため、下田は、当時、最も著名な女性の一人だった。石川啄木は、一九〇七年、『小樽日報』に、「淡紅色のリボンを叔母さんに貰って鼠泣《ねずみなき》する十二三の娘小供でさへ下田歌子の名を知らぬはなし」と書いている。だがそれゆえに、下田は世の様々な批評にさらされてきた。啄木は、同記事において、女史は「一個の怪物なり『誤れる思想』の権化なり」と書いている。平民社の『日刊平民新聞』も、同年、「妖婦下田歌子」と題して根拠のない「スキャンダル」記事を連載し、同紙の最終号には、下田を「精神的に虐殺する」とまで書いた。当時、「日本で一番多く月給をとる婦人」と報じられた下田は、平民社にとって階級の敵であるとともに、男社会の敵だったのだろう。

一方、森鷗外は、小説『青年』の中で、主人公の青年に、高畠詠子（下田）は「あらゆる毀誉褒《きよほう》貶《へん》を一身に集めたことのある人」であり、「悪徳新聞のあらゆる攻撃」を受けたと語らせている。評論家の赤塚行雄は、『平民新聞』の記事を「明治のセクシャル・ハラスメント」と評したが、今の世であれば、そうとしか言い様のない執拗な「攻撃」が、今日に至るまで下田の業績や人物像を歪めてきた。このことは、日本の近代史や女性史研究にとって残念なことだろう。

主婦が主宰する「家庭」の創造

さて、下田は良妻賢母教育の代表的なイデオローグとして知られる。良妻賢母論は、かつては儒教道徳に基づく前近代的イデオロギーと見なされ、今日では性役割を固定し、女性を抑圧する近代の性別役割分業論として批判される。だが、当時にあって、良妻賢母論は、女性の地位を上げるための新しい思想だった。一家の家事の管理が「主」の任務とされた時代には、「婦＝妻」や「嫁」は存在しても、下田が主張したような家事に責任を負う「主婦」という概念や役割は存在していなかったからである。

そうした中、下田は家政を女性の「天職」とし、主婦を「家庭の中心」として位置づけた。そして、主婦が担う家政は、男子の行う「国事」と異なる所《ところ》がないとして、女性の役割の重要性を主張した。下田の良妻賢母論は、アメリカ家政学のパイオニアと言われるキャサリン・ビーチャーと同様、一家の主が支配する「家」を、主婦が主宰する「家庭」へと転換させることで、女性の社会的地位を上げようとするドメスティック・フェミニズムだったのである。

下田はまた、主婦としての役割を果すことは女性の国民としての責務であり、社会の基盤となる家庭を形成することこそが国家の発展につながるという信念を抱き続けた。そのため下田は、女性が家庭という領域を踏み越えて、男性と同等の国民としての権利を求める婦人参政権運動や『青鞜』などには否定的だった。

こうしたことから、下田は「国家主義者」や「保守主義者」と評価されてきた。だが、女性が男性と同等の国民として認められない時代にあって、下田は女性の参入を認めない男性社会との対立を回避しつつ、国家社会の基盤たる家庭を女性の領域にすることで、男性社会に女性を国民として認めさせようとしたのである。こうした下田の構想は、婦人参政権運動とは別のもう一つの女性の「国民化」プロジェクトと言えるだろう。

（ひろい・たづこ／実践女子大学教授、教育学・家族史）

辰野金吾——〈美術建築〉を目指して

河上眞理

たつの・きんご（一八五四—一九一九）

　唐津藩士、姫松倉右衛門の次男として唐津に誕生。一八六八年、叔父の辰野宗安の養嗣子となる。一八七〇年、洋学校「耐恒寮」に学び東京へ。一八七三年、工部大学校に入学し「造家学」を学ぶ。首席で卒業し、一八八〇年官費で欧州留学へ。イギリスでウィリアム・バージェスの薫陶を受け、〈美術建築〉観を得る。フランス、イタリアへのグランド・ツアー後帰国。一八八三年、工部省に奉職。翌年工部大学校教授に就任。一八八五年末、工部省廃省により非職。同年、処女作《銀行集会所》竣工。一八八六年帝国大学工科大学教授に奉職、「辰野建築事務所」開設、「造家学会」を創設し副会長となる。一八八八年の工手学校創設に尽力、一八八九年明治美術会に入会し評議員となり、広く建築界の礎を築いた。

西洋建築と格闘

建築界において近代日本を作った人物と言えば、辰野金吾の名前が浮かぶだろう。日本銀行本店本館や東京駅丸の内本屋は、西洋化による近代化を推し進めていた当時の日本を今に伝えてくれる。これらは建築家としての辰野の代表作であり、西洋建築との格闘の軌跡でもある。

辰野は西洋技術を取り入れ、日本の近代化を図る工部省の教育機関として創設された工部大学校(当初は工学寮)の第一期生として入学した。「造船学」を志していたが、当初は置かれておらず、紆余曲折の末に「造家学」に進んだ。「造家」という語は、工部省関係においてのみ用いられていた工学色の強い語で、辰野にとっての建築も工学の一分野に過ぎないという認識だっただろう。

修学開始から四年後に、イギリスからジョサイア・コンドルが教師として着任し、建築の芸術としての側面にも触れることになった。だが、辰野の回想にコンドルの名前はほとんど無く、影響はさほどではなかったと考えられる。

バージェスの〈美術建築〉との出逢い

辰野は首席で卒業し、欧州留学を勝ち取り、一八八〇年イギリスへ向かった。ロンドン大学及びロイヤル・アカデミー・オブ・アーツで建築学を修学した。建築学を学び直すというよりも、日本での建築教育の参考にするための教員研修というべきもので、留学の主目的だった。

その一方で、キュービット建築会社で施工を、建築家ウィリアム・バージェスの事務所で設計を学んだ。バージェスから学んだ〈美術建築〉の概念は、辰野の建築観を大きく変えた。建築は工学分野に留まらず、美術家との共同によって成立するものであり、彼らを統合する指揮者としての建築家という職能像に目覚めたのである。

ロンドンで二年間過ごした後、一年間かけてフランス、イタリアを巡った。歴史的建築物から最新の建築に至るさまざまな建築を訪れ、見聞を深めた。この旅は、十八世紀以降のヨーロッパの知識人らのグランド・ツアーに匹敵するものであり、「美術建築家は旅をすべき」とした、バージェスの足跡を訪ねる旅でもあった。

帰国後の辰野は、「美術は建築に応用されざるべからず」と述べるほど、建築における美術の側面を重要視した。画家の松岡壽や彫刻家の長沼守敬らとの交流や、日本最初の美術団体である明治美術会への参画、美術教育への関心など、美術界にも深く関与した。

これら全ては、〈美術建築〉の思想が根底にある。建築教育においても〈美術建築〉を意図して、工部大学校教授時代に導入した「自在画」を、帝国大学にも取り入れた。設計にあたっての現寸図重視もバージェスの教えに依る。西洋建築一辺倒だった造家学に「日本建築学」を新設した功績は大きいが、これも師の日本建築についての問いに端緒がある。日本特有の問題意識は地震学関連科目の開設となり、日本の建築学を確立した。

日本の建築界の礎を築く

辰野は生涯に二百余棟を設計した多作の建築家である。初期の帰国直後のルネサンス建築風の《銀行集会所》やヴェネツィアン・ゴシック風の《渋沢栄一邸》などは現存しない。中期の日本銀行本店本館、後期の赤煉瓦に帯状の白い石の「辰野式」を代表する東京駅。外観が目を引くが、辰野建築の特長は地震国という事実を踏まえた堅固な構造設計にある。

この他にも、辰野は建築に携わる人材が集う日本独特の造家学会（現日本建築学会）や、中堅技術者養成の工手学校も創設し、日本の建築界の礎を築いた。最後は、議院建築（現国会議事堂）設計競技の審査中、スペイン風邪からの肺炎により逝去した。

（かわかみ・まり／京都芸術大学教授、美術史学）

頭山 満——貫かれた孫文との信義

石瀧豊美

とうやま・みつる（一八五五—一九四四）

右翼の源流とされる玄洋社創立メンバーのひとり。箱田六輔・平岡浩太郎と玄洋社三傑に数えられる。その生涯は玄洋社の存在期間とほぼ重なる。号は立雲。一八八七年『福陵新報』（『西日本新聞』の前身）を創刊し社長。これが唯一の公職で、生涯を通じ浪人の代表的な存在であった。福岡の瀧田紫城（洋学者）・亀井玄谷・高場乱（女医・玄洋社生みの親）に学んだ。一八七六年萩の乱に連座して下獄。以後、自由民権運動・日清戦争・日露戦争など歴史の節目で活躍した。朝鮮の金玉均、中国の孫文、インドのボースら亡命革命家を庇護、支援した。大正デモクラシー期の普通選挙運動には純正普選を唱えて対抗。東京青山墓地、福岡崇福寺内玄洋社墓地に墓がある。

無位無官の生涯

頭—山—満。トーヤマミツル。

その字面が、音の響きが、巧まずしてカリスマ性を帯びている。

頭山満は福岡藩士、馬廻組百石の筒井家の三男に生まれた。親族の頭山家に養子に行き、太宰府天満宮の神額から採って、その頃名乗っていた八郎（幼名は乙次郎）を満に改めた。満月を過ぎると月は欠けるばかりである。「満」は見る人が見れば不吉な名前だったという。

同時代人にとって、頭山満はなぜだか知らないが偉い人、だった。社会的に高い地位を得ているどころか、世間に通用する肩書きすらなく、定職に就いているわけでもない。当時、壮士とか浪人と呼ばれた存在である。

明治三十五（一九〇二）年刊『名士の交際術』には頭山がひとたび声をかけると三千の子弟が直ちに馳せ参じると書かれているし、明治四十五年刊『天下之怪傑　頭山満』ではその門に集まる者一万有余に達したと言う。頭山の人気ぶりがそう見積もられたということである。

『冒険世界』三巻七号（明治四十三年六月）は読者投票による「痛快男子十傑」を発表した。政治家・実業家など一一の部門があり、「現代豪傑」部門は三浦梧楼・乃木希典をおさえて頭山満が一万一五〇〇票余で、堂々の第一位であった。

昭和十二(一九三七)年に近衛内閣のもとで内閣参議がもうけられ、頭山満が任命される運びとなった。日中戦争解決のために中国とのパイプ役が期待されていたのである。これは閣僚待遇だったというから、実現していれば頭山の無位無官はそこで途絶えたことになるが、内大臣の反対で実現しなかった。

昭和十九年十月十日の東京増上寺での頭山の葬儀は参列者二万人とも伝えられている。頭山のこうした社会的名声は戦後なかったものとされた。現代人にはもはや頭山満の真価を把握することが難しい。

頭山満の隣家に住む孫文

頭山満の真価を語るエピソードを一つ紹介しておきたい。辛亥革命から二年後、大正二(一九一三)年に前国家元首の栄光に包まれた孫文が来日した。それまでの幾度もの来日は苦しい亡命生活であったが、このたびは国をあげての大歓迎で、特別列車は駅に止まるたびに歓迎の波にもまれた。ところがこの滞日中に袁世凱は革命派の弾圧に転じた。帰国した孫文は袁世凱打倒の第二革命に敗れて日本への亡命を図った。前回の来日からまだ半年も経っていなかったが、政府は掌を返したように、孫文の神戸上陸を許可しなかった。孫文はアメリカに向かうしかない。

頭山らが秘かに動き出し、神戸入港前の船から孫文を救い出して、川崎造船所の敷地から上陸させた。東京では霊南坂の頭山邸の隣家に孫文の隠れ家が用意され、政府は孫文の行動を逐一監視したが、亡命は追認された形になった。外務省の「孫文ノ動静」には大正二年八月から五年四月まで、分刻みで孫文の動向が記録されている。この時頭山は、困窮した孫文に救いの手を差し伸べないのは人道に反するという気持ちを抱き、全責任を負う覚悟で、同志に孫文救援を指示したのである。

頭山満が敬神家で尊王思想の持ち主であったことは間違いないが、それを偏狭な国家主義、自国中心の排外主義と同一視するのは正しくない。まして利権を漁ることを目的とする人物ではなかった。

頭山満は昭和四年六月、孫文の柩が北京から南京に移された時、中山陵での式典に犬養毅と共に招かれた。孫文の柩を引いて石段を登り、いよいよ柩が墓に納められる時、最後に立ち会ったのは遺族の他には国民政府主席蔣介石、外交団代表のオランダ公使、そして頭山・犬養であった。

頭山満は孫文と最も強い絆で結ばれた日本人の一人であった。

（いしたき・とよみ／福岡地方史研究会会長、日本近代史）

犬養　毅

――犬養のアジア主義

姜　克實

いぬかい・つよし（一八五五―一九三二）

日本の政治家。号木堂。備中の大庄屋の家に生まれ、漢学の薫陶を受けて成長した。慶應義塾の在学時から言論界で活躍し、のち大隈重信の立憲改進党に入党、大隈の庇護をうけ政界に頭角を顕す。一八九〇年衆議院議員、九八年文部大臣。一九一三年第一次護憲運動の際、尾崎行雄とともに、憲政の神様といわれた。日清戦争のあと、アジア主義を主張し始め、東亜同文会を拠点に中国革命を支援、孫文と友情を結んだ。辛亥革命の時渡清。大陸浪人たちを動かして政治工作に暗躍した。一九二九年立憲政友会の総裁、一九三一年満州事変後総理大臣となり、翌年五月十五日、青年将校の凶弾に倒れる。書道、刀剣の鑑定、囲碁など多様な趣味があり、造詣も深かった。

「近代アジア主義」の真髄は、連帯の意識と言われる。これまで、様々な連帯、例えば「アジアは一つ」と訴える岡倉天心の芸術、文化面の連帯、中国革命に献身する宮崎滔天と中国革命家との人間的信頼、友情などが連帯の理想像として高らかに謳われてきたが、盟主、権益と関わる政治的連帯の実態はどうであったかとなると、口を噤む研究者が多い。

犬養毅は、アジア主義者として文化、人情面の連帯を実践した模範者としてだけでなく、政治家としての、外交、経済、政治面の独自の視野があり、いわば、連帯の三つの面の顔が揃う人物である。

犬養の人間像

人間として、幕末の志士を彷彿とさせる豪傑肌であり、義理、信義を重んじ、弱いものを助け、「義侠」心に溢れるふるまいから、革命の亡命者の他、多くの右翼や、ならず者の浪人たちにも慕われた。一時、早稲田の馬場下町に六〇〇〇坪ほどの大屋敷（借家）を構え、官憲に追われるアジアの革命家たちを庇護し、また大陸浪人の食客も常時出入りした。同じ釜の飯を食い、同じ理想を語り合い、私財を擲って革命のための工作資金や武器の調達などに奔走した。こうした献身的活動のおかげで、彼は孫文との間に終生にわたる、人間同士の堅い友情と信頼関係を築いた。国と政治の壁を乗り越えた、人間的連帯の良い例である。

文化人の木堂

かたや、文化人の木堂は、若い頃から書道、漢詩、篆刻などの教養、嗜みを通じて漢文化を偏愛し、近代以降の国際環境の中でも、中国文化、芸術の良き理解者であった。日清戦争後、アジア主義を主張するようになると、漢文化への憧れが一層顕著になる。辛亥革命の激動の最中、渡清した木堂は、革命の政治工作に奔走する傍ら、暇を見つけては上海の書画店、骨董屋を歩きまわり、法帖、書画、名人尺牘、文房四宝を買い漁り、中国文人たちとの翰墨談に花を咲かせた。この時、彼は長尾雨山を通じて、「定武本蘭亭序」(現在国の重要文化財)を入手し、帰国後、この「至宝」の鑑賞、鑑定を通じて、さらに康有為、羅振玉、内藤湖南ら斯界の代表的文化人とも親しく交流し、癸丑(一九一三)年の日中両国文人の蘭亭序記念会も結実させた。このような、中国の文化、文物、文人への尊敬と崇拝の立場も、彼のアジア主義連帯の原点の一つであった。

リアルな政治感覚

一方、政治家、国家の公人としての犬養には、アジア主義者としての異色の一面が見られる。西洋列強との対抗意識を持ちながら、人種対決の過激な姿勢を見せず、絶えず日本の国益と都合を中心に、リアルな立場で政治、外交の姿勢を調整した。日本のアジアにおける盟主的地位、政治、経済面における日本の特殊権益の主張はもちろん、辛亥革命時渡清した際も、孫文の革命派に忠誠せず、南方政府の革命派、北方の袁世凱政権、旧清朝勢力岑春煊《しんしゅんけん》の三派抱合を工作し、共和制ではなく立憲君主制政権の出現を期待した。こうした不節操の政治的姿勢は一九二四年、不平等条約の改正交渉に日本を訪れた孫文をおおいに失望させ、孫文が「大アジア主義」の名講演を行い、日本の「覇道」政治を批判するきっかけにもなった。

政治面において、国境の壁を超える真摯、無私の連帯は果たしてありうるか。犬養のアジア主義の実践は、その答案を示してくれた。盟主の地位、領土、権益獲得の目的は、つねに文化、歴史、人間面の連帯を隠れ蓑にして動き、実際は目的と手段の表裏一体の関係にあると言わねばならない。犬養の中国認識は、この意味で、日本近代のアジア主義のジレンマを映し出す鏡でもあると、私は思えてならない。

（ジャン・クーシー／岡山大学名誉教授、日本近代史）

田口卯吉——国家草創期のリバタリアン

河野有理

たぐち・うきち（一八五五—一九〇五）

卯吉は通称、名は鉉、字は子玉、号は鼎軒。一八五五年徳川家の徒士である田口家の江戸目白台徒士屋敷に生まれる。一八六八（明治元）年、徳川家の静岡転封に伴い静岡移住。翌六九年、沼津兵学校、一八七二年、共立学舎に入学。同年十月より大蔵省翻訳局上等生徒、一八七四年、大蔵省紙幣寮一等出仕。一八七七年、『日本開化小史』刊行開始。一八七九年『東京経済雑誌』刊行開始。一八八〇年、府会議員当選。一八八三年、東京株式取引所肝煎。一八八八年、小田原電鉄取締役。八九年、東京市会議員、九〇年、士族授産金事業のため南洋渡航。一八九四年、衆議院議員。一九〇五年没。この間、主著として他に『自由貿易日本経済論』、出版事業の成果として『史海』『大日本人名辞書』『群書類聚』『国史大系』『泰西政事類典』等。

明治のリバタリアン

田口卯吉は、安政二（一八五五）年に生まれ、明治三十八（一九〇五）年に没した。安政二年と言えば日米和親条約締結の翌年。没年は日露戦争終結の年。近代日本が、「坂の上の雲」を目指して駆け上がるその軌跡と、田口の一生は大きく重なっている。自らの青春と「国家の青春」期を重ねる幸運を得た人には往々見られることだが、現在ではおよそ重ならないように見える様々な領域において、八面六臂の活躍を見せた。政治家であり、冒険家であり、実業家であり、学者であった。「近代日本」の国家形成に大きな役割を果たした人物。一見すると田口はそうした人物に見える。

だが、彼の代表作の一つであり、明治十一（一八七八）年、弱冠二十四歳で出版した『自由貿易経済論』に改めて目を通してみると、上記の印象は大きく修正を迫られることになる。少なくとも彼が近代日本「国家」形成の担い手だったと無邪気に言うことは難しい。というのも、この書はいわばリバタリアニズムの理論書だからである。大久保利通が主導した殖産興業政策に対する苛烈な批判者だった田口を支える政治哲学とはたとえば以下のようなものだ。

政事上の区分は経済社会に取りて重大の件ならざることを見るべし、故に苟も人間の皮を被むり此地上に立つものは宜しく活眼を開きて社会の眞状を考察し吾人の最も制馭を受くるものは政府に非らずして経済世界の衆需に在ることを尋思せよ……吾人は経済世界の自由民にして其支配を受ることは政府の支配を受くるより頻且つ切なることを見るへし（『自由貿易経済論』）需給関係の網の目が織りなす「養成の地」、つまり「市場」、この大きさと機能こそが問題なのであって、政府はそこに関与できないし、するべきでもない。後に屈辱的な「不平等」条約としてその改正が国家的目標となっていく関税障壁の不在と、それにともなう世界市場との半強制的常時接続状態という脈絡がかろうじて彼の理論の歴史的リアリティを支えていた。とはいえ、国家形成（state building）期のまさに真っただ中にあって、彼のこの「自由放任」主義はやはり奇矯であった。

徳川国家の崩壊感覚

思い起こすべきは、彼が経験したのは明治国家の形成だけでなく、徳川国家の崩壊でもあったということだろう。徳川「瓦解」の年、彼は十四歳。すでに父を亡くしていた彼は、徳川家達《いえさと》に伴い静岡に移住し辛酸を嘗めたという。後の世代には自明だった社会的諸制度の安定感は、彼には無縁だった。

国家崩壊の経験がもたらす、いわば本能的なリバタリアニズムの感覚は、彼のもう一つの主著『日本開化小史』にも横溢している。「保生避死」、生を保ち死を避けようとする人間の本能を軸に、「貨財」と「人心」の相互作用の展開として「開化」を把握するこの歴史書において、国家の地位はやはり高くない。刻々と変わりゆく「政府の組立」は、「貨財」や「人心」の交通の転轍機として重要な役割を果たすとはされるものの、そこで描かれるのは間違っても「悠久の国家の歴史」などではない。

最初に見たように、彼自身もまた明治国家形成に尽力した功労者の一人たることは間違いない。人並以上の愛国心を持ち合わせてもいた。しかし、彼が愛した「国家」とはあくまで、個々人の生活の本能から積み立てられた手作りの「小さな国家」であった。国家の存在が「大いなる全体」として自明視されることの多いその後の近代日本思想史の流れのなかで、彼の政治思想は「あり得たかもしれない」もう一つの日本の姿を描いているのである。

（こうの・ゆうり／法政大学教授、日本政治思想史）

横井玉子——女性の自立の道を開く

入江 観

よこい・たまこ（一八五五—一九〇三）

肥後、高瀬藩家老・原尹胤の次女として東京築地に生まれる。十五歳時に熊本県高瀬（現玉名市）に移住。熊本英和学校で学ぶ。十九歳で横井小平太と結婚。結婚生活三年余で小平太と死別（二十二歳）。東京・芝教会で洗礼を受ける（二十六歳）。女学校その他で教員生活を続けつつ東京府師範学校にて高等教育を受け、同時に本多錦吉郎・浅井忠らに洋画を学ぶ（三十三歳頃）。東京婦人矯風会役員に選出される（三十五歳）。以後、婦人運動に積極的に関与する。女子学院の創設に参加し、舎監と裁縫・洋画などの授業を担当（三十六歳）。美術団体白馬会に入会（四十六歳）。女子美術学校設立を申請し認可（四十七歳）。女子美術学校開校、舎監兼監事（四十八歳）。後事を佐藤志津に託し永眠（五十歳）。

夫と死別後、女子教育に携わる

玉子は東京に生まれ、十五歳で熊本に移った後、熊本英和学校において和洋普通学を学び、アメリカ婦人について西洋料理や洋裁等の指導を受け、同時に和裁・日本料理なども積極的に身につけるべく努力した。

十九歳で、横井小楠の甥に当る左平太と結婚するが、三年後の二十二歳で左平太と死別する。短い結婚生活ではあったが、開明の思想家・横井小楠が、早くに父を亡くした左平太を親代りとして薫育したこと、勝海舟の「海軍操練所」に入所させ、結婚をはさんで二度にわたって渡米させている、そうした人物との結婚が、その後の玉子の人間形成にどれ程大きな影響を与えたかは想像に難くない。

更に、左平太との死別によって、いや応なしに自らの「孤」と向き合わざるを得なかった。そのことによって必然的に「個」を自覚する道が開かれた筈である。

しかし、明治初期のこの時代に、女性が、「個人」を生きるということは、殆んどあり得ない困難なことであったに違いない。左平太の死後、玉子は、親代りであった小楠の妻に姑として仕えながら、より積極的に当時の女性が身につけるべき実務と教養を幅広く学んで行った。美術についても強い関心を持って、浅井忠や本多錦吉郎等の当時の名だたる画家について絵画の指導を受け始めたのもこの頃である。

一方で、社会的活動にも精力的に取組み、いくつかの女学校の運営に教師として関わり、三十六歳時には、姑つせの妹、矢島楫子と共に女子学院の創設に参加し、自ら、洋画、礼式、裁縫等の授業を担当する。

同時に、矢島楫子を中心とする、日本における婦人運動の先駆けともなる婦人矯風会にも加わり積極的な社会活動を続けながら、一方で洋画団体、白馬会への出品を果していた。

芸術による女性の自立のために

こうした活動を続けながら、東京美術学校彫刻科教授の藤田文蔵の協力を得て、女子美術学校創立の動きが顕在化するのは、一九〇〇（明治三十三）年玉子四十七歳の時である。この時、玉子は自身の健康の不調を、すでに自覚していたと思われる。当時、東京美術学校は女性を受入れず、長年、女子教育に携わって来た者として、女性の地位の向上と、経済的、社会的な自立のためには、女性のための美術学校の創設が是非とも必要であるとの情熱に駆られたに違いない。

病身をおして設立のための様々な困難を乗り越え、翌年四月に本郷弓町に、女子美術学校は開校にこぎつけた。日本画、西洋画、彫刻、刺繍、蒔絵、編物、造花、裁縫等の八科構成である。絵画・彫刻以外のものにも力を入れているのは現在の美術学校の概念からは驚かされるが、そこには、女性の自立に対する玉子のリアリズムが感じられる。

キリスト教会を通じて知り合い、意気投合した藤田文蔵を校長として、玉子自身は舎監兼監事として開校した女子美術学校であったが、果たせるかな、開校の秋には経営資金の不足に見舞われ、ついに順天堂医院長夫人、佐藤志津に窮状を訴え、援助を求めるに至ったのである。玉子から学校運営の全権を委譲され、後事を託された佐藤志津によって、今日一一七年にわたって続いて来た女子美の道は開かれた。いかなることがあっても、学校の存続を願う熱い思いを抱き続けながら、翌一九〇二年暮に、志津の順天堂医院で、ついに帰らぬ人となったのである。

様々な困難に遭遇しながら、玉子は彼女をとり囲む環境に革新の意志をもって抗うというより、時代と社会に寄りそいながら、しなやかに自己実現を果して来たというところにこそその凄さがあるように思えてならない。

（いりえ・かん／画家、女子美術大学名誉教授）

原　敬——現実主義の「平民宰相」

福田和也

はら・たかし（一八五六—一九二一）

盛岡藩士の家に生まれる。盛岡藩運営の英学校「共貫義塾」に学び、司法省法学校に入学するも放校処分になる。郵便報知新聞入社。退社後、陸奥宗光の秘書官などを務め、外務次官に就任。陸奥宗光辞任に伴い辞職、大阪毎日新聞社社長となるが、伊藤博文の政友会創立に参画し、初代幹事長となる。以後、逓信相、内相を歴任し、一九一八年政党政治家としては最初の首相に指名され、その後の政党政治への道を開いた。明治国家から、より現代的な国に脱皮させるべく数々の課題に取り組み成果を上げるも、道半ばにして凶刃に倒れる。

平民籍へのこだわり

「平民宰相万歳！」

大正七年九月、原敬が首相に就任すると、国民は沸き立った。原がこれまでのような華族や藩閥出身ではなく、平民籍だったからだ。日本中に、「平民食堂」「平民旅館」と称するものが次々に現れた。

しかしその実、原の家は祖父の代から盛岡藩の「高知《たかち》家格」の家柄であった。

原が平民籍に移ったのは明治八年、彼が二十歳のときである。当時彼はフランス人宣教師エブラルの学僕となって新潟にいたが、一時帰郷して平民籍への編入手続きをした。

家は長男の恭が継いでいたが、だからといって平民になる必要などない。士族のままでいて何の問題もなかった。

廃藩置県から数年しか経っていない当時、旧武士の権威はまだまだ健在であり、宿帳に「士族」と書けば、待遇が改まった。そうした中、原があえて平民籍を選んだのには明確な意志があった。

原は江戸時代の封建制を引きずる、薩長藩閥中心の明治政府に不満を感じ、フランス革命のような、法のもとに誰もが平等を保障される世を実現したかった。そのためには、明治政府の矛盾の象徴ともいえる士族の身分を捨てて平民籍になることが必要だったのである。

原があと十年生きていたら

平民籍となった原はその後、新聞記者になり、知遇を得た井上馨に認められ務めた天津領事を振り出しに、外交官や農商務省などいくつものポストを務めた。伊藤博文の政友会創立に参画した後、明治三十五年の衆議院議員総選挙に盛岡市選挙区から立候補して初当選を果たした。

粘り強く藩閥から政党へ、政治権力の移行を進めていった原は、米騒動で寺内正毅が辞任した後、政党政治家として最初の首相に指名された。

原内閣は、大きな成果を残している。シベリア撤兵に道筋をつけ、また台湾、朝鮮の総督を武官から文官に開放するなど軍の政治力を抑える一方、八八艦隊を建造して海軍力の近代化に努めている。米騒動以来の物価高騰の抑制に成功し、税制を改革した。国立大学の増設など高等教育の充実、鉄道網の整備、重工業の振興など、明治国家からよりモダンな国へと日本が脱皮するために原がなした貢献は大きい。

その活躍ぶりは、仇敵の山縣有朋が「どうも原はえらい」と賞賛するほどだった。

ところが、大正十年十一月四日、翌日の京都における政友会近畿大会出席のため、午後七時過ぎの東京駅に着いた原は改札に向かったところを、大塚駅の転轍手である中岡艮一に刺され、死亡した。仕事も生活も行き詰まり、原を倒せば世の中が変わると信じた十八歳の青年による凶行だった。

暗殺については常々警告されていたが、「やられるときはやられる」と、原は意に介さなかった。

原があと十年くらい生きていてくれたら、と思うときがある。

原が元老として若き昭和天皇を導き、初期の治世を支えることができていたなら、張作霖事件、ロンドン条約問題、満州事変といった問題の処理は適正になされただろうし、そもそもこういった問題は生じなかったかもしれない。

議会政治が空洞化し、軍部が政治勢力として台頭することも防げたのではないだろうか。現実主義の原ならば、アメリカの覇権と新しい中国の台頭という現実を受け入れながら、国内諸勢力の要求も巧みに捌いて立憲政治の基盤を拡大しえたに違いない。

原の暗殺は後世の日本にそれほど大きな影響を与えた。その重さは、大村益次郎、大久保利通の暗殺よりさらに深刻だった。

何故なら大村には山縣有朋、大久保には伊藤博文という後継者がいた。

しかし、昭和の初めの日本には原に代わる政治家はいなかった。


（ふくだ・かずや／文芸評論家）

後藤新平——東西文明融合のため自治の精神を貫いた実学思想家

鈴木一策

ごとう・しんぺい（一八五七—一九二九）

水沢（現岩手県奥州市）の武家の生まれ。一八八〇（明治十三）年愛知病院長兼愛知医学校長。板垣退助の岐阜遭難事件に駆けつける。八三年内務省衛生局。九〇年春ドイツ留学、帰国後衛生局長。相馬事件に連座し衛生局を辞す。九八年台湾総督府民政長官、台湾近代化に努める。一九〇六年初代満鉄総裁、満鉄経営の基礎を築く。〇八年夏より逓相、その後鉄道院総裁・拓殖局副総裁を兼ねた。二〇年東京市長となり、市政の刷新、市民による自治の推進、「八億円計画」を提唱。関東大震災直後の内相兼帝都復興院総裁、大規模な復興計画を立案。政界引退後は、東京放送局（現ＮＨＫ）初代総裁、少年団総長を歴任、「政治の倫理化」を訴え、全国を遊説。

元老らに独自の『日本新王道論』を送付

一九〇五（明治三十八）年正月、四十七歳の新平は、伊藤博文ら元老全員に書き上げたばかりの小論『日本新王道論』を送付する。日露戦後に予想される、困窮する民をいかに養うか。欧州に社会主義が勢力を拡大し、民の困窮に乗じて国内にも波及しているが、恐れて弾圧するのでは破壊的社会主義の下地を作るようなもの。だから建設的な社会主義の政策実施が急務である。日本に昔からあった、為政者が「へりくだって」民の情に接すれば、民と天皇とのお互いの信頼関係ができ、民こそ国家の大本だとする「民是国本《たみこれくにもと》主義」が実現され、鎌倉時代の元寇で発揮されたような大統一も可能になるだろう。

為政者の任務は、天皇を補佐し、民を養う、日本固有の仁徳重視の社会主義を王道として実現することである。

この新王道論は、愛読書『集義和書』の著者、江戸前期の実学思想家・熊沢蕃山と、幕末の実学思想家・横井小楠との王道論を継承し、十九世紀末のドイツ留学と植民地の台湾経営に裏づけられた画期的なものであるが、今日まで公けにされてこなかった。

伊藤博文と新平との思想的交流

帝国憲法制定前、伊藤博文や山県有朋らはウィーンの「シュタイン詣《もうで》」をした。当時の憲法学の権威シュタインは、労働者階級の窮乏を予防する社会主義政策を実行する行政の確立を力説していた。

新平はシュタインを原語で熟読し、一八九五（明治二十八）年、伊藤博文と出会う。その直後、新平は伊藤に矢継ぎ早やに建白書を提示する。日清戦争の賠償金を天皇から下賜されるように議員を説得し、賠償金を、民の窮乏を予防する社会主義政策に充てるべし。格安の大病院・窮民寄宿所・孤児院・夜学などを整備することこそ、日本的社会主義の王道であると主張した。

『日本新王道論』を送付前に、新平は伊藤と思想的交流を果たしていたのである。

一九〇七（明治四十）年、帝国主義化した米国に対峙し、欧州列強の大清帝国への介入を弱めるため、ロシアとの協調外交について、新平は、伊藤と三日三晩厳島で激論したと言う。王道論は外交にも向けられた。その二年後伊藤は、ロシアに向かう途、暗殺されるのだが、伊藤に託された外交の使命が「東西文化の融合」（『正伝・後藤新平』4、「厳島夜話」五〇五頁）にあったことは示唆深い。

「東西文化融合」を目指す自治の精神

伊藤博文の遺志を受け継いだ新平は、一九二三（大正十二）年前後、欧州戦争に参戦した米国の帝国主義化を批判した歴史家ビーアドと、労農ロシアの極東全権大使ヨッフェとを招いて交流させる豪胆な私的外交によって、東西文化融合の王道を内外に示す。

一九二六（大正十五）年、普通選挙に備え全国展開された「政治の倫理化」運動は、かの王道論の公表だった。小冊子『国難来《こくなんきたる》』は、ロシア革命を欧州戦争の「最大の成果」とし、冷静な対応を訴える。欧米のデモクラシーや社会主義に浮かれる潮流も、ロシア革命を恐れて排外主義に居直る潮流も、王道を見失っていると警告。百万部を突破した小冊子『政治の倫理化』に掲載の自治三訣こそ、日本王道文化の端的な表現だ。

天地をねじ伏せて恥じない欧米の奢れる個人主義文明に、天地の神気・霊気を畏敬し、感応する寛容で質素な「へりくだる」文化の復興を自治の精神とし、この文化を世界に発信しようとした。

新平の宣言「現代日本の天職は東西文明の融合にあり」（「日独学術接近論」大正二年）は、自治の精神が王道を踏みしめるものであることを世界に告げていた。

（すずき・いっさく／哲学・宗教思想研究家）

尾崎行雄——信念と不屈の政治家

石田尊昭

おざき・ゆきお（一八五八—一九五四）

号は咢堂。相模国津久井県に生まれる。慶應義塾を一年半で自主退学。『新潟新聞』主筆などを経て大隈重信の立憲改進党結成に参画。保安条例で東京退去を命じられ外遊。帰国後、第一回衆議院議員総選挙に当選。以後第二五回まで連続当選。第一次大隈内閣で文部大臣となるも「共和演説事件」で辞任。東京市長を務めた後、犬養毅と憲政擁護運動の陣頭に立ち「憲政二柱の神」といわれた。第二次大隈内閣で司法大臣。普通選挙運動と軍縮運動を展開。第二次大戦後「世界連邦」を提唱。衆議院名誉議員、東京都名誉都民（いずれも第一号）。

「けふは御所きのふは獄屋あすはまた地獄極楽いづち行くらん」

終戦から四カ月が過ぎた一九四五年十二月、尾崎行雄は宮中に招かれた。この歌は、天皇陛下に拝謁した折に尾崎が示したものである。わずか三年ほど前には国賊と罵られ、翼賛選挙の最中「不敬罪」に問われ拘置所へ入れられた尾崎だが、戦後は手のひらを返したように「憲政の神様」「平和主義者」ともてはやされた。そうした世相に呆れ、皮肉を込めて詠んだこの歌は、尾崎の国民に対する問題意識をよく表している。

藩閥・軍閥勢力を排するために政党の役割を重視した尾崎は、利害や感情で離合集散し、金や数の力に頼ろうとする政党と政治家を厳しく批判した。だがそれ以上に、彼らを選ぶ有権者の「長い物には巻かれろ」という意識や、付和雷同し、熱しやすく冷めやすい国民性を批判した。選挙権の拡大は時期尚早だとし、普通選挙に長年反対していた理由はそこにあった。国民に向けて立憲政治の精神を説き続けた尾崎は、時の政府にだけでなく、大衆にも迎合しない政治家だった。

演説の名手——揺るぎない信念

国の存続・繁栄と国民の幸福を図るため、閥族政治を打破し、立憲政治・政党政治を確立するという尾崎の信念は、生涯変わることはなかった。尾崎は政党を転々とし、時には政敵・伊藤博文とも手を組み、また第一次世界大戦を契機に普通選挙論者、軍縮論者へと転向した。そうした尾崎を

「変節漢」と評する声もあったが、それは自らが掲げた信念と目的を実現するため、その時々の時局に応じた現実的方策を講じた結果といえる。

揺るぎない信念は、言葉に力を与える。演説の名手といわれた尾崎は、小手先のテクニックに優れていたわけではない。政治家としての信念と覚悟が聴衆を惹きつけ、時に内閣を倒すほどの演説を尾崎にさせたのである。一九一三年一月、憲政擁護運動が全国に広がる中、多くの聴衆が尾崎の演説に聞き入り、拍手喝采を送った。同年二月五日、尾崎は「桂首相弾劾演説」を行う。演説が進むにつれ桂首相は顔面蒼白となり、意気消沈したという。その六日後、桂内閣は総辞職した。

胆力と不屈の精神

尾崎は幼少の頃から母親に「微笑みながら死ね」と教えられていた。政治家になってからもこの教えを忘れないために「談笑死生間」と書かれた額を書斎に掲げていたという。生きるか死ぬかの瀬戸際でも物怖じせず、自らの信念を貫く胆力が尾崎にはあった。一九二一年、軍備制限論を掲げ全国遊説の旅に出た尾崎は、名古屋の宿泊先で国粋会の襲撃を受けた。尾崎は駆け付けた警官を部屋に入れず、国粋会の親分と向かい合って座り、しばらく話をしたという。結果、その親分に義兄弟になろうとまで言わしめ、事なきを得たそうだ。また、一九三七年の第七十回帝国議会では、死を覚悟し、辞世の句を懐に忍ばせ、軍部の越権的行為と軍事費増大を批判する演説を二時間にわたり行った。翼賛選挙で不敬罪に問われた時は、本当に不敬と思うなら極刑にせよと言い放ち、最後は大審院で無罪を勝ち取った。政府から弾圧を受け、軍部に睨まれ、暴漢に命を狙われても、尾崎は屈することなく、最後まで信念を曲げず行動し続けた。

政治家と有権者双方に立憲政治の確立を説く

憲政擁護運動、普通選挙運動、軍縮運動の理論的支柱として議会内外で活動した尾崎は、近代日本の礎を築いた一人といえるだろう。立憲政治の確立を単に制度としてではなく、それを運用する精神の課題と捉え、政治家と有権者の双方に説き続けた意義は大きい。尾崎の信念や生き方を、現在の政治家と有権者がそれぞれの行動に生かすことで、尾崎の功績は一層意義を増すだろう。

（いしだ・たかあき／一般財団法人尾崎行雄記念財団事務局長）

V

1860-69

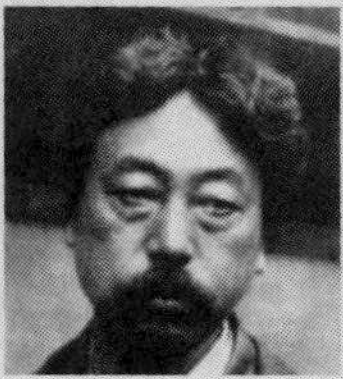
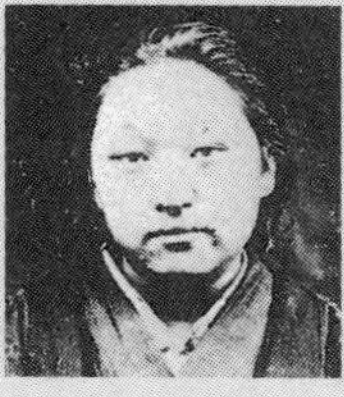

大山（山川）捨松——日本の近代の始まりを彩った女性

三砂ちづる

おおやま・すてまつ（一八六〇―一九一九）

会津藩の国家老・山川尚江重固と艶の、二男五女の末娘。幼名はさき。会津戦争では家族と共に籠城、負傷兵の手当や炊き出し、不発弾の処理などを手伝う。降伏後里子に出され、フランス人家庭に引き取られる。明治四（一八七一）年日本初の女子留学生として津田梅子らと渡米。その際、母が「一度捨てたと思って帰国を待つ（松）のみ」という思いから「捨松」と改名させた。牧師レオナード・ベーコン宅に寄宿。その末娘が親友となるアリス・ベーコン。ヴァッサー大学に進学し、学年三番目の通年成績で卒業。卒業後上級看護婦の免許を取得。十五年に帰国し、十六年陸軍卿大山巌と結婚。社交界の中心として活躍した。また、愛国婦人会理事、赤十字篤志看護会等の社会活動や女子英学塾（現津田塾大学）の設立・運営にも尽力した。

矢のように水中に飛び込む姿

捨松は、ほっそりとして優しい感じのする女の子でしたが、いつも元気いっぱいでどんな遊びにも喜んで入ってきました。……飛び込みを習い始めた頃、捨松はそのしなやかな身体を小さな橋の上から空中に舞いあげ、まるで矢のようにまっすぐに水中に飛び込んでいくのです。

（『ヴァッサー・クォータリー』一九一九年七月）

捨松の生涯の親友であったアリス・ベーコンとの書簡を元に、捨松の曽孫、久野明子が著した名著、『鹿鳴館の貴婦人』（中公文庫）に出てくる、〝お転婆娘捨松〟の姿である。捨松を思うとき、いつもこの鮮やかなイメージが浮かぶ。会津戦争の最中、家老の家の娘であり、鶴ヶ城内の不発弾に、濡れた布団をかぶせて怪我をした八歳の頃から、ほんの数年しか経ってはいまい。一八七一年、十一歳の時、日本初の五名の女子留学生の一人として、幼い津田梅子、永井繁子（のち瓜生繁子）らとともにアメリカに渡る。〝飛び込み〟は渡米直後の様子である。

この時点で、すでに、なんという人生か。思春期を迎えたばかりの捨松の目に、世界はいったいどれほど起伏に満ちたものとして映っていたことだろう。生と死と、戦争と苦難と、伝統と異文化と。全てをあまりに早く目撃し、それでいて、自失するほどに戸惑うことも、過去にとらわれることも、自らを閉ざすこともなく、しなやかな体を水中に泳がせる、聡明で活発で、早熟で、強い自我の持ち主。

そのような少女に、ドラマティックな人生以外、どのような将来が待っているというのか。武家のしきたりのうちに幼少時を過ごし、会津戦争を生き延び、コネティカット州ニューヘイブンで思春期を過ごし、エレガントな身のこなしも身につけ、とんでもなく聡明で、名門ヴァッサー大学の卒業時には、総代の一人として講演。卒業後、さらにアメリカ滞在延長を申請し、コネティカット看護婦養成学校で、日本人として初めてアメリカで看護婦の資格を得ても、いる。

女子教育や社会活動にも尽力

捨松帰国時、一八八二年の日本はもちろん、このように華やかで聡明なアメリカ仕込みの女性を社会的に活躍させることができる時代であったはずはないが、時代に負けるような捨松であるはずもなかった。会津の仇敵、薩摩人、しかも、当の捨松も籠城していた鶴ヶ城攻撃の要にいた大山巌に見初められ、後妻となる。長身で美しく、流暢な英語を操る。ドイツ語もフランス語もできる。夫との秘密の会話はフランス語であったという。「鹿鳴館の華」は文字通り彼女のためにあった言葉であるし、非の打ち所のない夜会服姿とダンス、外交プロトコルとしての舞踏会を際立たせる見事なホステスぶりが記録されている。鹿鳴館を舞台にチャリティーを催し、日本最初の看護学校(現在の慈恵看護専門学校)も設立している。先妻の娘三人を含め六人の子ども達を愛情深く育て、十八も歳の違う大山巌とのおしどり夫婦ぶりもまた、幾重にも記述された。捨松は、美しく伸びやかに、愛情深く、その生を生き切った。

誰よりも、華のある、日本近代の始まりを彩った女性。この人の助けなしに、近代女子教育を担うことになる津田梅子の女子英学塾は、ない。地味だが着実な梅子の力は、この華やかで愛情深い女性の力と相まって、輝きを増し、力ある女性を輩出し続ける津田塾の礎が形作られた。若い女性たちよ、時代の制約は常にあなたがたの上にあるが、どのような時代にあっても、愛情深く、伸びやかな生き方は可能である。恐れずに世界に飛び込んで欲しい。まっすぐに矢のように水に飛び込むごとく。捨松の眼差しを携え、若い女性を見守る今日の津田塾がある。

（みさご・ちづる／津田塾大学教授）

横井時敬——反骨の帝大教授

友田清彦

よこい・ときよし（一八六〇―一九二七）

熊本藩士の四男として生まれ、熊本洋学校、駒場農学校に学んだ。福岡農学校教諭、同県勧業試験場長を経て農商務省農務局第一課長となる。福岡時代に発明した種籾の塩水撰種法は、近代日本農学の最初の成果であり、現代稲作でも採用されている画期的な技術であった。

浪人時代は農政ジャーナリストとして活躍、一八九四年帝国大学農科大学教授に就任し、一九二二年の定年退官まで務めた。

この間、わが国初の農学博士となり、また榎本武揚の創設した東京農学校の経営が困難になると、大日本農会への移譲に尽力、一八九七年にこれを果たすと同校教頭に就任、東京高等農学校を経て東京農業大学への昇格を実現させた。

足尾鉱毒事件と闘った農学者

足尾鉱毒事件と聞いて、直ちに名前が浮かぶのは田中正造であろう。田中正造の最初の全集は、田中翁遺蹟保存会編纂部編輯の『義人全集』である。同全集第四編「鉱毒事件下巻」巻頭の「序」は、横井時敬が執筆している。横井は明治大正期に活躍した日本を代表する農学者であるが、農学界以外で、今日その名を知る人はほとんどいないと思われる。

そんな横井がなぜ田中正造の全集、足尾鉱毒事件の巻の序文を書いているのだろうか。実は足尾鉱毒事件には少なからぬ農学者が早くから関わっている。比較的よく知られているのは、農芸化学者で、のちに東京帝国大学総長もつとめた古在由直である。古在が農芸化学者として鉱毒事件に関与したのに対し、農政ジャーナリストの立場から農民側に立って鉱毒被害を告発したのが横井であり、主な舞台となったのは『産業時論』という雑誌であった。横井は、その後も一九〇〇年の川俣事件に関する東京控訴院の二審では、鉱毒の農学的鑑定に従事して、被告農民側を勝訴に導き、さらに足尾と並ぶ鉱害を出した別子銅山煙害事件の際にも鉱毒調査に携わっている。

最初の農政ジャーナリスト

『産業時論』は、横井時敬が私財を投じて創刊した、日本最初期の農政経済雑誌である。一八八八九年、横井は福岡県勧業試験場長から抜擢されて、農商務省農務局の筆頭課である第一課の課長に就任したが、翌年には上司と衝突し辞職、のち一八九四年に帝国大学農科大学教授に就任するまでの浪人時代が始まる。官を辞すまでの経緯には、反骨の人・横井の性格がよく表れているが、この辞職が『産業時論』創刊の契機となった。また、浪人時代には、有志とともに農民倶楽部を組織し、『産業時論』の後継誌・博文館刊行の『日本農業新誌』を機関誌として農政の拡張・振興のための活動を展開している。

横井の農政ジャーナリスト的側面、政治好きな指向性は、横井が帝大教授となった後も、象牙の塔に立てこもらず、夥しい数の農政評論を執筆したことにも表れている。ちなみに、明治三十年前後の系統農会設立運動における横井らと玉利喜造らの方針対立を巡って、農政史家の小倉倉一はかつて、「教育者型の玉利が反つて全国農事会の農政運動を率い、農政運動家型の横井が研究団体を標榜」したと述べていることは興味深い。

横井時敬の本懐とは？

確かに横井時敬は、農科大学附属農業教員養成所の初代主事を併任したほか、実業補習教員調査委員など文部省の農業教育関係委員を多数引き受けているが、教育の場においても反骨の姿勢は失われていない。

例えば、一九一一年、帝国大学農科大学初代学長・松井直吉が死去した際、横井は次の農科大学長と目されたが、現実には、同年に専門学校令による大学となった私立東京農業大学の初代学長に就任している。いかにも横井らしい。農科大学は、もっぱら農学者、農政官僚、農業技術者、農学校教員を輩出したのに対して、東京農業大学は農村指導者としての在村地主の育成を目指していたからである。

横井逝去に際しては、勲一等に叙し瑞宝章が授けられたが、葬儀が東京農業大学葬として行われたことや、川俣事件の被告人一同が「敬弔　足尾銅山鉱毒被害民之大恩人　横井時敬先生之霊」という長大な弔旗を掲げて葬列に加わり、被害民総代によって「鉱毒被害地渡良瀬川沿岸三十萬人民ノ大恩人タル農学博士先生逝去ノ報ニ接シ沿岸人民一同袖ヲ濡サヾルナシ」との弔辞が読み上げられたことの方が、横井にとっては本懐であったであろう。

（ともだ・きよひこ／東京農業大学名誉教授）

内村鑑三——「隅の首石《おやいし》」となった棄てられた石

新保祐司

うちむら・かんぞう（一八六一—一九三〇）

高崎藩士内村宜之の長男として生まれる。札幌農学校を卒業して一時官途についたが、最初の結婚に破れ、アメリカに渡りアマースト大学に学ぶ。明治二十四年、「一高不敬事件」が起こり、失職。国賊、不敬漢とののしられ、熊本、京都などを転々とする。この流寓時代に『余は如何にして基督信徒となりし乎』『代表的日本人』などを刊行。明治三十年、『万朝報』の英文欄主筆となり上京。明治三十三年、個人で雑誌『聖書之研究』を始める。明治三十六年、日露開戦に反対して非戦論をとなえる。大正七年より翌年半ばまで「再臨運動」を展開。大正十年一月より翌年十月まで「羅馬書」を講ずる。これが、不朽の名著『羅馬書の研究』となった。

弟子に多くの逸材を生む

岩波文庫の『新約聖書 福音書』の翻訳者は、塚本虎二である。塚本は、内村鑑三の弟子であった。同じく岩波文庫の『創世記』『出エジプト記』『ヨブ記』などの一連の旧約聖書の翻訳者は、関根正雄である。関根も、内村の弟子であった。

内村自身の著作は、岩波文庫に『余は如何にして基督信徒となりし乎』『求安録』『代表的日本人』『後世への最大遺物・デンマルク国の話』などが入っているが、全集としては岩波書店から全四十巻が出ている。代表作『羅馬《ロマ》書の研究』などを初め、不滅の業績を遺した。このように内村鑑三は、自ら名著と呼ばれるものを書いたことによっても「近代日本を作った」人であるが、内村が「近代日本を作った」人として特に偉大なのは、弟子に多くの逸材を生んだことである。そして、この弟子たちがそれぞれの分野で「近代日本を作った」のである。

冒頭に挙げた塚本は、内村自身によって柏会と名付けられた聖書研究会の会員であった。これは、明治四十二(一九〇九)年に、第一高等学校校長、新渡戸稲造の下の読書会グループが、新渡戸の紹介状を持って内村の門に投じてきたことから生まれたものであった。明治の末年には、会員数は、二十数人に達していた。

その主な人たちを、後の職業をカッコ内で示して挙げるならば、岩永祐吉(同盟通信社社長、作家

長与善郎の実兄）、金井清（諏訪市長）、川西実三（東京府知事、日本赤十字社社長）、黒崎幸吉（伝道者）、沢田廉三（国連大使）、高木八尺（東大教授）、田中耕太郎（文部大臣、最高裁判所長官）、田島道治（宮内庁長官）、鶴見祐輔（作家、衆議院議員）、前田多門（文部大臣）、三谷隆正（一高教授）、森戸辰男（文部大臣）、藤井武（伝道者）、矢内原忠雄（東大総長）、黒木三次（黒木為禎大将の長男、貴族院議員）。

柏会結成の二年後には、白雨会が出来て、それには、南原繁（東大総長）、坂田祐（関東学院院長）、高谷道男（ヘボン研究家）が出た。柏会の結成以前から、内村の聖書研究会に出席していた一高生の中には、天野貞祐（文部大臣）がいたし、安倍能成（文部大臣）は、それ以前に一年ほど内村のもとに通っていた。

内村の精神の磁力

これらの青年たちの顔ぶれを見るだけでも、内村鑑三の感化の広さと深さに改めて感嘆するであろう。例えば、戦後、文部大臣に、田中耕太郎、前田多門、森戸辰男、天野貞祐、安倍能成の五人がなっているのである。そして、東大総長には、矢内原忠雄と南原繁の二人である。この他にも、正宗白鳥、岩波茂雄、志賀直哉、大塚久雄、などの名前が挙げられるであろうが、このような青年たちは、内村鑑三の、いわば精神の磁場に引き付けられたのであった。逆にいえば、引き付けられるだけの精神の飢渇を持っていたのである。内村は、明治二十四（一八九一）年一月九日に起きたいわゆる「一高不敬事件」によって、国賊、不敬漢として社会から葬られた人間であった。表から「近代日本を作った」人ではなかったのである。しかし、明治という時代は、この「棄てられた」人間の真価を見抜くだけの眼力を持った青年たちが輩出する、いわば高級な時代だった。マタイ伝第二一章四二節「造家者《いへつくり》らの棄てたる石は、これぞ隅の首石《おやいし》となれる、これ主によりて成れるにて、我らの目には奇しきなり」。

内村は、近代日本の「造家者ら」から「棄てられた」人間であった。しかし、「棄てられた」ことによって、内村の精神の磁力は、次の世代の多くの日本人の精神を垂直に立たせたのである。たしかに、「我らの目には」、つまり普通の思想史では、「奇しき」ことに違いない。しかし、近代日本の精神史の最大の劇は、この内村鑑三という「棄てられた」石が「隅の首石」となったという逆説なのである。

(しんぽ・ゆうじ／文芸批評家)

新渡戸稲造——近代日本を牽引した「真の国際人」

草原克豪

にとべ・いなぞう（一八六二—一九三三）

盛岡藩（現在の岩手県盛岡市）出身。東京英語学校から札幌農学校に進学してキリスト教に入信するとともに、米国人教師から幅広い一般教育を受け、さらに米独に留学して最先端の歴史学・経済学・農政学などの学問を身に付け、米国人のメリー夫人を伴って帰国。札幌農学校で教鞭をとったあと、米国で病気療養中に英文の名著『武士道』を著した。その後、台湾総督府に招かれて糖業の近代化を図り、さらに京都帝国大学教授を経て、第一高等学校で人格主義の教育者として多くの有為な人材を育成し、東京帝国大学では植民政策の第一人者として活躍し、ジュネーブに国際連盟が創設されるとその初代事務次長として国際平和と相互理解のために尽力した。

「インターナショナル・ナショナリスト」としての生き方

新渡戸稲造は近代日本の稀にみる発信者であり、真の国際人であった。若い頃に「我、太平洋の橋とならん」と志して、生涯にわたって西洋の思想・文化を国内に紹介するかたわら、むしろそれ以上に、日本の思想・文化を世界に発信したのである。この点において彼の右に出る者はいない。新渡戸の『武士道』は、今なお国内外で広く読まれている名著だが、この本で著者は、西洋人に対して「日本はキリスト教国ではないがそれに劣らない倫理道徳がある」ということを主張した。国際連盟事務次長に就任すると、西洋中心の近代社会の中で東洋的知性の代表として存在感を発揮し、「東洋と西洋が互いに学び合う」必要があることを身をもって示すとともに、日本の国際的地位を高める上でも重要な役割を果たした。

またアメリカの日系移民排斥や、満州事変後の反日感情の高まりに際しては、アメリカ各地をまわって日本の歴史・文化を始めとする諸事情を幅広く紹介しながら、日米相互理解と友好の促進に努めた。

こうした発信活動を支えていたのは、祖国日本と世界平和のために尽くすという、「公に奉じる精神」である。それは愛国心と国際心を持ち合わせた新渡戸が目指した「インターナショナル・ナショナリスト」としての生き方でもあった。

人格主義の教育者

新渡戸は日露戦争の後、第一高等学校（旧制一高）の校長に就任し、新時代の要請に応えられる指導者の育成に取り組んだ。当時の一高は俗世間を一段低く見て排他的な世界に閉じこもる籠城主義や、剛健主義の校風で知られていたが、折から国家主義的思想が強まる一方で、西洋の社会主義思想などの影響を受けて価値観が混乱する中、迷い煩悶する青年が増えていた。彼はそこに「社交性（ソシアリティ）」を持ち込んで校風を一新したのである。

彼は、東洋には西洋におけるような人格あるいは個性（Personality）の観念（あるいは自己意識）が発達しなかったことを問題視していた。人格の観念がなければ個人としての道徳的責任の観念もなくなり、責任感がなくなれば民主主義も成り立たなくなる。それでは日本の近代化は望めない。したがって教育の最大の目的は人格形成でなければならない。そう考えて、自ら週一回の倫理講義を担当し、そのほかに課外講義も行って生徒の訓育に当たった。

彼が目指したのは、専門分野のことにしか関心がない人間や、世間のことは何も知らないといった人間をつくるのではなく、知的にも道徳的にもすべての点において円満な人間をつくることだった。そのため生徒たちには、自分の内面を見つめて修養に努めるだけでなく、教師や友人との交際を盛んにし、外の社会に対しても積極的に関わっていける人間になることを期待したのである。

教え子たちの活躍

時代は下って一九四五年、日本は戦争に敗れ、戦後の困難な時代に日本の舵取りを任されたのは、かつて一高で新渡戸の薫陶を受けた教え子たちであった。

その中には文部大臣を務めた前田多門、田中耕太郎、森戸辰男、天野貞祐、東大総長を務めた南原繁、矢内原忠雄らがいた。彼らは、この国家存亡の危機に、恩師新渡戸稲造の精神を受け継いで人格の完成を教育の目的に掲げ、祖国の復興に全身全霊を傾けた。

戦後制定された教育基本法の第一条には、教育は「真理の探究と人格の完成」を目的とすることが謳われた。「人格の完成」という文言にこだわったのは、当時の文部大臣、田中耕太郎であった。

（くさはら・かつひで／拓殖大学名誉教授）

岡倉覚三(天心)——日本近代に迎合しなかった近代人

木下長宏

おかくら・かくぞう(一八六三―一九一三)

一八八〇年文部省に就職。八二年古社寺調査開始。八六―八七年欧米美術事情調査旅行。八八年東京美術学校(現東京藝術大学)開校。八九年帝国博物館(現東京国立博物館)理事兼美術部長。『國華』創刊。九〇年「日本美術史」講義。九三年中国大陸探検旅行。九七年帝国博物館編「日本美術史」編纂主任。九八年三月東京美術学校、帝国博物館解職。七月日本美術院創設。一九〇一―〇二年インド滞在。〇三年 *The Ideals of the East*(東洋の理想)刊。日本美術院五浦に撤退。〇四年渡米。ボストン美術館に勤務、一〇年間に日米間を五回往還。その間 *The Awakening of Japan*(日本の目覚め)、*The Book of Tea*(茶の本)を刊行。日本では、古社寺保存会委員を継続。一〇年「泰東巧藝史」講義。一三年九月二日永眠。

誤読された「アジアは一つ」

「岡倉覚三（天心）」と言えば、誰もが「アジアは一つ」を思い浮かべる。この言葉を載せる『東洋の理想』を丁寧に読むと、著者が主張したかったのは、日本は古代からアジア諸文明の恩恵を授かって現在に及んでいる、そのことは美術の歴史に顕著に見られる、ということだと判る。

大東亜の帝国主義熱に侵されていた一九三〇―四〇年代の日本知識人は、それに気づかないで、この一句を「大東亜の先覚者」の宣命と讃仰した。

東京藝術大学前庭に設置されている岡倉天心像（一九三一年、平櫛田中作）の祠の背面には、Asia is One. と刻まれている。原文は Asia is one. とOは小文字なのだが。

岡倉は、日本語で「アジアは一つ」とか「亜細亜は一なり」とか、公言していない。英語で一回書いて、その後十年、亡くなるまで筆にも口にもしなかった一句が剝ぎ取られ、誤読され誤用された。

「日本美術史」執筆への情熱

岡倉が文部省内記課に勤め、まず始めたのは、全国の寺社に分散する古美術品を調査する仕事だった。東京美術学校を開校させると、その調査経験を生かして「日本美術史」を講義した。これは、日本で最初の西洋学問の方法に基づく日本美術史で、学生の筆記ノートは関係者の間で回し読みされた。

岡倉は、美術学校の校長と同時に帝国博物館の理事兼美術部長の職にあったが、博物館では「日本美術史」の出版を企てた。

折から一九〇〇年のパリ万博で列国の来賓に配る「日本美術史」の制作が博物館に依頼、岡倉は編纂主任となった。

しかし、一八九八年、東京美術学校校長、帝国博物館理事兼美術部長の職を解かれる事件が起こった。四カ月後、美校を一緒に辞職した教え子や同僚たちと日本美術院を設立。東京美術学校で掲げた理念――新日本のための美術近代化――は、日本美術院に引き継ぐことができた。

一方、博物館で準備していた「日本美術史」のほうは、どうなったか。

編纂主任の席を継いだのは、福地復一だった。岡倉を美術学校から追放した人物である。福地が引き継いだ「日本美術史」は、フランス語版の豪華画集となって、万博で披露され、翌年、日本語版が『稿本日本帝国美術略史』と命名、出版された。この「稿本」が採用した日本美術の考え方や時代区分は、国家公認の美術史観となって、こんにちに至っても枠組は生きている。その考えとは、日本美術は日本列島特有の温暖な風土に生まれ、万世一系の皇統の恵みのもと、固有の美を育てたと誇り、隣国朝鮮や中国からの影響を遮断したナショナリズムの歴史観を柱にした考えである。

その美術史観は、岡倉が準備していた「日本美術史」構想を根底から裏切るものであった。『東洋の理想』刊行は「稿本」が出た二年後である。それは、「稿本」の思想と真っ向から対立する、「アジアの中の日本美術史」の試みである。

その後の岡倉の『日本の目覚め』『茶の本』の英文著作、ボストン美術館での仕事、東大での「泰東巧藝史」講義、『国宝帖』の執筆などは、彼の「日本美術史」完成への思いを支えた活動の遺産である。

後継者なき「日本美術史」

岡倉の構想した「日本美術史」は完成しなかった。日本美術院は横山大観らによって再興され、後継者を見つけることができたが、「日本美術史」の遺志を継ぐ者はついに現れなかった。岡倉の構想は、美術史を狭い「美術」の専門領域に収めるのではなく、「美」の問題を通して「アジアの中の日本の歴史」を書き、日本の近代を展望する、破格の美術史だったからである。明治という日本近代の現場で、世界の近代を求めた岡倉だった。

（きのした・ながひろ／元横浜国立大学教授、芸術思想史）

徳富蘇峰——近代日本の言論界を草創

杉原志啓

とくとみ・そほう（一八六三—一九五七）

明治・大正・昭和期の思想家・歴史家。肥後国（熊本県）水俣の豪農一家に生まれ、熊本洋学校を経て終生敬愛した新島襄の同志社英学校に学ぶ。帰郷後私塾大江義塾を創設し、明治十九（一八八六）年、『将来之日本』で論壇の注目を浴び、上京。「平民主義」を標榜し、雑誌『国民之友』『国民新聞』主筆となり、時代の花形ジャーナリストとして活躍する。日清戦争後の三国干渉をみて国家主義へ転じ、「変節」非難を浴びる。大正七（一九一八）年、『近世日本国民史』に着手。同作五〇巻公刊の時点で学士院恩賜賞受賞。また大東亜戦争中に文化勲章受章（戦後返還）。戦争末期に大日本言論報国会会長に推される。敗戦の日から『頑蘇夢物語』と称した日記を書き続ける。

史料を自在に読む「特能」

徳富蘇峰は、近代日本を代表する言論人のひとりだ。明治二十年代初頭、新進の「青年」思想家として華々しく論壇にデビュー。以後、九十五年という長きにわたる生涯を閉じるまで、ほとんど言論界の第一線に出ずっぱりで、政治・経済・社会・文学・歴史など広範な分野にわたって旺盛な執筆活動を展開する一方、自ら出版社、新聞社を経営して、多くのジャーナリストの発掘・育成につとめた。つまり蘇峰は、単なる一文人にとどまらず、まさしく近代日本の言論界を草創する役割を担ったのである。

わが国には珍しいスケールの大きな規格外の人物で、これは唯ただマッシヴとしかいいようがない著作点数ひとつからもみてとれよう。たとえば、そのライフワークともいうべき『近世日本国民史』だけでも優に百巻を数えるが、それ以外に単行本として刊行されたものが二百冊超に上り、『国民之友』、『国民新聞』その他の定期刊行物にほとんど毎日記していた論説を加えると、著述の量はまことに厖大なものとなる。

このような大量の著作文献を残した背景に、かれ自身すこぶる旺盛な読書家だったことがある（「成簣堂文庫」と称するかれの生涯の蒐書総数はおよそ九万二千冊超とカウントされる）。また、そのことで特筆にあたいするのは、蘇峰は英語をよくしただけでなく、われわれが新聞でも読むがごとく漢文を読め、筆文字も読めたので近世の和本も自在に閲読できたことだろう。なぜなら、そうした「特能」が十全に発揮されたものこそ、かれ自ら「畢生の事業」と自負した代表作『近世日本国民史』百巻となっているからである。

日・明・朝鮮の文献を網羅

近世織田信長の時代から明治の西南戦争までの歴史をひとりで書ききったこの日本通史が着手されたのは、大正七（一九一八）年、蘇峰五十六歳という晩年だった。すでに「大記者」としての名声と権勢に彩られていたことが、その後の「事業」遂行に——つまり、この巨大な「歴史」を書くための史料蒐集に有益だったのはいうまでもない。ほんの一例だが、そのことを「豊臣氏時代」全七巻の一環にくみこまれている「朝鮮役」からみておこう。

「朝鮮役」三冊には、日本国内の史料のみならず、それまでほとんど用いられることのなかった「支那朝鮮」の各種資料がふんだんに盛り込まれている。この背景にちょうど『近世日本国民史』に着手するころまで、蘇峰が韓国統監府さらに朝鮮総督府の機関新聞『京城日報』の「監督」を委嘱され、その実地経営にあたっていたことがある。つまり、その職務からかれはしばしば中国大陸に渡海しており、そのたびごとに「朝鮮役」に関する貴重な書籍・史料を蒐集していたのである。たとえば、当時「秘録」の「宣祖実録」をそのころ朝鮮総督府の「総督」寺内正毅に依頼して閲読、あるいは南京の図書館にあった明の宋応昌の『経略復国要編』を親交のある大谷光瑞を通じて総領事の岩村成充に借りだしてもらい転写しているように。

むろんこの歴史にかんする国内の大名家の古文書も縦横に駆使しているのはいうまでもない。要するに日・明・朝鮮の文献を網羅しており、しかもテキストにおける蘇峰の歴史論とそうした史料の記載は、ほぼ半々となっている。また、「朝鮮役」は、「支那朝鮮」の歴史的「悪弊」のみならず、日本人への「弾劾」になるというごとく、蘇峰はわが国の国民性の欠陥も暴露している。つまり、『近世日本国民史』は、かくのごとく根本史料満載にして公平な筆致で終始しており、この叙述方式が全百巻に通貫しているのである。

むろん先の大東亜戦争では戦争完遂を鼓吹。敗戦後も日本の大義に誤りなしと明言している。しかしそのことをもって、近代日本に出現したこの不朽の歴史物語を忘却の淵に押しやってはならないだろう。

（すぎはら・ゆきひろ／近代日本思想史）

清沢満之――仏教を普遍的な場へと解き放った仏教者

藤田正勝

きよざわ・まんし（一八六三―一九〇三）

明治時代の仏教哲学者、真宗大谷派の僧侶。尾張藩士の子として生まれたが、得度、東本願寺の留学生として東京大学で哲学を学ぶ。一八九六年、東本願寺で教学刷新と宗門改革を主唱し、一時宗門より除名処分を受けた。一八九九年、真宗大学の初代学監に就任、宗門に於ける人材の育成にあたった。一方、東京に信仰共同体・浩々洞を設立し、弟子たちと雑誌『精神界』を創刊、いわゆる「精神主義」の運動を提唱して革新的な信仰運動を展開した。一九〇二年に三河の自坊に戻り、その信仰を深めていったが、一九〇三年に亡くなった。佐々木月樵や曽我量深ら宗門の人だけでなく、西田幾多郎なども影響を受けた。著書に『宗教哲学骸骨』などがある。『清沢満之全集』全九巻別巻二（岩波書店）が出ている。

仏教を新たな視点から見直す

清沢満之の主著は一八九二年に出版された『宗教哲学骸骨』である。清沢の信仰のバックボーンは浄土真宗であったが、この表題からも見てとれるように、清沢は仏教を、そして真宗の信仰を宗学の枠内においてではなく、西洋の学問体系を踏まえた上で新たな観点から論じた。つまり、この書において清沢は、「宗教哲学」の立場に立って、広く言えば「哲学」、さらに広く言えば「学問」の立場に立って、宗教とは何か、なぜそれは存在するのか、その意義は何かなどを問おうとした。

このように清沢は西洋哲学を媒介とし、そこから改めて仏教を、あるいは仏教的信仰を見直している。そのことが清沢の仏教観に独自な性格を付与している。開かれた視野のなかで仏教を見つめていたと言ってもよい。清沢の立脚点と言うべきものはもちろん他力の信仰であったが、彼はそこに視点を固定して仏教を見ていたのではない。自力と他力、どちらか一方が正しいのではなく、両者は相支え相補う関係にあるというのが彼の考えであった。このような大きな視野のなかで彼が仏教を見つめえたこと、そして伝統から解き放たれた自由な言葉によって、たとえば有限と無限、あるいは二項同体、有機組織といった言葉によって仏教について語りえたことは、彼が哲学を媒介として思索した人であったということに深く関わっている。

仏教の新しい道を開く

それとともに、清沢が活躍した時代が、近代化の裏側で宗教が人間の生の基盤としての力を失いつつある時代であったということも関係している。そのなかでいかにして仏教の力を回復することができるかという問題が、清沢に喫緊の課題として意識されていた。一つの道は伝統のなかに閉じこもり、それを墨守することであるが、それが決してその回復にはつながらないというのが、清沢の考えであった。むしろ一宗派の、あるいは日本の、あるいは東洋の仏教という枠を超えて、普遍的な場へと解き放つことによって、それが可能であるというのが彼の考えであった。そのような問題意識が清沢に、仏教を開かれた大きな視野のなかで見つめなおすということを可能にしたと言えるであろう。

そして清沢のこの試みを通して、つまり、普遍的な場へと解き放とうとする試みによって、仏教は新しい道を歩み始めた。仏教の歴史のなかで清沢が占める位置、清沢が果たした役割というのは、まさにそのような道を切り開いたという点にある。

精神主義の運動

清沢は晩年、暁烏敏《あけがらすはや》、佐々木月樵《げっしょう》らとともに浩々洞《こうこうどう》と名づけた信仰共同体を作り、そこを拠点としていわゆる「精神主義」の運動を展開した。そこでは清沢は、学問あるいは哲学の立場に立って宗教とは何かを論じるのではなく、個々の人間が生きていく上での心のよりどころ、つまり「立脚地」を問題にした。それは自己の外にではなく、自己の内に求められるべきものであった。

なぜそれを問題にしたのか、それもまた時代の流れと深く関わっている。文明化や進歩、富国強兵を叫んでやまない当時の風潮、そして金銭を追い求め、名誉を追い求めようとする人々の態度と精神主義の唱道は深く関わっていた。そうした態度や風潮を清沢は総じて「積極主義」という言葉で呼んでいる。そして自らの立場を「消極主義」と表現している。精神主義は当時の時代の流れに対するアンチテーゼであったと言うことができる。欲望に追い立てられ、空虚な生を歩んでいるのではないかという、この清沢の問いかけはわれわれにも重い言葉として響く。

（ふじた・まさかつ／京都大学名誉教授、哲学）

津田梅子——権威によらぬ自由な女性教育

三砂ちづる

つだ・うめこ（一八六四―一九二九）
　幕臣津田仙・初子夫妻の次女として、江戸の牛込南御徒町に生まれる。一八七二年岩倉具視遣外使節一行とともに日本最初の女子留学生の一人として米国に到着。翌年キリスト教入信。米国で小中学校を終え八二年帰国、伊藤博文、下田歌子と接し、華族女学校に奉職。八九―九二年再び渡米、ブリンマー・カレッジで生物学を修めオズウィゴー師範学校で教授法を研究。一八九八年万国婦人クラブ連合大会で日本女性の代表として挨拶。ヘレン・ケラーやナイチンゲールを訪問。一九〇〇年女子英学塾（現津田塾大学）を設立、女子高等専門教育の発展に尽くした。

精神形成上は「異郷の人」

十歳前後から十代後半まで、つまりティーンエイジャーの時代をどこで暮らし、どの言語で学ぶのか、ということは人生に決定的な影響を与える。深く考え、人との交わりの中で愛し、悩み、傷つく。本を読み、教師の教えに耳を傾け、その言語のもつ文化に育まれる。早熟な人であるほど、その影響ははかりしれまい。

一八七二年、七歳になったばかりでアメリカに到着し、十八歳になる直前に日本に帰国、さらに二十四歳から二十七歳にかけて再度アメリカに渡航し、名門ブリンマー・カレッジで生物学を修めた津田梅子。彼女は、日本語で学び、日本語を窓として世界をみるような人ではなかった。帰国後、政府留学生としての立場をよく理解し、速やかに日本語を学び、使うようになるが、読み書きに関しては生涯苦労し、常に英語のほうが楽であったらしい。

その精神形成上、彼女は「異郷の人」であり、日本文化や日本語は最後まで彼女にとって「学ぶ」ものであり続けたようだ。学ぶ対象である文化は、自らが浸りきり、そこから出なければならぬ、と思うような確執をもちうるものとはやや異なり、客観的によきものをみることができたり、愛おしいもの、であり得たりする。「日本初の女子留学生計画」は、「日本を外から見る目」をもった聡明な日本人女性による女子専門教育の先導を可能にしたということだ。津田梅子にとって、古き良きアメリカはいつも懐かしかっただろうし、日本の現実はどんなにか「遅れて」いただろう。それでも、外からの目をもってすれば、日本の女性のありように、よき面を見いだすこともできた。梅子は、「過去の日本女性が伝統として伝えてきたすぐれたものをすべて保つ努力」をせよ、と言う人になる。

「中庸」が動かした女性たち

津田塾大学の前身、女子英学塾開校の式辞において彼女は、専門の学問を学んだりひとつのことに熱中したりすると考えが狭くなることがあるから、勉強はしても、「円満な婦人、すなわち all-round women となるよう心掛けねば」ならない、と語る。女子に専門教育を与える最初の学校であるからこそ、世間の目には、つきやすい。学校で教えている本来の専門科目や教授方法とは関係のない、日常の言葉遣いや、他人との交際ぶりや、服装など、細かいことで批判を受けると、それが女子高等教育の進歩を妨げることになるから気をつけよ、と言う。「何ごとによらず、あまり目立たないように、出過ぎないように、いつもしとやかで謙遜で、慇懃であっていただきたい」。このように言った津田梅子であったから、学生に女性解放運動「青鞜」に関わらないように言ったりしたし、都心から遠い小平にひっそりと校舎を移転することに同意もした。

権威をきらい、校章も校旗も校歌も持たぬ。権威づけと形式主義、それらと女性の自由は、別のことだと考えていた。男性の権威を奪うことが目的ではない。権威からの自由をこそ、求めた。学生と教師の関係性のみに教育が存在する、と疑わず少人数教育を貫く。今も津田塾の入学式は、学長からの簡単な祝辞で終わる。逆に卒業式はひとりひとりに卒業証書が手渡されるから、延々と続く。教師との関係が生涯続くことも珍しくない。

女性よ、時代の礎になれ。それは直接男性と闘うことではなく、みずからの身を正し、学び続けることから始まり、そのようなことができる人には、ふさわしい場所が自ずから用意される、と考えていた津田梅子。女子英学塾、津田塾卒業生の切り開いてきた堅実な暮らしぶり、働きぶりは多くの人の知るところとなった。一見、時代に遅れているようにみえて、彼女の「中庸」は確かに女性たちを静かに動かし、その教育成果は日本近代のひとつの礎となっていったようにみえる。

（みさご・ちづる／津田塾大学教授）

吉田東伍——近代という波に身を投げ出した史学者

千田 稔

よしだ・とうご（一八六四—一九一八）

史学者、『大日本地名辞書』の著作で知られている。旗野木七の三男として新潟県安田村に生まれる。十三歳で新潟学校中等部に在籍するも十二月に退学。十七歳で『安田志料』を起稿。吉田家へ養子、長女かつみと結婚。一年志願兵として仙台兵営に入る、北海道に渡る。読売新聞入社。『日韓古史断』出版。日清戦争特派員。東京専門学校（翌年早稲田大学と改称）講師（後に教授、理事）。『大日本地名辞書』完成。『世阿弥十六部集』刊行。文学博士となる。『大日本地名辞書』続編出版。その他の著書に『維新史八講』『利根治水論考』『倒叙日本史』『庄園制度之大要』『中古歌謡宴曲全集』など。五十三歳で千葉県本銚子町にて急逝。

『日本国邑志稿』を動機に『大日本地名辞書』を執筆

『大日本地名辞書』（全十一巻）という膨大な著作を、ほぼ一人で作った人物として吉田東伍の名前が知られている。

東伍は、明治になって怒濤のように押し寄せてきた近代という波に、みずからの身を投げ出した人物である。志願兵として仙台兵営に入営、日本の領土となった北海道長期滞在、小学校教員として近代の実体を、体験として探りあてようとする。

地名辞書の大著は、明治四十（一九〇七）年に完成した。出版祝賀会は、東京上野の精養軒で開かれた。発起人の代表格は、東京専門学校（後の早稲田大学）の元校長、貴族院男爵議員・前島密《ひそか》であり、出席者は早稲田大学総長・大隈重信、東京帝国大学元教授・重野安繹《やすつぐ》、東京帝国大学教授・井上哲次郎、三上参次、上田万年ら一五〇名余を数えた。中でも、後にふれるように東伍は大隈重信と前島密とのつながりが強い。

東伍は、越後国蒲原郡保田村（現在の阿賀野市安田町）の旗野家で生まれ、後、中蒲原郡大鹿新田（現在の新潟市秋葉区）の吉田家の養子となる。吉田家の養子になる前に、越後勤王派の討幕運動に参加した叔父の旗野十一郎の養子となる。その旗野家には戊辰戦争の際、奥羽同盟軍を追って来た旧薩摩藩の幹部がたてこもったという。東伍は幼少であったが、急速に動く時代の動きを身をもって感じ取っていたに違いない。

義父旗野十一郎の叔父にあたる小川心斎の『日本国邑志稿』という未完の草稿が叔父の家にあったことが、東伍が地名辞書を書く大きな動機となった。『大日本地名辞書』の原稿には『日本国邑志稿』が切り貼りされて使用されている部分がある。

大隈重信・前島密とのつながり

東伍の新潟時代は、政治的な問題とも無縁でない。それは、大隈重信が組織した立憲改進党員であった市島謙吉（春城）の影響を抜きには語れない。

市島は越後蒲原郡の出身で、参議大隈重信が国会開設などをめぐって薩長藩閥と対立し追放された翌年の明治十五（一八八二）年、立憲改進党の立党と同時に入党している。市島は郷里新潟で立憲改進党の地方組織「同好会」を設立する。当時同好会の機関紙的な存在であった『新潟新聞』に東伍は寄稿しているので会員であったことは間違いないであろう。

明治二十二（一八八九）年十月十八日、不平等条約改正をめぐる問題で、当時の外相大隈に爆弾が投げられ右足切断の重傷を負う事件が起きるが、これを受けて東伍は松雲醒士という筆名で「時事雑感」という一文を寄稿する。

前島密も新潟県の出身で、東伍と同郷である。明治十四（一八八一）年に国会開設の時期と方法をめぐる対立から大隈重信が罷免されたのを契機として翌年、立憲改進党に入党している。このような関係で、前島と東伍の関係は深く、『読売新聞』時代には、東伍は前島との談話記事を二十数回にわたって連載している。

東伍の史学における関心は、『日本書紀』に書かれている内容に紀年を与えること、つまり西暦の年代をもって歴史を叙述するためであった。東洋史家那珂通世《なかみちよ》の「日本上古年代考」という論文に触発され、神功皇后紀や応神紀の年代論に専念する。それは、明治になって、新しい史学研究法が展開されていくことと歩を共にすることであった。明治二十六(一八九三)年東伍は最初の著書『日韓古史断』を著している。この書では、後におこる韓国併合への道筋を退けていない。東伍の限界といってよい。

『大日本地名辞書』の業績によって、文学博士を授与され、早稲田大学で教鞭をとるが、東伍は、ほとんど学歴のない自分を「図書館卒業」といって憚ることはなかった。

(せんだ・みのる/国際日本文化研究センター名誉教授、奈良県立図書情報館長、歴史地理学)

謝花　昇——帝国主義日本に立ち向かった自由民権の闘士

伊佐眞一

じゃはな・のぼる（一八六五―一九〇八）

琉球国東風平間切に生れる。一八九一年帝国大学農科大学を卒業し、沖縄県技師となる。一八九三年同郷の長田《ながた》清子と結婚。一八九六年『沖縄糖業論』を自費出版。一八九八年沖縄県農工銀行の常詰取締役となり、十二月上京して内務大臣に辞職願を提出。そのあと憲政党に入党し、衆議院議員選挙法改正法律案と沖縄県土地整理法案に対し請願運動をなす。一八九九年東京で政治結社の沖縄倶楽部を結成し、政治雑誌『沖縄時論』を発行。一九〇〇年農工銀行の役員選挙で破れ、一九〇一年『中央農事報』の第一二号（三月）に「砂糖消費税法案に対する調査」、第一三号（四月）に「農工銀行と産業組合」を執筆。五月山口県に赴任の途中、神戸駅で精神に異常をきたし保護される。一九〇八年十月死す。

共有の土地を沖縄の民衆に

沖縄の歴史書などを開くと、近代の箇所に大抵は謝花昇の顔写真とその説明が載っている。沖縄自由民権運動の代表的人物というわけだろうが、しかし、それは当時の沖縄人に備わっていた特性からみた場合、いかにも沖縄人《ウチナーンチュ》らしい典型的人物という意味ではない。

その謝花が十四歳のときに起った日本の琉球武力併合、いわゆる「琉球処分」から数えて、二〇一九年は一四〇年になる。最初の六六年が沖縄戦までの第一次沖縄県の時代で、次の二七年が米軍の占領支配、つまり沖縄を米国への質草にしたい昭和天皇メッセージがあった時代。そして次が一九七二年の「施政権返還」による第二次沖縄県の四七年間になる。二度あることは何とやらで、この先どんな「世替り」が沖縄を待ち構えているのか、凡人にはまったく予想もつかないが、謝花は彼が生きた時代には、途方もなく例外的な真の行動人であった。

琉球王国を滅ぼされて、いままさに「ヤマト世《ユー》」へと大転換するなかで、帝国大学に学んだことが彼を「謝花昇」たらしめ、ついには明治国家に鋭く対立させることになる。専門が立身出世の法科でなく、近代科学を象徴する工科でも医科でもなく、地味な農科というのがじつに嬉しいが、農民の子であってみれば必然であったともいえよう。そして一八九一年、沖縄県庁で唯一の沖縄出身高等官として、琉球独自の政治・経済制度が日本化される過渡期に遭遇した。土地が村落共有制であったことから派生する杣山《そまやま》という名の山林のゆくすえと、その後に到来する租税制度が彼の脳中を占めていた。この状況は日本国家による上からの革命と言ってもいい事態であり、沖縄の土地が個人所有に移行する過程で、その取得に群がる政治家などから沖縄を防衛することに、彼の在官時代のほとんどは費やされた。その際、彼が細心の注意を払ったのが、近代社会の権利基盤となる法律であった。

沖縄の参政権を求める

自前の国家を失った結果は、明治政府の官選知事と上級官吏による政治の独占と、経済はヤマトからの寄留商人が支配するいびつな社会への変貌をもたらした。そのことが法の制定と国策にかかわる帝国議会での発言を必須とし、参政権要求運動に直結していく。

というのも当時の日本には、沖縄の民意をくむ制度は何も存在しなかった。それはさながら自分の郷土に居ながら、あたかも他国に居候するがごとしと自虐の言葉を口にした者もいたほどである。それに対し謝花は沖縄倶楽部を組織して対抗する。都市部と地方、士族と平民、官と民、そして日本人と沖縄人――というように沖縄内部が四分五裂していたなかで、彼らの結社は従来の壁を打ち破る明治の「オール沖縄」となった。機関誌『沖縄時論』が、民衆に成り代わって発言する公器だと彼らが標榜したのはそうした理由による。

ときは世紀末、日本資本主義のとば口にあって、謝花たちの営為は帝国主義の餓狼に素手で立ち向かう姿にも似ていた。その大舞台で彼が生命を焼き尽くしたのは、二十九から三十六歳までのわずかに七年。下野して沖縄人らしからぬ先鋭的な闘いをみせたのは、ほんの二年半にすぎない。四面楚歌の一九〇〇年、彼はこう言っている。――「主義の為には如何なる窮苦、災難も敢て事とせず、死だも尚ほ辞せざるなり、代言せば主義と共に死する者なり」。

思うに人間は、華々しい高揚期にあるときよりも、敗残の身となったときに、その真価のほどがわかるものである。彼の陽気で楽観的な性格が、苦しい状況下でも精神の張りを維持させたのであろうが、神戸で倒れる直前に出た『中央農事報』に寄せた二篇の論文は、まさに彼の面目躍如というにふさわしい。謝花の怒りと敢為の精神は、日本《ヤマト》に軍事要塞化を強いられる沖縄で、いまなお燦然と輝いている。

（いさ・しんいち／沖縄近現代史家）

福田英子——「妾が天職は戦にあり」

倉田容子

ふくだ・えいこ（一八六五—一九二七）
明治・大正期の活動家・思想家。岡山藩士の娘として生まれる。一八八二年、岡山に遊説した岸田俊子の影響により自由民権運動に参加。母とともに私塾蒸紅学舎を開設するが、解散を命じられ上京、坂崎紫瀾の教えを受ける。八五年、大井憲太郎らの朝鮮改革運動に参加、逮捕投獄される（大阪事件）。大井と内縁の関係になるが離別、その後結婚した福田友作とも死別した後、角筈女子工芸学校・日本女子恒産会を設立。この頃、堺利彦、幸徳秋水、石川三四郎ら平民社同人と交流し、社会主義運動に転じる。一九〇四年、『妾の半生涯』を刊行。〇七年、『世界婦人』を創刊。治安警察法一部改正運動を行う傍ら、田中正造および谷中村の支援にも尽力した。

革命を夢見て

ロシア皇帝アレクサンドル二世暗殺の首謀者である女性革命家、ソフィア・ペロフスカヤ。ソフィアをヒロインの一人に据えた政治小説『鬼啾啾』(一八八四―八五)の書き手である宮崎夢柳をして、「魯西亜の烈女ソヒヤ、ペロースキの風ありと云ふは実に宜なる哉」(『大阪事件志士列伝　中』一八八七)と言わしめた女性が、明治日本にいた。彼女の名は景山英子、後の福田英子である。

一八八五年、英子は大井憲太郎らの朝鮮改革運動に参加、活動資金の調達や爆発物の運搬に携わり、同志とともに逮捕投獄された(大阪事件)。稀代の女壮士として名を上げた英子を取り巻く当時の熱狂は、自叙伝『妾の半生涯』(一九〇四)に、「大阪梅田停車場に着きけるに、出迎への人々実に狂する斗り、我々同志の無事出獄を祝して万歳の声天地も震ふ斗りなり」と記されている。英子を「東洋のジャン、デ、アーク(ジャンヌ・ダルク)」として偶像化する『景山英女之伝』(一八八七)が出版された他、英子をヒロインとする壮士芝居も上演された。

社会主義運動への転換

だが、英子が「近代日本を作った」一人と言えるかどうかは議論の余地がある。法的にも社会的にも、女性が国家を「作る」場に参入することは困難であったからだ。一八八九年の衆議院選挙法や一八九〇年の集会及政社法は、女性を政治の場から締め出した。大阪事件に連座した男性の同志たちが後に帝国議会で活躍する一方、英子は大井とのスキャンダルにより汚名を着せられ、自由党のホモソーシャリティからも排除される。

ただし、英子は性のダブルスタンダードに負けてそのまま歴史の表舞台から退場したわけではない。大井と別れ、その後結婚した福田友作とも死別した後、英子は平民社の同人たちと交友を持ち、社会主義へと転じる。堺為子や幸徳千代子らとともに女性の政治結社への加入を禁ずる治安警察法第五条の改正運動を行った他、一九〇七年には社会主義婦人雑誌『世界婦人』を創刊。「法律が男女の差別を立てたる」例として、姦通罪、夫婦財産制、相続権、「公法上の権能」等の不平等を批判した「男女道を異にす」(一九〇八・一一・五)など、近代国家の女性抑圧を批判する記事を自らも寄稿した。また、足尾鉱毒事件と闘う田中正造および谷中村への献身的な支援を行うなど、社会主義者として粘り強く活動を続けた。

ホモソーシャリティとの闘い

戦後、法的な男女平等は一応達成されたものの、未だ日本の議会における女性議員の割合は低く、OECD諸国中最低の水準である。厚いガラスの天井の下に生きる現代日本の女性たちにとって、英子の前半生の挫折とそこからの再出発は、決して過去のものではない。ホモソーシャリティからの疎外とそれへの抵抗という点で、彼女の軌跡には、近現代日本女性の歩みが凝縮して示されている。

かつての自由党同志たちの「堕落軽薄」や大井の不実を、社会主義者としての「民党」批判という文脈において暴き出した『妾の半生涯』は、英子自身が執筆目的を「新たに世と己れとに対して、妾の所謂戦ひを宣言せんが為めなり」と述べているとおり、単なる私的な回想録ではない。自己語りであると同時に社会主義文学としての性質を持つこの書は、〈公〉と〈私〉が不可分な状態に常に留め置かれ、それゆえ公的領域から排除されてきた女性たちの生のあり様を浮き彫りにする。「妾が天職は戦にあり」と述べ、専制政治や資本主義のみならず、家父長制の秩序に闘いを挑み続けた英子は、近代国家が内包する複合的な構造的差別を剔抉した先駆者であった。

（くらた・ようこ／駒澤大学教授、日本近現代文学）

本多静六——森づくりで国土を設計する

市川元夫

ほんだ・せいろく（一八六六―一九五二）

埼玉出身。林学者。農家折原家の六男に生まれ、十一歳で父を失い貧困生活。東京へ出て、埼玉の岩槻藩藩塾の師・島村泰の内弟子兼学僕となる。漢学や英語などを学びながら、年の半分は郷里で農事を手伝う。東京山林学校に入学するも第一学期に落第、自殺をはかるが、山林学校改め東京農林学校を首席で卒業。旧幕臣本多晋の婿養子となり、ドイツへ私費留学、ターラント山林学校からミュンヘン大学で学び、帰国後、東京帝大農科大学で造林学、林政学を教える。鉄道防雪林、大学演習林、建築家辰野金吾依頼の日比谷公園はじめ、都市・国立公園の設計、明治神宮の森から湯布院の温泉まちづくりまで数多くの事業を主導。

森林を堤防に

明治、大正、昭和と三時代にわたって、森林のはたらきによる国土保全事業に取り組んだ本多静六。「日本の森林を育てた人」「日本の公園の父」と呼ばれるその事跡は今日なお私たちに恩恵を与えている。

独学ながら向学心高き十九歳の貧乏書生本多静六は、創立まもない東京山林学校（やがて東京農林学校〔東京大学農学部の前身〕となる）に入学。同校の発足には、大久保利通による奉還禄の寄附も一助となった。大久保は岩倉使節団に加わって米欧を巡覧、ドイツで山林学の重要性を強く認識していた。農林学校を了えた本多は、ドイツに留学、林学、経済・財政学を学び帰国して、一八九二（明治二十五）年、母校で林学を講じ、以後、造林学の体系化に努めながら三十五年間教壇に立つ。

本多静六が教職にありながら自らの学問を生かして、国民生活のために行った事業は枚挙にいとまがない。東北本線沿線に鉄道防雪林の設置、奥多摩水道水源林の育成、日比谷公園をはじめ全国の都市公園の設計改良、明治神宮の森ほか各地寺社林の造設など、すべて自然と共生してこそ人間生活が保障されるという本多の信念に基づく事業ばかりだ。

日本では、為政者にも民衆のあいだにも、自然災害から生活を守るのに自然の力を借りるという考えが古くからあった。本多による、東北本線沿線各地区の雪害を防ぐ防雪林設置提案が早急に実行されたのには、こうした背景があったといわれている。

一九三三年、東北、北海道沿岸を大津波が襲い、かの三陸大津波につぐ大被害をもたらした直後、本多は津波防備林の主張を行った。「森林は堤防の如くに潮水を絶対に阻止するものにあらざるが故堤防を乗り越えたる場合の海嘯の如き猛烈なる破壊力を現す事がない。」(『砂防』昭和八年三月、宮脇昭氏提供)

百年先を見すえた森づくり

一九一五(大正四)年、本多らのチームによる明治神宮の森づくりが始まった。彼らが目ざしたのは、大都会の真中に人工の森を造るのだが、百年後には当初植栽した樹々の天然更新が進み、自然林と見紛うほどの林相を呈するようになることだった。そこで三代の森を構想して植栽が行われ、いまや、カシ、シイ、クスなどが主木となった。これら常緑広葉樹は種子を腐葉土の上に落として発芽、幼苗となり、緑陰の下でよく成長し、いずれ母樹と交代して森は永続する。神宮の森は、いま参道を行く人々に緑の恵みを送り続けている。

本多静六は一九〇〇(明治三十三)年、「我国地力ノ衰弱ト赤松」なる論文を発表。乱伐や乾燥で地力の衰えた所に、初めはアカマツが盛んに生える。アカマツの繁殖は地力衰退、ひいては国力減退の兆であるから、早急に地力回復、森の再生をはかるべしというのが趣旨であった。この論文は、一部の誤解を招き、「赤松亡国論」として喧伝されたが、本多の警世の真意は広く受けとめられた。

二年後、本多の側近・市島直治は、江戸前期の儒者で治山治水に一家言持つ熊沢蕃山が「山川は天下の源なり、山また川の本なり」と言い、「松の山林は山地田地ともに悪く、草木の育たないところでも松はよく育つ……松の山林は……雑木林にすべき」と説いていたことを紹介した。市島文に着目して、生物学者の遠山益氏は自著で、本多論文は、蕃山の松之説を念頭において書かれたのではないかと想像している。本多の知見が蕃山にまで及んでいるとすれば興趣は尽きない。

なお、本多静六の事業が、実業家渋沢栄一、構想力の人後藤新平との連携によって促進されたことを付記しておかなければならない。

（いちかわ・もとお／フリー編集者）

内藤湖南
——文化史観に立つ独創的な東洋史学者

井上裕正

ないとう・こなん（一八六六—一九三四）

幕末の慶応二年、旧南部藩領毛馬内（現・秋田県鹿角市）で儒者の家柄に生まれる。本名は虎次郎、寅年生まれで、父が尊敬していた吉田松陰の通称、寅次郎にあやかったという。号の湖南は、生地が十和田湖の南に位置していることに因む。一八八五年に県立秋田師範学校高等師範科を卒業。一八八七年の上京後二〇年、新聞・雑誌で論説記者として健筆を揮い、中国問題専門家としての地位を確立した。一九〇七年に京都帝国大学文科大学史学科東洋史学講座の講師（二年後に教授）となって二〇年、教育・研究に従事すると同時に、言論活動も続けた。一九二六年に京大を定年退官すると、京都府の現・加茂町の恭仁山荘に隠棲したが、訪問客が多いので、加茂駅に人力車が復活した。

中国史の時代区分論

創設期京大東洋史の教授で、東洋史学の創始者のひとりである内藤湖南が亡くなったのは、満洲事変後の日本が戦争へと突き進んでいった一九三四年である。それから八〇年以上の歳月が経つが、湖南への関心は衰えるどころか、ますます高まっているかのようである。今世紀に限っても、湖南の著作が数冊文庫化され、湖南に関する専著や全集未収録文集が出版され、藤原書店からも粕谷一希『内藤湖南への旅』(二〇一一年)が刊行されている。また、湖南の邪馬台国畿内説や「応仁の乱」評価に言及される機会も少なくない。

こうした湖南への高い関心のひとつが、かれが創唱した中国史に関する、いわゆる京都学派の時代区分論である。それによれば、秦漢を含めて後漢までが古代、五代までが貴族政治の中世、宋代以後が君主独裁政治、「平民」の台頭、地方自治の伝統を特徴とする近世とされる。特に「宋代近世」説は近年、わが国はもちろん、中国の学界でも、また日本史や西洋史との比較、すなわち世界史の展開との関係からも大変注目されている。

ところで、湖南の「宋代近世」説は、かれにとって同時代史である辛亥革命(一九一一年)を理解するために提起された。湖南は『万朝報』『大阪朝日新聞』の論説記者として、日清戦争(一八九四—九五年)後の中国情勢を注意深く追究したが、京大教授になって辛亥革命が勃発すると、清朝衰亡の過程を明らかにして革命の成功を予想し(『清朝衰亡論』一九一二年)、辛亥革命は、宋代以降の近世における君主独裁政治の終焉を意味し、「平民」の台頭と地方自治の伝統が共和制の基盤になると主張した(『支那論』一九一四年)。要するに、辛亥革命を理解するために、「宋代近世」説を唱えるという、目的でない手段としての本来あるべき時代区分を行なった。そこに現代史家としての湖南の真骨頂を見ることができる。

独創的な文化史観

湖南の注目すべき独創的な文化史観が、生まれ故郷における父、調一による薫陶、上京後における仏教運動家や国粋主義者との交流のなかで培われたことはもちろんだが、『大阪朝日新聞』の主筆となった高橋健三の秘書として一八九二年暮れから大阪に住むようになり、関西にいきづく日本の伝統文化に親しく触れたことが大きな転機となった。一八九三年六月、高橋の勧めもあって、湖南は開通まもない大阪鉄道に乗って初めて奈良の地を訪ね、春日大社、東大寺、興福寺、薬師寺、法隆寺などの寺社を歴訪した(「寧楽」一八九三年)。その後も、「南北両京の名勝、探究略ぼ尽す」(『涙珠唾珠』一八九七年)と豪語したように、日本文化の理解を深めていった。その成果が、徳川時代の学術史について『大阪朝日新聞』に連載した「関西文運論」であり、それは『近世文学史論』(一八九七年)として出版された。

こうした日本の高い文化は、漢学を究めた湖南にとって、中国文化を受容して発展した東洋文化であり、今や東洋文化の中心となった日本は、西洋文明に対抗して東洋文化を発揚させ、将来の「坤輿文明」（世界文化）の創造に貢献すべきであり、それこそが日本の「天職」であると確信した（「所謂日本の天職」一八九四年）。そうした信念と中国基層社会の理解から、日清戦争を肯定するとともに、辛亥革命後の混迷を極め、反日運動が激しさを増す中国情勢にあっても、中国の改革に日本が果たすべき指導的な役割、中国への日本の経済的進出を湖南は提言しつづけた（『新支那論』一九二四年）。

ほぼ一世紀前に、東洋史の豊かな学殖と独創的な文化史観から日本と中国、そして日中関係のあるべき姿を模索した内藤湖南への高い関心は、今日の東アジアの現状と将来が不安定・不透明で、歴史研究が閉塞状況にあることと裏腹の関係にあるのだろう。

（いのうえ・ひろまさ／奈良女子大学名誉教授）

南方熊楠——独自の世界観を構築

松居竜五

みなかた・くまぐす（一八六七―一九四一）

博物学者・民俗学者。紀伊国和歌山城下に金物商・雑賀屋を営む南方弥兵衛、すみの次男として生まれる。一八八三（明治十六）年、和歌山中学校を卒業し上京。神田の共立学校（現・開成高校）入学。翌年には大学予備門に入学。同窓に夏目漱石、正岡子規、秋山真之らがいた。一八八六年渡米、ランシング農学校退学後、アメリカ大陸を放浪して地衣類、菌類を研究。一八九二年には渡英。雑誌 *Nature* などにしばしば投稿。一九〇〇年帰国後、和歌山県田辺に住み、在野の研究者として生物学の研究を続け七〇種の新菌種を発見する一方、民俗学研究も数多く発表。また神社合祀反対運動を起す。

海外で熊楠について話す

少し前のことになるが、南方熊楠のことを英語圏の人々に対して話す機会が何度かあった。最初は二〇〇八年、ロンドンの国際交流基金での講演で、五十名ほどの一般の英国人聴衆が相手だった。次は二〇〇九年、ロンドン大学東洋アフリカ研究所での研究会で、この時は日英の十数人の研究者が熊楠について一日かけて熱心に議論した。さらに二〇一〇年のハーバード大学世界宗教センターでの講演で、大学院生から先生方まで五十名程度の研究者に話すことができた。

こうした機会を通じて考えさせられたことは、日本で流通している南方熊楠のイメージと、海外で捉え直した際の感じ方の大きな格差であった。一言で言えば、海外での熊楠の受け取り方は、近代日本における、ごくまっとうな思想家、というものである。日本国内で熊楠について話すときには、巨人とか、奇人とかといったどこか伝説めいた形容詞がついて回るところがある。しかし、海外では彼の思想が単純明快、ストレートに理解されるように、私には感じられた。

熊楠の海外への挑戦

熊楠自身、若い頃から海外に挑戦し続けた人物であった。十九歳で日本を離れ、米国からキューバを放浪した後、二十五歳でロンドンに到着。その後、大英博物館や自然史博物館で人類学や生物学の研究を続けながら、『ネイチャー』へのデビューを果たす。三十三歳で帰国した後は、那智山中で「南方マンダラ」と呼ばれる独自の世界観を模索。さらに、三十七歳で田辺に定住してからは、自然林の保護の立場から、明治政府の神社合祀令に対する反対運動をおこなった。

熊楠の英文での論文は、西洋がすべての分野の学問において優勢であった時代にあって、中国を中心とする東アジアにも確固とした科学思想があったことを示すのが目的であった。また「南方マンダラ」を構想したのは、当時の西洋思想に飽き足りない熊楠が、近代科学と真言密教を融合させることで、新しい世界観を獲得することを目指したためであった。さらに、神社合祀反対運動においては、生態学（エコロジー）の視点から日本古来の神社を評価し、国際的な連帯の中で社叢林の伐採をやめさせることを企図していた。

国際的な熊楠の再評価へ

こうしたすべてのことがらが、海外で話す際には実に小気味よい。こちらが話し易いだけでなく、聴衆もまたこの Kumagusu という人物に対して、心底興味を持ち、楽しんでくれているのがわかる。十九世紀の大英帝国の首都にあって、西洋的価値観に真っ向から対抗しようとした人物。二十世紀初頭の日本の森林で、生態保全に努めようとした人物。そうした熊楠の思想と行動のあり方は、近代における非西洋圏の思想家の方向性としてまったく自然なものであり、あるべくして存在した姿として見えてくる。

これは、英米圏だけでなく、他の地域との関わりにおいても言えることである。若き日の孫文との友情は、中国語圏でも関心を持たれており、二〇〇六年にはこれをテーマとした学会が行われた。また、同じ年には主著の「十二支考」の中国語訳も翻訳されている。最近では、インドやドイツの研究者による熊楠に関する論もある。

むしろ問題は、そうした普遍性を持つ熊楠の学問が、同時代の日本の状況の中で疎外されたものであり、最近までその学問内容に対する正当な理解が進まなかったことの方にあるのではないだろうか。熊楠という、国際的に見ればごくまっとうな思想家の側の視点に立って、近代日本を逆照射することの必要性が、今、求められていると、私には感じられるのである。

（まつい・りゅうご／龍谷大学教授、比較文学比較文化）

伊能嘉矩

――遠野が生んだ人類学・台湾研究・東北学のパイオニア

春山明哲

いのう・かのり（一八六七―一九二五）

慶応三年陸中国（現岩手県）遠野に生れる。一八八九年岩手県尋常師範学校中退、上京し重野安繹の成達書院で学ぶ。『教育報知』などで編集者となる。九三年帝大人類学研究室の坪井正五郎の門下となり、東京人類学会に入会。九五年渡台、台湾総督府属として台湾全島の先住民地域を踏査。九八年以後後藤新平の台湾旧慣調査に参加、台湾の歴史・地理・言語・風俗習慣全般の調査研究を行う。一九〇八年遠野に帰り台湾研究のほか遠野・岩手の郷土研究を行い、柳田国男とも交友を深める。一九二五年マラリアが再発し死去。収集した蔵書・史料・民族標本は台北帝大に譲渡。『台湾文化志』など生涯の著作は二三〇〇点を超える。

東北学から人類学、そして台湾史へ

伊能嘉矩の畢生の大作『台湾文化志』（一九二八年）の刊行に尽力した民俗学者の柳田国男は、その小序で「人間の歴史を其基礎から観察しようといふ地方学問の独立宣言として、永く題目の外に在る人々からも、共に與《とも》に仰ぎ望まるべきもの」と書いた。しかし「けだし昭代文運の前途は、総括して之に倣ふ者多きや否やに係つて居る。而して、自分は尚、心窃かに危ぶむ所がある」との懸念は当たった。人類学・台湾研究・東北学の先駆者としての伊能の業績はその後注目されず、その再評価が日本と台湾の双方で本格的に始まったのは、一九九〇年代半ばからであった。

伊能は一八六七（慶応三）年、陸中国（現岩手県）遠野に生まれた。岩手県尋常師範学校時代には東北各地の旅行を試み、「奥東探績紀行」を雑誌に投稿するなど「東北学」を志している。師範中退後は重野安繹から近代実証史学を学ぶとともに『教育報知』等でジャーナリストとして活動した。一八九三（明治二十六）年からは、帝国大学理科大学人類学教室の坪井正五郎教授のもとで人類学を学び、東京人類学会に入会した。伊能は東北のオシラ神や「科学的土俗学」について発表、さらに坪井が英国留学中に師事した「人類学の父」といわれるエドワード・タイラーが中心になった『人類学におけるノートと質問』を参考に「研究の要領」を作成するなど、独自の科学的調査方法論の構築を目指した。

一八九五（明治二十八）年の晩秋、二十八歳の伊能は日本の新領土台湾に渡った。台湾総督府の雇員として、まず福建南部の「台湾土語」、原住民の「蕃語」、マレー語などを学習し、ついで伊沢修二学務部長や乃木希典台湾総督の理解と支持を得て、台湾山地原住民の実態調査を実施した。特に一八九七（明治三十）年の半年に及ぶ全島踏査旅行は台湾原住民調査上画期的なもので、その記録は「巡台日乗」として後世に残され『台湾蕃人事情』として公刊された。伊能は台湾先住民族がマレー／南島系統の語族であると指摘し、アタイヤルから平埔族までの八種族に分類し、日本の人類学研究の基礎を築いた。児玉源太郎総督、後藤新平民政長官の時期には、臨時台湾旧慣調査会、台湾慣習研究会の幹事として活動し、『台湾慣習記事』などに台湾関係記事を多数書いた。

伊能の研究関心はやがて人類学から台湾史へと重心を移す。最初の著作『世界に於ける台湾の位置』（一八九九年刊行）は、世界史的視野から台湾の歴史叙述を目指す伊能の研究大綱である。一九〇二年の『台湾志』は二巻五二六頁に図版、地図が付き、「常に専ら全台の地理・歴史より、故制・旧慣の事情を探討し、以て其の研究の資料に供せり」と述べる。伊能には「全台湾の地理・歴史」の近代的概念があった。伊能の筆は清代のみならず、日本統治時期の同時代史にも及ぶ。

帰国後も『台湾全志』編纂を企図

伊能は台湾に関する文献史料の収集に努力を傾け、多くの台湾知識人を訪問した。台湾初代巡撫劉銘伝の幕僚であった李少丞から清末台湾の政治制度の指導を受けてもいる。また台湾の歴史上の人物について多くの評伝と記録を残している。

一九〇八（明治四十一）年遠野に帰った伊能は、翌年乃木希典学習院長に書簡を送り、これからは故郷で「「台湾全志」ヲ編センコトヲ企テ」ている、と書いている。遠野で伊能は「台湾館」を営み台湾全志編纂に専念する傍ら、遠野の歴史と民俗を中心に「東北学」の研究も再開した。同年八月二十三日、柳田国男が遠野に伊能を訪ねている。柳田は伊能から『遠野古事記』を見せてもらい、以後、伊能と柳田の交流は伊能が亡くなるまで続いた。

伊能嘉矩は近代日本のふたつの「辺境」、台湾と東北・遠野を黙々と学術活動に疾駆して、一九二五（大正十四）年五十八歳の生涯を閉じた。

（はるやま・めいてつ／早稲田大学台湾研究所招聘研究員、台湾史・近代日本台湾関係史）

伊東忠太——「東洋・日本の近代像」を模索した建築学者

川西崇行

いとう・ちゅうた（一八六七—一九五四）
建築家・建築史家・建築学者。東京帝国大学教授、早稲田大学教授を歴任。工学博士。米沢に生まれ、少年期を軍医であった父の任地、東京・佐原で過ごす。帝国大学工科大学・同大学院に学ぶ。日本の近代建築学の草創期にあって、敢えて東洋各地を歴訪し、東洋・日本の建築を研究。従前専門・学問領域として用いられていた「造家」の語を排して「建築」の語・概念を提唱。また、西洋建築史の様式変遷を参考にしつつ、独自の「建築進化論」を主唱し、材料・様式の変容・推移などの例を自作の東洋趣味建築の作品を通じて示した。現存する代表作に、大倉集古館、震災記念堂、築地本願寺や湯島聖堂などがある。

日本建築学の礎をつくった巨人

伊東忠太とは何者か。簡単に定義を試みると以下のようになるだろうか。我が国近代建築学の草創期に、コンドル（綱町三井倶楽部・茅町岩崎邸・鹿鳴館などを設計）の教え子である辰野金吾（東京駅・日本銀行などを設計）・曾禰達蔵（慶應義塾図書館などを設計）の世代に次いで、構造・材料の佐野利器《としかた》、関西建築界の片岡安らにならぶ、建築学揺籃期の巨人の列に連なる建築学者・建築家である。

とりわけ、万事、西洋・西欧に傾倒しがちであったこの時代にあって、インド・中央アジア・中国大陸などを歴訪し、また法隆寺などの古社寺を徹底的に調査して、東洋・日本の建築を体系的に研究した先駆者であり、東洋・日本の建築の歴史・今後のあり方などを模索・思索した学問的「冒険家」であるともいえる。

建築に関心のある方、殊に東京近傍の歴史的建築に関心がある方ならば、「築地本願寺」「東京都慰霊堂（震災記念堂）」「一橋大学兼松講堂（国立）」の設計者、といった方がイメージしやすいかもしれない。

国立の一橋大学構内は、細部の意匠は別として、ロマネスクの意匠を基調とした比較的オーソドックスなものだが、築地本願寺は、異国情緒というか、国籍不明というか、インド風？な一種独特の意匠を想起されるであろうし、都慰霊堂といえば、寺院のような、神社のような、日本的でありながら何処か不思議な佇まいが思い出されるだろう。

この一種独特な建築意匠は、近代化——技術革新の波の中で「東洋・日本の建築（伝統的な様式・姿形）は如何に進化・変容していくのか」という伊東の「建築進化論」の実践・実験の軌跡であり、細部の意匠に隠れている奇怪な鳥獣の装飾は、彼の遊び心、創作・研究の根っこにあった熱のようなものが迸り出た痕跡である。

「東洋」と「近代」の間で

こうした立場の——時期や方法論こそ違え、岡倉天心らの東洋主義に近い視点を持った建築学者・建築家が我が国の建築学界の中心にいたというのは大変面白い現象である。というのも、戦後の日本建築界が、「正統派」はコルビュジェらのピュアなモダニズム、「権威」と崇められているのはその直弟子……というドグマに覆われているのに比べ、あくまで様式間に優劣をつけず、風土や歴史理解の中で「古から培われた多様なものを公正に扱おう」という学問的な真摯さを貫いたことは特筆されてよいだろう。

一九二〇年代後半から三〇年代前半、即ち帝都復興の時期は、建築・都市の領域では極めて興味深い時期である。焦土からの復興に際して、様式主義、ライト風、アールデコ調、表現派風、モダニズムなどが櫛比《しっぴ》し、宛《さなが》ら明治以降の建築学習の成果の「発表会」の様相を呈した。その中で伊東の建築は、震災で焼失した湯島聖堂・神田明神といった伝統的な建築の不燃化復興であり、建築の進化・様式の折衷の「解」としての築地本願寺であった。

特に興味深いのは、本所横網町・被服廠跡の震災記念堂である。当初設計コンペを行ったところ、若手・気鋭の建築家は皆挙《こぞ》って、モダンな堂宇の設計案を応募してきたが、これには宗教界などから「待った」がかかった。当時、巷間の復興の現場にあった佐野（利器）と伊東は、この状況に大変頭を悩ませることになった。

コンペの諸案を棚上げすれば非難や苦情が山と来ようが、モタモタもしていられない。震災記念事業協会の役員として腹を括った伊東は、平面計画は身廊・翼廊を持った教会風、基本の意匠は和風、納骨壇上の塔は仏閣のそれ、という離れ技をやってみせた。

そして、記念物展示の建物は、佐野との合作で、ガーゴイル（謎の怪獣）が正面に並ぶモダンの小品に仕上げ、老練で複雑な「解決」をみせたのである。

（かわにし・たかゆき／都市計画・都市史）

ポール・クローデル——日仏会館設立の立役者

門田眞知子

Paul Claudel（一八六八—一九五五）
フランス北部、タルドノワ生れ。父はヴォージュ出身の税吏官、母は地元の医者の娘。ルイ・ル・グラン校のクラスメートにロマン・ロランらがいた。政治家を輩出するシャンス・ポに進学。姉カミーユとともにマラルメの「火曜会」に参加。十八歳で人生を変える二つの出来事に遭遇。ランボーの『イリュミナション』の発見。ランボーは彼の詩的本質となる。クリスマスのミサに参加し、霊感を受け回心。一八九〇年外交官となる。一八九三年合衆国副領事。一八九五—一九〇九年清国赴任。以後はチェコやドイツ、イタリア他の後、一九二一年フランス大使として来日。一九四六年、アカデミー・フランセーズ会員に選出。

日本への憧憬

日本が近代の曙を見た明治元年、ポール・クローデルはフランス北部で産声を上げた。後年、大使として来日し、日仏交流の具体的な礎を築いたことに思いを馳せるとき、不思議な縁《えにし》さえ感じる。ポールには彫刻家の姉カミーユがいた。二人は親密な姉弟であり、弟は姉に気質も才能も似て、姉の運命に自らを重ね、むしろ不安を覚えていた。この姉から奇しくも北斎など日本芸術を知る。姉はロダンとの関係の破局のあと、心の病が高じて、精神病院で生涯を終えた。大好きな故郷に一度も戻ることなく。才能豊かな芸術家カミーユの人生が凋落の一途を辿ったのに対し、弟ポールは表舞台の人生を全うした。十八歳の時、ポールはカトリック教に回心する。神不在の姉とは違って神の寵愛は厚かったか。二十二歳で外務省試験をトップで合格。事前に複数の推薦状を必要とし、姉を通じてロダンからも格式ある推薦状を貰う。ポールは外交官となった。

アメリカを振り出しに、上海や福州や天津などで副領事、領事を務め、中国（清）に計一四年間滞在する。放浪的感性の窺える、〈亡命の詩〉をその頃、書く。母国から遠く離れ、外交官にして孤独な詩人であった。中国に向う船上では人妻への恋があった。赴任後の一八九八年には上海から日本を旅し、日光や京都や東海道などを巡る。

クローデルは一九二一年、大使に任命され、同年十一月、駐日フランス大使として念願の来日を果たす。一九二七年一月までの五年間、日本に滞在し、「詩人大使」として日本の文化人から親しまれた。大正十年から昭和二年のことである。山内義雄や冨田渓仙らと交流、政治家としての黒田清輝とも親交を持った。能や歌舞伎や俳句に触発され、多くの作品を書く。「俳句」らしきアルファベットでの詩選集『百扇帖』を置き土産に、クローデルは次の赴任地アメリカへと旅立った。

関東大震災

滞在二年後の一九二三年九月一日、クローデルは関東大震災に遭遇する。皇居傍らにあった大使館は、瓦や煉瓦などの落下はあったが崩壊は免れた。ただ茅ヶ崎の海辺で夏休みを送っていた娘の捜索にクローデルはすぐに向った。徒歩で横浜に入り、夜の明けた頃、娘の無事が確認できた。火の海の横浜。領事館は潰れ、その下敷となった同僚デジャルダンを失う。直後に書かれた〈炎の街を横切って〉は、写実的で感動的なルポである。

難を逃れたフランス大使館の敷地内には急遽、テント病舎が用意された。極東でのフランスの威信をかけて、仏領インドシナからは薬や食糧が届けられ、医者も派遣された。被災者たちへの救援活動が開始された。クローデルは仏領インドシナ総督、メルランをフランス政府の代表として日本政府へのお見舞いに来日させることに成功する。

メルランの来日は日本政府を感動させた。輸入品の関税の話合いも再開された。さらに日本政府は資金問題でこれまで頑なな態度であったが、日仏文化交流の拠点、日仏会館の設立にも同意する。こうしてメルランの来日を機に、日仏会館設立の企画が一気に動く。渋沢栄一らが既にクローデルに働きかけていた。親仏実業家、村井吉兵衛が皇居付近の彼の洋館の建物を提供した。〈財団法人日仏会館〉が創設され、一九二四年十二月十四日、完成セレモニーが行われた。クローデルの栄誉ある一大事業であった。彼の外交文書には「元東京市長の後藤新平子爵」もメルランと会ったことや、会館設立には大いに賛同と記されている。

関西のフランス文化交流の施設としては、のちにクローデル自身が外交上からも必要性を提起し、財界らの支援を得て京都九条山に関西日仏学館が実現する。一九二七年十一月のことである。京都でのフランス文化の普及を期待しつつ、そのときクローデルは合衆国の仏大使であった。

（かどた・まちこ／クローデル研究者）

北村透谷——近代日本の精神的革命者

平岡敏夫

きたむら・とうこく（一八六八—一八九四）

相模国小田原出身。一八八一年に上京、東京専門学校（現在の早稲田大学）政治科に入学。自由民権運動、とくに三多摩地方の自由党の運動に接し政治家を志す。大阪事件の計画にも参加したが、運動のあり方に疑問を感じ小説家を志す。石坂美那子と八八年に結婚。翌年長詩「楚囚之詩」を発表。九一年劇詩「蓬莱曲」で詩人として新たに出発。九三年島崎藤村らと雑誌『文学界』を創刊。〈想世界〉〈内部生命〉を武器として現実を鋭く批判する。明治女学校の教壇に立ち、また雑誌『平和』の編集に従事。九三年健康を損ね、九四年縊死。

折れたまゝ咲いて見せたる百合の花

明治二十四（一八九一）年の筆跡も残っている透谷自作の句であるが、透谷の生涯を象徴するような一句である。「折れたまゝ」で、まず自由民権運動から離脱した透谷の〈挫折〉が思い浮かぶ。明治十六年、東京専門学校（早大の前身）政治科に入学、トラベラーとあだ名がつくほど放浪していた。色川大吉氏の研究によれば、三多摩民権運動のリーダー石坂昌孝をはじめとする各アジトを回っていたらしい。明治十八（一八八五）年秋、民権運動を離脱、旧自由党左派大井憲太郎らの非常手段をともなう行動（のちに大阪事件と呼ばれる）への参加を求められ、頭を剃って漂泊の旅に出るからと盟友大矢正夫に行をともにしないと告げた。

それまで抱いてきた政治的アンビションの崩壊により自殺を思うほどの苦悩に陥ったが、東京専門学校英語科に再入学した。挫折の心を抱いたまま、花咲く道を模索しはじめたようである。

父の非職——佐幕派子弟の道

東京専門学校再入学の翌年、明治十九（一八八六）年一月、父快蔵は大蔵省を非職となった。非職というのは明治十七（一八八四）年の官吏非職条令によるもので、官職のうち、官はそのままで職を取りあげ、給料を三分の一とし、三年後には免官ともなるものだ。太政官制度から内閣制度に切りかえる一大行政改革を明治十八（一八八五）年に実施するにあたり、老朽無能官吏の首切りを行なった。

戊辰戦争（一八六八年）で敗者、賊軍となった佐幕派が標的となったが、佐幕派の小田原藩出身の北村快蔵は大蔵省四等属月給四十円が十三円余となり、透谷は再入学した東京専門学校の退学を余儀なくされたのである。これまた大きな挫折だが、透谷だけでなく、国木田独歩、二葉亭四迷、樋口一葉、幸田露伴、夏目漱石ら佐幕派子弟は同様の運命の中で、折れたまま咲く百合の花、すなわち明治文学の担い手の道を歩んだのである。

恋愛と入信——文学活動へ

東京専門学校中退後の透谷は、横浜で商業に従事、輸入関係で大失敗という挫折の中で、石坂昌孝の長女石坂美那子と再会、熱烈な恋愛の過程を通じて入信に至った。「厭世詩家と女性」（明治二十五）で吐露しているような想世界の詩人としての自立に達し、神と恋愛を支えとして、詩作と政治・文学の批判に向かう。

「楚囚之詩」（明治二十二）で国事犯の孤独と愛をうたい、「蓬莱曲」（明治二十四）で前人未踏の劇詩を創り出したが、その前後の『女学雑誌』投稿諸論文、さらには『文学界』（明治二十六創刊）等の寄稿論文、三篇の小説等、短い文壇活動ながら「光った形見」（藤村）を残した。

自由は人間天賦の霊性

「徳川氏時代の平民的理想」（明治二十五）には「自由は人間天賦の霊性」とする天賦人権論、自由民権思想がある。民権運動の挫折体験後、入信と共に純化再生した透谷の思想は、「我邦《わがくに》の生命を知らんとの切望」から「地底の水脈」の発見に及ぶ。紅葉・露伴に対する批判もこの発見があったからだし、山路愛山との人生相渉論争、「人生に相渉るとは何の謂《いい》ぞ」（明治二十六）における空《くう》の空《くう》なるものの主張も可能となった。文学史試論「明治文学管見」（明治二十六）には「漫罵」（同）の「革命にあらず、移動なり」の革命的精神が生きている。

〈秘宮〉と〈生命〉

「各人心宮内の秘宮」と「内部生命論」（明治二十六）こそは近代日本の精神的革命者としての透谷の中核である。「心に宮《みや》あり、宮の奥に他の秘宮あり」と、村上春樹が京大で語った地下一階・二階の比喩とを重ねてみたことがあるが、宇宙の精神からのインスピレーションにより再造される内部生命が、近代日本を撃つ透谷文学の根源であることは動かない。

（ひらおか・としお／日本近代文学）

VI

1870-79

鳥居龍藏

——日本の人類学・考古学・民族学のパイオニア

田畑久夫

とりい・りゅうぞう（一八七〇—一九五三）

徳島市出身。尋常小学校二年中退後、独学で学習。坪井正五郎に師事し、東京帝国大学助教授に就任。退職後國學院大學、上智大学の両教授、中国燕京（現北京）大学客座（員）教授（一九三九—五一年）歴任。日本における人類学・考古学研究の先駆者の一人。日本列島や周辺諸地域の民族・考古に関する実態調査に従事し、その第一人者となる。また民具収集や写真撮影にも興味を示し、自らそれを行っている。北東アジア諸民族の物質文化研究の開拓者である。日本民族コロボックル起源説を主張する坪井正五郎の影響を受け、弥生時代に大陸から渡来した「固有日本人」と名付けた民族集団が日本民族の起源であるという日本民族形成論を展開した。

坪井正五郎との師弟関係

鳥居龍蔵は、最新の器具を用いて海外調査を実施した。対象は未開民族と遺跡だった。人類学的手法・考古学的手法をその分析手段とした。両手法を駆使して調査・研究を行ったのは恩師坪井正五郎の影響であった。坪井が両手法を用いて研究を進めており、その方法を鳥居に伝授した。後継者を考えたからであった。

鳥居は、『人類学雑誌』で坪井を知り、知遇を得た。坪井は鳥居の能力を見抜き、上京して勉学に励むよう奨励した。鳥居が上京した折、坪井は既にイギリス留学に旅立っていたが、「自分の蔵書を自由に閲覧しても良い」との伝言を残しておいた。鳥居はその蔵書を読むため、外国語の修得に努め、多くの言語を自由に操ることができるようになる。坪井はまた、鳥居が東京帝国大学の講義を聞けるように手配し、学力をつけさせた。その後、大学の助手、講師に推挙したのも坪井である。助教授まで昇級したが、他の教授たちと反りが合わず、最終的には辞職している。その後、あまり知られていないが上智大学創設に貢献している。

鳥居は、坪井の研究を継承しただけではなく、その研究を越えようとした。その一つが日本民族形成に関与したのはコロボックルではなく、大陸からの渡来集団こそが、基軸であると唱えた。この立場は、後に江上波夫が提唱する「騎馬民族国家説」として結実していく。また鳥居は、研究成果を研究書として刊行し、学問的に貢献すると同時に、一般読者層を対象として調査日誌、記録をまとめた啓蒙書をも出版し、学問研究を人々に身近なものとすることにも努めた。

現場中心主義的な方法

では鳥居は、調査・研究中に疑問や疑念が生じた場合、どのようにして解決しようとしたのであろうか。一般には、疑問や疑念が生じると専門書を繙《ひもと》いたり、専門家に尋ねることで解決しようとする。鳥居の場合、出来うればその場所や地域に直接足を運ぶことを常としていた。その場所や地域すなわち現場において実際に見聞したり、触れたりすることで判断しようとした。かような問題解決方法を、筆者は現場中心主義的な方法ないし立場と名付けた。以下で具体的に説明しよう。

鳥居は第三回目の台湾調査（一八九〇年）中に思い出したことを記している。それは、台湾の主峰新高山（玉山、三九六〇m）の山頂の白いものが雪の堆積したものとされていた。これに対して、森林学専攻の某博士が雪ではなく、粘板岩が太陽光線に照らされて輝き、白雪のようにみえたものであると異論を唱えた。鳥居はその付近の先住民の調査をしていたが、山頂まで登山して自らの眼でこの疑問を解決しようとした。山頂に到達すると、粘板岩が破壊されている箇所があり、そこに夏季ではあるが雪が堆積していた。この事実から白いものが雪の堆積物であることが確認できたのである。

以上は鳥居の調査・研究の特色である「現場主義」をよく示しているが、彼の調査・研究には未だに解明されていない謎が存在する。その謎とは、彼がどのようにして苗族《ミャオ》などの研究対象（事象）である民族が居住している特定の場所や地域を知り得たかである。この点に関して鳥居は全く記していないが、カトリックの宣教師から詳細な情報を得たのではないか、と筆者は推察している。これら辺境の地域にも宣教師たちは足を伸ばし、各地に教会を建設しているからである。

近代日本の課題は科学技術の導入であった、と同時に東アジアにおける日本の位置を、あらゆる意味で、正確に確認する必要もあった。鳥居は東アジア各地の現場に赴いて比較調査し、これらの地域の具体的な知識を獲得した。その知識は日本の近代化の土台となり、側面から日本の近代化を支えた。

（たばた・ひさお／昭和女子大学名誉教授）

西田幾多郎——近代日本を作る哲学

氣多雅子

にしだ・きたろう（一八七〇—一九四五）

哲学者。石川県出身。東京帝国大学哲学科選科を卒業。第四高等学校教授などを経て京都帝国大学教授を勤める。『善の研究』（一九一一年）の「純粋経験」を唯一の実在とする立場から出発し、その問題点と格闘した『自覚に於ける直観と反省』（一九一七年）を経て、『働くものから見るものへ』（一九二七年）において純粋経験を論理化する「場所」の考えによって独自の立場を哲学的に確立する。そこから中期の円熟した思想を展開した著作が『一般者の自覚的体系』（一九三〇年）『無の自覚的限定』（一九三二年）である。後期には場所の自己限定という考え方をさらに具体化して、「弁証法的一般者」や「行為的直観」といった考え方によって現実的世界を体系的に論じ、その思索は死の床まで続いた。

哲学の役割

ヨーロッパに生まれた近代文明を日本の地に根付かせるという課題を担ったのは、「近代化の装置」としての大学である。学術こそヨーロッパ文明の基礎をなすものと見なされたからである。最初期に移入されたのはいわゆる実学が中心であったが、学術の全体を基礎から学ぶ必要性が理解されるようになり、その基礎をなすのが哲学だと見なされた。しかし、哲学はヨーロッパ世界の伝統を背負って成立してきたものであり、自然科学や技術を移植するような仕方で日本に植え付けることはできなかった。最初に形成された日本人による哲学は中国思想や仏教思想に基づくものであったが、そのような哲学は西洋の学術の原理的基礎としての役割を十分果たすことができなかった。西洋哲学の伝統を踏まえて、その役割を果たすことのできる哲学を初めて作り上げたのが西田幾多郎であった。

人生の問題と学問論的課題

西田の最初の著作『善の研究』（一九一一〔明治四十四〕年）は学者たちから高い評価を得たが、倉田百三が『愛と認識との出発』（一九二一年）で取り上げた頃から一般の人々にも広く読まれるようになった。徴兵された若者がこの一冊を携えて戦場に赴いたという話も聞く。現在でも、この著作は人生の指針の書として多くの読者をもっている。

西田哲学が人生の問題を扱っているというのは間違いではない。彼は哲学の目的は「宇宙人生の究極の問題を解決して宇宙と自己との関係を定めること」であり、同時にそれは宗教の目的でもあると述べている。しかし、西田の言う哲学は江戸時代の「学問」が意味するような人格の修養をめざすものではなく、宗教は罪悪生死を脱却して安心立命を求めるものではない。西田哲学をいわゆる人生哲学として扱うのはまったく不適切である。明治人にとって「宇宙と自己との関係を定める」ためには、西洋の近代文明と東洋の精神的土壌とを統一する視座を獲得する必要があった。自然科学を基礎とした人生観と情意の上に立てられた信仰に依る人生観との分裂は、当時の日本人に共通する精神的危機であった。西田はこの分裂の徹底的な克服をめざした。

当時のヨーロッパでは心理学などの実証的諸科学が台頭するなかで、論理学や認識論の基本的概念は心的体験に還元できるか否かということが哲学の主要な論題であった。西田もこの論題を受けて思索を展開した。論理学や認識論は経験諸科学の基礎をなすものと見なされており、この問題は学問基礎論としての意味をもっていた。西田は学問基礎論のレベルから宇宙人生の究極の問題を探究したと言える。西田が「論理」にこだわったのもそれと関係する。そして、彼にとっての宗教は、学問論の問題もわが子の死の苦悩もそれらがはらむ矛盾のますますべて包摂し統一に至ることであった。この捉え方によって、西田はカント以来の近代の宗教概念を自己化したと言える。

京都学派の形成

西田は日本の精神的土壌に西洋の学術を組み込んでいくことに成功した。だからこそ、そこに新しい学問的思索を生み出す力が生じた。西田のもとには多くの優れた弟子たちが集まり、京都学派と呼ばれる学問集団ができあがっていった。西田の後継者である田辺元をはじめ、高坂正顕、高山岩男、西谷啓治、下村寅太郎、鈴木成高、三木清、戸坂潤といった人々である。彼らは西田哲学の強い影響下にありながら、各々が一つの峰として屹立している。西田の下に京都学派が生まれたことは日本近代の思想史上、特筆すべきことであるが、彼らを一絡げに評価することは困難である。

（けた・まさこ／京都大学名誉教授、宗教哲学）

鈴木大拙——西欧近現代との弁証法的格闘者としての「日本的霊性」

清 眞人

すずき・だいせつ（一八七〇―一九六六）
「大拙」は居士号、本名は貞太郎。東大在学中に釈宗演に禅を学び、一八九七年に米国に渡り、一九〇七年に英文著作『大乗仏教概論』を出版。妻は、アメリカ人の神智学徒のベアトリス・レイン。一九〇九年帰国。一九二一年に大谷大学内に東方仏教徒協会を設立し、英文雑誌『イースタン・ブディスト』（*Eastern Buddhist*）を創刊。一九五二年から一九五七年までコロンビア大学客員教授。彼はヨーロッパの神秘思想の日本への紹介にも熱心であった。一九四九年に文化勲章受章。西田幾多郎は青年時代以来彼の親友。彼の著作は約一〇〇冊に上るが、二三冊は英文であった。

大拙に注目したヴェーバーとフロム

「日本的霊性」とは、日本に育った宗教的精神の最上のものと鈴木大拙が考えたもの、具体的に言えば、禅と浄土宗の二つの展開形態を取って日本において発展した大乗仏教思想の精髄と彼がみなしたもの、すなわち、「即非の論理」に裏打ちされた「事事無礙法界」と呼ばれる宇宙観に基づく救済思想に彼が与えた概念である。

ところで、この概念に関してわれわれが何より注目すべきは次の事情にほかならない。すなわち、それがそもそも彼にとっては、二十世紀の人類史を領導する西欧近現代の文化動向、何よりその基底にあって苦闘する二十世紀のキリスト教精神との弁証法的格闘者――相互豊穣化をもたらす媒介者である――として設定されたという事情である。彼は、キリスト教精神の根本的志向性を「垂直性」と名付けたうえで、大乗仏教精神を比喩的に「水平性」と呼び、この二者の弁証法的格闘と相互補完的協力こそが、両者の側にそれぞれ二十世紀以降人類が抱える危機を救う最良の宗教的＝倫理的な精神力を産みだすはずだというメッセージを送るのだ。

こうした彼の思索の構えに西欧の大知識人のなかで誰よりも鋭く反応したのは、M・ヴェーバーとE・フロムである。前者は大著『仏教とヒンドゥー教』のなかで、大拙の思想的デビュー作と言い得る英文著作『大乗仏教概論』をこう評した。同書は、現代の西欧の知識界が大乗仏教とその基底にある神秘主義に向ける関心（まさに西欧の直面している精神的思想的課題に深く関連して）に即応して大乗仏教を解説した好個の書であり、自分も度々参照している、と。

また、フロムは彼を「禅と精神分析学」をテーマにしたワークショップの講師として一九五八年にメキシコ国立自治大学に招致し、その報告書を兼ねて後に発表した『禅と精神分析学』において、大拙の思想と自分の考える人間主義的な精神分析学とは「本質的に同じ」であると言明し、また『人生と愛』のなかではこう述べている。その同一点は『経済学・哲学手稿』に表現された「マルクスの思想の決定的根柢」と重なるものであり、事実ある時自分はマルクスの名前を伏せて同書の根本思想を示す箇所を大拙に読んで聞かせたところ、大拙はそれは禅の思想と同一であると答えた、と。

大拙の思索が担う対話性

なぜ、彼の「日本的霊性」論に直結する大乗仏教論がかかる注目を受けたのか、という問題はわれわれを次の問題に送り返す。彼が戦後すぐに出版する『霊性的日本の建設』は、実に戦中に書かれた『日本的霊性』の陰に秘匿されていた日本の天皇制的ファシズムとそれを支えた神道的イデオロギーに対する批判を、堰を切ってぶちまける体のものであり、まさに「戦後精神」の結晶の書とも言うべき内容のものである。実に同書およびそれに直結する『仏教の大意』では、なんと「日本的霊性」の「社会的活現」はおそらく日本社会の「社会民主主義」化を追求する政治的方向性と合流するはずだという展望すら語られるのである。
大拙の思索的試みの孕む潜在力についてもう一言しておきたい。戦中の三木清がおこなった「東洋的自然主義批判」は、「戦後精神」の民主主義的高揚をいわば予言せんとする思索の試みであった。とはいえ、三木の学識を知る者にとっては、それはニーチェのおこなったいわば「西洋的社会歴史主義批判」との相互媒介的な対決の場にまで進出してこそ、弁証法的な深みを獲得するはずのものであった。獄死によってその彼の試みは、弁証法的思考の前段階に留まったままで終わった。大拙のかの「垂直性-水平性」の対話弁証法の構想は、この三木の未完の試みにとって、実は先行者たる意義を隠し持つものと言えよう。そう読み解く作業に誰か着手しないものか！

（きよし・まひと／元近畿大学文芸学部教授）

出口王仁三郎——世界改造業者

出口三平

でぐち・おにさぶろう（一八七一―一九四八）

自称、世界改造業者。幼名上田喜三郎。京都府亀岡の小作農家に生まれ多感な青春期を過ごす。出生の秘を知り、不思議な霊的体験を経て、「世直し」を叫ぶ出口直（大本開祖）を綾部に訪ねる。一九〇〇年女婿となり、出口王仁三郎と改名。隠退を強いられてきた地球神（直に懸かる艮金神）の復権を手伝うことに。当然、国家神道やナショナリズムとはスタンスを異にし、当局による妨害弾圧を受け続けるが、大正期から海外にも影響を広げ、昭和初期には、国内でも八〇〇万人ものシンパを結集して、時代を問い、投獄され、教団壊滅の弾圧を受ける。戦後、人類将来への指針を残し、昭和二十三年に没した。

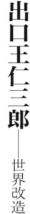

垣根を越えた世界へ

まことに漠とした話だが、日本人の五人にひとりは王仁三郎の影響を受けているという。大本系新宗教、スピリチュアリズム、合気道、エスペラント運動、自然農、食養活動等々と枚挙もできるが、具体的な活動以前の、もっと生命の根幹に関わる何かを王仁三郎に感じ、シンパシーを抱く人が多いようだ。

王仁三郎のことを悪く言う人は殆どいなくなったが、戦前は王仁三郎は極悪の「国賊」扱いで、昭和十（一九三五）年の大弾圧では大本教団は解散を命じられ、不敬罪、治安維持法違反の容疑で、王仁三郎も六年八カ月の長期にわたり投獄された。

戦後、白日晴天の身となり、「人類愛善」「万教同根」を柱とする「愛善苑」活動を指示し、その顧問には「中外日報」社主の仏教者・真渓涙骨と、同志社総長のクリスチャン・牧野虎次の両親友を迎えている。真渓は王仁三郎を「春風に灰を撒いたような男」と評し、牧野は「偉大な未成品」と賛す。王仁三郎の生涯は、大本開祖・出口直の筆先にある「たてかえ、たてなおし」の実践ともいえるが、スケールの大きな祝祭的生涯を送り、数々の著作、十数万首を数える短歌、無数の書画、至高の芸術作品「耀盌《ようわん》」も顕し、新日本へと托して昭和二十三（一九四八）年に昇天した。

大正十（一九二一）年にも第一次の国家弾圧を受けていた。官憲による神殿破壊の音を聞きつつ主教典『霊界物語』(全八十一巻)の口述を開始し、数年にしてその大部分を完成。同時進行でエスペラントを導入し、中国道院、朝鮮の普天教、イスラム系バハイ教などとの宗教提携を行う。大正十三(一九二四)年には、責付中ながら最終目的地・エルサレムをめざして蒙古に。途上帰国を余儀なくされるが、翌十四年には、北京で諸宗教代表者を集めて世界宗教連合会を発足させ、さらに踏み込んで人類愛善会を発足させる。万物への愛を説き、ディープなエコロジカルな世界が目指されていた。

王仁三郎の発言には意表を突くものが多いが、根は深い。「宗教はみろくの世になれば無用のものであって、宗教が世界から全廃される時が来なければ駄目なのである。主義・精神が第一であって、大本であろうと何であろうと、名は少しも必要ではないのである」などといい、宗教者ではなく「世界改造業者」と自認していた。

宿命的な国家神道との対決

明治以降の国家神道体制との対決は宿命的なものであった。殖産興業・富国強兵と国策遂行のためのナショナリズムが高唱され、帝国憲法では神聖不可侵の天皇が神の座に据えられる。人為の神に真の宗教性は望むべくもない。多様な宗教的活動を賑やかに重ね、新世界へと歩を進めた王仁三郎であったが、孤独でもあった。

「ただ一人　この地の上に捨てられし　こころ抱きて　神の道ゆく」

の歌は第二次弾圧事件間近の歌であり、「身を殺して仁を成す」体のドラマも敢行される。千座の置戸を負うスサノヲ、十字架を背負うキリストのような王仁三郎でもあった。

戦後（昭和二十年十二月）、新聞紙上に王仁三郎のインタビュー記事が掲載されている。

「本当の存在を忘れ、自分に都合のよい神社を偶像化してこれを国民に無理に崇拝させたことが、日本を誤らせた」と。

まだいろいろに、これからの世界に思いを托している王仁三郎であろう。

（でぐち・さんぺい／宗教哲学）

岡松参太郎——近代日本の「未完のプロジェクト」を体現

春山明哲

おかまつ・さんたろう（一八七一—一九二一）

一八七一年、肥後（熊本）藩の漢学者として著名な岡松甕谷の三男として生れた。一八九四年帝国大学法科大学を卒業、『註釈民法理由』の刊行で法学者としてデビュー。ヨーロッパ留学から帰朝した九九年新設の京都帝国大学法科大学の教授（民法担当）に就任した。直後、台湾総督の児玉源太郎、民政長官の後藤新平の委嘱を受け、臨時台湾旧慣調査会の第一部長として台湾の法制、社会慣習の調査である「台湾旧慣調査」を指導し『台湾私法』等の膨大な調査報告書を刊行するとともに、一九一四年まで第三部長を兼任して台湾民事法案の起草審議の中心となった。岡松は後藤の満鉄総裁就任後、理事として調査部の設立、東亜経済調査局の創設に関与し、大正期に入っては大調査機関構想や自治団体論の起草に関わるなど、生涯にわたり後藤のブレーン・スタッフとしても活動した。晩年は『無過失損害賠償責任論』、『台湾番族慣習研究』の著述に専念、中央大学教授在職中、一九二一年ベルギーでの万国学士院連合大会から帰国後、五十歳で亡くなった。

民法学史「第二期」の代表的学者

岡松参太郎という名を聞いても、どんな人物か思い浮かべられる人は多分少ないだろう。法学とくに民法学史の中では記憶されている著名な民法学者で、たとえば『法学教室』一九九五年四月号から一年間連載された「日本民法学者のプロフィル」で星野英一（東大名誉教授）によって取上げられた一二人、梅謙次郎、我妻栄、穂積重遠、石坂音四郎などと並んで、第九回で岡松参太郎が取上げられている。和仁陽東大助教授（当時）によるサブ・タイトルは「法比較と学理との未完の綜合」というもので、期せずして「未完」という言葉が出ているのに注目したい。

本シリーズ「近代日本を作った一〇五人」とは「近代日本とはなんであったか、現代日本の課題とどう切り結ぶのか」という問いと不可分の関係にあるだろう。「未完のプロジェクト」に終った近代、「構想されたが実現しなかったビジョン」も、探究の視座として必要と考える。

岡松参太郎は「法典論争」から民法典編纂にいたる時期に帝国大学法科大学で学び、新進気鋭の法学者として欧州に留学、帰朝後の一八九九（明治三十二）年、京都帝国大学法科大学教授として民法講座を担当した。東京帝大と対抗する新しい気風を持った京都帝大法科大学の基礎を作った一人であり、日本民法学史では「第二期」の代表的な学者とされている。

後藤新平のブレーンとして

ビジョンといえば「遠眼鏡」ときに「大風呂敷」と揶揄された後藤新平で、後藤はビジョンを裏打ちする緻密な論理と方法論を重視した。「法学」という学理的であると同時に実践的でもある領域の「頭脳」として起用したのが岡松参太郎である。岡松がヨーロッパ留学から帰朝してすぐ台湾総督府民政長官の後藤から依頼されたのが、台湾経営の基盤形成というべき台湾の土地制度を含む民事的な法制・慣習調査（台湾旧慣調査）と、それに基礎を置いた「台湾民法典」の編纂である。民法学者の石坂音四郎も法案起草に参加している。岡松は台湾法典の起草を通じて、日本民法の改革も展望していた。また、岡松はこれと並行して明治憲法の改正を含む台湾統治の基本法案の草稿も書いている。

岡松は後藤のビジョンに法学的な論理と方法を与えたと言える。臨時台湾旧慣調査会における調査と立法構想、満鉄の創設と経営に関する数々の提言と立案、特に満鉄調査部と東亜経済調査局の創設は、調査機関の「台湾モデル」の発展形でもあった。第一次大戦後には、イギリスの産業政策機関等の視察による後藤のビジョンを原敬首相に提案した「大調査機関論」の草案を岡松は書いている。さらには、自治団体論、東洋銀行設立構想など、「岡松参太郎文書」（早稲田大学所蔵）に残された「未完のプロジェクト」は興味深いものがあり、それらの歴史的意義については、これからの研究の沃野となるものであろう。

岡松はまた強靭な思考と構想力を持った学者であった。晩年までの約一〇年は、我妻栄がのちに激賞した『無過失損害賠償責任論』を上梓し、遺著となった『台湾番族慣習研究』全八巻がある。後者は台湾原住民族の人類学調査に基いて、人類の法を社会学的に究明しようとしたもので、「世界法」探求へのビジョンを抱いていたと思われる。五十歳という年齢で学問的後継者もなく逝った岡松ではあるが、近代日本の「未完のプロジェクト」を体現した、その意味で記憶されるべき人物であろう。

（はるやま・めいてつ／早稲田大学台湾研究所招聘研究員、台湾史・近代日本台湾関係史）

幸徳秋水——非戦論と無政府共産主義

山泉 進

こうとく・しゅうすい（一八七一—一九一一）

社会批評・運動家。本名は伝次郎。高知県中村町（現、四万十市）生まれ。生誕の翌年父親が死去する。幼くして自由民権思想の影響をうけ、中江兆民を師とした。一八九一年に上京、中江家に寄寓し、国民英学会に通い英語の勉強に励んだ。卒業後は新聞記者の道を歩み一八九八年『万朝報』に入社、一九〇三年「非戦論」を主張して平民社を設立、週刊『平民新聞』を刊行する。一九〇五年筆禍事件で禁錮五ケ月、巣鴨監獄に入獄する。その年十一月から翌年六月までアメリカに滞在。帰国後、「直接行動」論を主張する。またクロポトキンの思想的影響をうけ、「無政府共産主義」に傾斜する。一九一〇年六月「大逆事件」の首謀者として逮捕され、翌年一月十八日大審院にて死刑の判決を受け、六日後に処刑された。

一九一一（明治四十四）年一月二十四日午前八時六分、幸徳秋水は東京市ヶ谷、東京監獄で絞首台の露となって消えた。満で数えれば三十九歳であった。罪状は、明治天皇の暗殺を企てた、刑法第七三条の「大逆罪」に該当するものとされた。帝国憲法では天皇は、国の「元首」にして立法・司法・行政の統治権を「総攬」し、陸海軍を「統帥」し、さらに現人神として「神聖ニシテ侵ス」ことが出来ない存在とされた。従って、その天皇に「危害」を加えること、あるいは加えようとしたものに対しては、大審院に設けられた「特別法廷」において一回限りの裁判がおこなわれ、有罪となれば死刑が宣告される刑法上のシステムが用意されていた。幸徳秋水は、「近代日本」が作り出した統治システムに真っ向から反逆するものとして死刑にされた。

社会主義と非戦論

日本における社会主義は、日清戦争後における産業の発達がもたらす「社会問題」を解決する思想として研究され、運動としては日本とロシアの軍事的衝突に反対する「非戦論」として開始された。秋水は、それ以前に『二十世紀の怪物 帝国主義』（一九〇一）を書いて「愛国心」と「軍国主義」からなる「帝国主義」を批判し、『社会主義神髄』（一九〇三）により「社会主義」の必要性を説いていた。

開戦論に転じた『万朝報』を退社した幸徳秋水と堺利彦が一九〇三年十一月に創刊した週刊『平

民新聞』の巻頭言の「宣言」には、自由民権運動を継承して「自由」「平等」「博愛」が人類生存の最も重要な理念であると謳われている。そして、「自由」を実現するためには「平民主義」（英文欄では democracy）、「平等」を実現するための「社会主義」、「博愛」を実現するための「平和主義」が必要であると説いている。

ここで注目すべきことは、これらの理念の実現がナショナリズムを排除した「人類」の立場から主張されていること、また「平和主義」は、「自由」と「平等」の実現を前提とし、具体的には「軍備の撤去」による「戦争を禁絶」することを目ざしたことである。

直接行動論と無政府共産主義

政府による言論弾圧によって入獄を余儀なくされた秋水は、出獄後アメリカへ健康回復をかねて逃亡する。サンフランシスコにおけるロシアからの亡命者たちとの交流と世界革命運動についての情報収集、クロポトキンからの思想的影響、大地震による文明の崩壊と相互扶助の経験、さらには在米日本人社会主義者を中心とする社会革命党のオークランドでの結成、これらが秋水の思想に変革をもたらすことになる。秋水は、帰国直後の歓迎会において、これまでの社会主義運動の方針であった普通選挙の実現と議会を通しての社会主義の実現、つまり「議会政策」を否定し、「直接行動」を主張する。そのことは思想的にも議会主義的・合法的「社会主義」（社会民主主義）を否定する「無政府共産主義」の主張にもリンクすることになる。

「大逆事件」は、秋水の主張する「直接行動」を「天皇暗殺」と読み替え、「無政府共産主義」を天皇中心の国家体制（国体）を否定する思想として断罪した。罰したものは秋水の「信念」であった。

考えてみれば、明治維新から「文明開化」と「富国強兵」のスローガンのもとに維新の変革者たちが作り上げてきた「帝国日本」という組織は、七十七年先の「敗戦」により崩壊した。戦後の復興から七十七年、ノスタルジーに晒されながらも、秋水が主張した政治的自由、経済的平等、戦争禁絶の理念は現在の憲法として維持されている。「近代日本」を作ったのは誰か。私は、日露戦争後の「帝国日本」をラジカルに批判した幸徳秋水の側に加担する。

（やまいずみ・すすむ／明治大学名誉教授、社会思想史）

添田唖蟬坊——近代流行歌の祖

土取利行

そえだ・あぜんぼう（一八七二―一九四四）

神奈川県大磯の生まれ。十八歳の時横須賀の街頭で壮士演歌に出会い、以後青年倶楽部で演歌活動開始。三十三歳で堺利彦と出会い「非戦論」に開眼。社会党評議員ともなり作詞作曲、歌を通して社会改良に取り組み「ラッパ節」を初め多くの名作を生み出す。四十代には「演歌」の普及に取り組み出版活動にも従事。六十代で演歌活動をやめ四国遍路の旅に出る。長男添田知道が十六歳の時から演歌活動に入り、演歌二代と呼ばれ、親子で二百曲以上の歌を残す。なお知道最後の内弟子となった桃山晴衣に正調が伝授され、彼女のパートナー土取利行がその遺産を「唖蟬坊・知道を演歌する」（立光学舎レーベル）として六枚のCDに歌い残している。

演説歌から演歌へ

戦後、日本の歌謡史においては曖昧な歌の呼び方が継承されている。演歌というのもその一つ。その名は明治二十年頃、自由民権壮士たちが時の政府に批判演説を阻止され、演説内容をカモフラージュした歌で訴えだした〈演説歌〉に由来。それを短く〈演歌〉と呼んだ。

当時、民権壮士たちは街頭に立ち放吟で民衆を引き寄せ、歌詞を記した歌本を売って生活の糧とした。十八歳で壮士演歌集団の活動と歌に惹かれた添田平吉、後の唖蟬坊は東京の青年倶楽部に入団。その美声と歌のうまさで注目を浴びた。しかし時の経過とともに、自由党は衰退し、党応援団としての青年倶楽部は解散。仲間を失った二十八歳の平吉はここで東海矯風団を立ち上げて演歌活動を続ける。

一〇年近く共にあった壮士たちの演歌は単調な節ばかり。これに対し、平吉は子供の頃から馴染んできた小唄調の歌を不知山人の名で歌いだしていた。彼が理想とした〈心に染みる〉演歌の胎動だ。

唖蟬坊を名乗る

演歌師、添田唖蟬坊の名が広く世に知れ渡ったのは『ラッパ節』のヒットからだろう。日露戦争下の明治三十八年、添田は入門してきたテキヤ女性の助言で、演歌に滑稽味を加える。国威発揚の軍歌が蔓延する巷で、この「ラッパ節」は民衆の心をつかみ、歌本を求めて人が殺到した。平吉はこの「ラッパ節」を、のむき山人の名で発表した。

非戦に傾いていた彼は社会主義者の堺枯川と出会う。ラッパ節の新作「社会党ラッパ節」を堺の要望で書く。この時から添田平吉は歌本に添田唖蟬坊と明記する。また社会党評議員となった唖蟬坊は、地方を遊説し、「あきらめ節」「ああ金の世」「わからない節」など、風刺に満ちた歌を立て続けに発表。社会党との繋がりで主義者として尾行に追われ、歌本は次々没収、発禁となる。主義者への弾圧はさらに強化され、唖蟬坊が党員として活動を始めた五年後には大逆事件が起こり、幸徳秋水らが虐殺された。

その明治四十三年、唖蟬坊をさらなる悲劇が襲う。妻タケ、二十九歳の夭逝である。唖蟬坊は傷心のまま流泊を続け、演歌活動もままならぬ日々が続く。しかし天は彼から歌を取り上げなかった。唖蟬坊に「芸術的良心」が湧き立ち「むらさき節」が生まれたのだ。「政治運動の具」でなく「壮士的概念むき出しの放声」に過ぎなかった歌でもない「心に沁みる」新たな歌が結実したのである。「むらさき節」は一世を風靡し、歌本は印刷が追いつかぬほど売れた。しかしこの時期、唖蟬坊は世俗の生活とは程遠い下谷山伏町の貧民窟、いろは長屋に移り住む。臥竜窟となづけた四畳半一間の家で、大正十二年の大震災で家が崩壊するまでの一四年間、日本初の貧民学校に通う息子の知道《ともみち》と暮らす。臥竜窟時代の大正七年に「ラッパ節」同様の滑稽味を持たせた「のんき節」を書く。第一次大戦での物価暴騰に喘ぐ庶民、米騒動の勃発、スペイン風邪と揺らぐ社会の中、強烈な社会風刺を織り込んだこの歌は演歌師啞蟬坊の名を再認させた。またこの年、啞蟬坊は知道に歌を作らせ、十六歳のデビュー曲「東京節」が瞬く間に街角に広がった。

その後も啞蟬坊・知道の二人は二百曲以上の歌を書き続け、大衆の心を摑み続けた。啞蟬坊は大震災の二年後に「金々節」を書き残し演歌活動を終え、桐生での半仙生活、八年に及ぶ四国遍路への旅に出る。

一貫して無伴奏の歌手だった添田啞蟬坊。後にバイオリン演歌が流行しても彼は美声ゆえ伴奏を要としなかった。

啞蟬坊の歌を「自分の中の思想の動き、思想への関心のあり方がすぐに歌に現れる」と評する人がいる。反骨の竜、さもありなんことである。

（つちとり・としゆき／音楽家）

津田左右吉——もう一つの「国民国家日本」の形成

子安宣邦

つだ・そうきち（一八七三—一九六一）

大正・昭和期の歴史学者・思想史家。東京専門学校卒業。白鳥庫吉に師事し、満鉄の満鮮史地理調査室員となる。以後中国思想史をはじめ、日本古代史の研究を進める。同時に日本文学・思想から美術・音楽・演劇にいたる博大な知識を蓄積し、『文学に現はれたる我が国民思想の研究』全四巻を刊行する。津田は記紀神代史をめぐる文献批判的研究を通じて、民族神話・国民神話の意義を否定した。そのため右翼の攻撃をうけ、その著書が発売禁止にされる。津田は戦後の進歩派歴史学の研究に大きな影響を与えたが、やがて鮮明にされた天皇制護持の立場などによって、津田評価は反転する。一九四九年に文化勲章を受章する。

近代日本に対峙する津田の著作

津田左右吉の『神代史の新しい研究』が刊行されたのは大正二（一九一三）年である。津田四十歳のときである。これが最初の著述の刊行であった。それまで津田には読書・研究による長い蓄積過程があった。この書に継いで『古事記及び日本書紀の新研究』が大正八年に、そして改訂というよりはむしろ新稿として『神代史の研究』が大正十三年に刊行された。その間に『文学に現はれたる我が国民思想の研究』の第一巻「貴族文学の時代」が大正五年に、第二巻「武士文学の時代」が同六年に、さらに第三巻「平民文学の時代 上」が同八年に、第四巻「平民文学の時代 中」が同十年に刊行されるのである。

これは学術的著述の驚くべき連続的刊行である。それらはいずれも浩瀚にして詳密な研究的著作である。時期は大正三年から十三年にいたる十年間である。もちろん津田の著述活動は終生休むことなく続く。だが二十世紀日本に衝撃的な歴史問題を構成させた津田の『神代史』と『我が国民思想』とはこの大正の十年間に刊行されたのである。この時期における津田の学術的著述の連続的刊行は、その比を容易に見出しえない異様ともいえる事態である。ことに『我が国民思想』全四巻で扱われる対象世界の時間的・事象的な途方もない広がりを見るとき、私は驚きをもってこの時期における津田という歴史家の出現を思わざるをえない。

明治維新からわずか四十余年を経た日本は、大正のいま第一次世界大戦に参戦し、世界大国の一つとして帝国主義的覇権国家の時代を迎えようとしている。その日本に津田はいま博大な知識と強靭な批判的思考力とをもって、この国家に、それと等しい大きさの思想史的著述を成しながら対峙しようとしているのではないか。

「神代史」批判の衝撃

津田はわが「神代史」とは「皇祖を日の神とするという思想を中心として、皇室の由来を説いたものである」といい切る。いわゆる「神話」的説話をもった「神代史」はこの制作意図にしたがって潤色編成されたものであり、その意味で記紀「神代史」は「作り物語」だと津田はいう。日本「神代史」は皇室の「神話」的由来を語るための朝廷官人の制作物であり、そこに日本民衆の表現とみなされるものは全くないと津田はいう。これは「神代史」という歴史的言説的構成物の解体作業である。だがこの作業は「神代史」に大和朝廷という統一王権の成立の由来、地方諸豪族との融和的な統合による日の神＝天皇朝廷の成立の由来をこそ明らかにするのであって、それを疑ったりするものではない。むしろこの「神代史」テキストの津田による解体的解読が導くのは、「神代史」におけるわが民衆の不在である。

津田によるわが「神代史」の批判的解読作業は大きな衝撃を与えた。だがその衝撃の大きさは、津田がその批判的解読作業に託した思想的意図を見えなくさせてしまった。

津田渾身の『我が国民思想の研究』

津田の「神代史」批判は、「国民国家」の形成を急ぐ明治日本が、民衆不在の記紀「神代史」を国家成立の始原の聖典としている欺瞞、すでに民衆をも包括しているこの歴史的欺瞞に向けられるものであった。だからこそ津田のわが「神代史」批判は、真の「国民国家日本」の内発的な主体である民衆=国民的日本人の成立を歴史的に問う「我が国民思想」の研究をともなわねばならなかったのである。

だが日本文化・思想の表現主体としての民衆=国民の内発的、自立的な成立を歴史的に問う津田の『我が国民思想の研究』の刊行は、戦後の改訂を経ながら、明治維新とその後を扱う第五巻を未完にして終えられた。これは現実の近代国家日本の形成に対峙してなされた津田渾身の歴史的作業である。それはもう一つの「国民国家日本」の形成作業でもある。

（こやす・のぶくに／日本思想史）

高浜虚子——類想句の新天地を示した超近代作家

筑紫磐井

たかはま・きょし（一八七四—一九五九）
　明治七年愛媛県松山で生まれる。同郷の先輩正岡子規の影響で俳句を始め、河東碧梧桐とともに双璧とされる。柳原極堂の雑誌『ホトトギス』を引き受け、日本派の機関誌となる。夏目漱石と親交があり、「坊っちゃん」「吾輩は猫である」を同誌に発表。『ホトトギス』からは、大正期には飯田蛇笏、渡辺水巴、原石鼎、前田普羅、昭和期には水原秋桜子、山口誓子、高野素十、日野草城、中村草田男、川端茅舎らの俳人を育成した。句集に『五百句』、俳論に『虚子俳話』等多数。「客観写生」「花鳥諷詠」を指導原理とした。朝日俳壇選者を務め、文化勲章を受章し、昭和三十四年に逝去。俳句を家業とし、次女星野立子、長男高浜年尾も俳人。次男は作曲家・音楽教育家・俳人の池内友次郎。

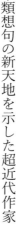

「題詠」を重んじた虚子

十年前、いや二十年前なら、このテーマで虚子は出てこなかったであろう。自ら、「守旧派」を名告《なの》り、それにふさわしい作品を詠んできた虚子は言ってみれば反近代主義者であり、虚子に反対することこそが近代の証明であった。

私が俳句を始めたのは昭和四十年代の後半であった。当時いやと言うくらい聞いた言葉が「前衛対伝統」という言葉であり、前衛の頭目を高柳重信とおくか、金子兜太とおくかは議論があったが、伝統の奥の院に坐っているのは虚子であった。前衛が近代とすれば、虚子は反近代であったのだ。

それがこの企画（近代日本を作った一〇五人）のように変わってきたのは、私の鑑賞眼が鈍ってきたと言うばかりではあるまい。当時考えていた近代と、現在考えている近代とが変わってきたのだ。

虚子の俳句は、客観写生といい、花鳥諷詠と言われている。しかし写生は、虚子の師である子規をはじめ、短歌でも広く使われている。虚子の写生のみを正しいというわけにはいかない。むしろ虚子の本領は花鳥諷詠というべきであろう。

花鳥諷詠とは何か。花鳥を諷詠することだという、花と鳥ばかりを諷詠することかと聞かれ、虚子は花鳥というのは例に過ぎず、季題を諷詠することだと答える。季題とは季語よりももっと古い語感を持ち、単なる季節のことばというより、短歌や俳諧で使われ伝統的に再生産された約束の言葉なのであるという。それなら、季題諷詠をもっと分り易く題詠と言ってしまったほうがよいかもしれない。

実際、「題詠」という言葉を馬鹿にしてはいけない。世界文学の始まりも題詠なくしてはあり得ないからだ。万葉集も、中国の古い楽府《がふ》も、アイヌの叙事詩ユーカラも、北欧文学のエッダや中世のマイスタージンガー（職匠詩人）の詠った歌も結局は題詠なのだ。古いといってこれを捨て去ってしまっては我々の文学はあり得ない。虚子が題詠を重んじたのは、決して間違っていなかった。

類想の新天地を作品に

しかし題詠文学には類想という免れがたい問題がある。題詠文学が、個人の個性を重んじた近代になって行き詰まったのはここに原因がある。だから現代文学は題詠文学を乗り越えようとした。例えば題詠の根源を科学的に探求するというのは如何にも近代的な方法だ。しかしこれでは研究にとどまり、文学活動にはならない。

虚子がとった方法は、題詠が類想を生むなら、行きつくところまで類想を進めさせて、類想の新天地を作品で示してみようというものであった。これは超近代的手法といってよいかも知れない。およそこんな手法をとった作家は今までいないだろう。

しかし結果は意外なことになった。マンネリズムの塊のような題詠文学の中に傑作が生まれたのである。それは文学と言ってよいかどうかも分からない。しかし、万が一文学が亡びたとしても、こうした俳句は間違いなく残りそうなのだ。

箒木《ははきぎ》に影といふものありにけり
流れ行く大根の葉の早さかな
大いなるものが過ぎゆく野分かな
初蝶《はっちょう》来何色と問ふ黄と答ふ
去年今年《こぞことし》貫く棒の如きもの
明易《あけやす》や花鳥諷詠南無阿弥陀

私はこれを「本質的類想句」と呼んでいる。単なる類想句ではない、鍛錬に鍛錬を、修練に修練を繰り返してできあがる究極の類想句である。類想句であるが誰も真似できない。類想句の理想なのだ。

虚子が近代日本を作った一〇五人になる資格はこれにより得られたのである。

（つくし・ばんせい／俳人）

チャールズ・ビーアド――自治の精神を訴えた歴史家

開米 潤

Charles Austin Beard（一八七四―一九四八）

米インディアナ州生まれ。コロンビア大学教授。第一次世界大戦下で、大学総長の偏狭な米国主義により三人の教授が解雇されたのを機に、大学を去った。一九一七年、ニューヨーク市政調査会理事に就任。二二年九月、東京市長、後藤新平の招請で初来日。半年に亘る調査研究の集大成『東京市政論』は日本の市政研究の先駆けとなった。翌二三年関東大震災直後に再来日。「帝都復興の恩人」として活躍。戦後の日本の都市計画にも示唆を与えた。米歴史家協会会長などを歴任。四八年九月死去。享年七十四。

著書に『ルーズベルトの責任――日米戦争はなぜ始まったか』（上・下、二〇一一年、藤原書店）など多数。

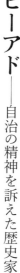

大正十二（一九二三）年九月、関東大震災で〝東京が壊滅〟とのニュースに接した歴史家チャールズ・ビーアドはただちに東京市長の後藤新平に電報を打った。これを機に、東京市が取り組んでいた市制改革を推進するための方針と震災からの復興案を提言するためだった。

さらにビーアドは、歴史学者の妻メアリとともに米大陸横断鉄道に飛び乗り、シアトルへ、そして太平洋を横断する汽船に乗って横浜港に到着したのである。大震災から一カ月半。「被災者には絶対に迷惑をかけない」。ふたりは一カ月分の食料とテントを持参していた。

肝胆相照らす後藤とビーアド

ビーアドが初めて日本に来たのは一年前のことである。政府は東京市政の汚職体質を刷新するため、すでに大政治家であった後藤新平を市長に起用。だが、問題は根深く、さすがの後藤も悪戦苦闘していた。そんな折、ニューヨーク市が様々な改革を行い悪弊に決別、その裏にはビーアドの存在があったことを知った。

後藤は、当時、ニューヨークに滞在していた女婿の鶴見祐輔に指示、ビーアドの来日を求めた。鶴見によると、東京駅で初めて会ったふたりは、狭い馬車内で、〝つたない〟ドイツ語で会話を弾ませ、笑い声が絶えなかったという。

ビーアドは、有能な若手官僚らに話を聞き、足繁く現場を見て回った。糞尿処理施設にも足を踏み入れたという。現場から戻ると「サンドイッチを頬張りながらタイプライターを打つ」。後藤とも度々、会談、ふたりは肝胆相照らす仲になった。

そして出来上がった一冊の報告書は、東京市が翻訳、後に『東京の行政と政治』（一九二三年十月）として公刊された。財源なども克明に明示した大胆で先鋭的な計画案だった。

昭和天皇に影響を与えた『帝都復興意見書』

外国人に助言を求める必要はない、多額の報酬をもらっている——との声があったのも確か。だが、半年間の滞在中、ビーアドは一切、報酬を受け取らなかった。周囲が大正天皇に謁見させようとしても首を縦に振らなかった。「アメリカに帰り、日本を弁護しようとしても、報酬や勲章をもらっていたのでは自分の言葉に耳を傾けてくれる人はいない」。これを聞いて後藤は「金も受け取らない、勲章もいらん、陛下にも会わない。ああいう人は扱いに困る。古武士のようだ」と苦笑した。

ビーアドはこの間、後藤の勧めで全国を回り、市井の人々に「自分たちの街は市民自らが作らなければならない」と自治の精神を訴えた。そんな真摯な言葉を聴こうと、時には雨でぬかるむ道をものともせず、多くの人々が講演に詰めかけたという。

震災後にビーアドが策定した「帝都復興意見書」も、先進的すぎて、受け入れられなかった。薫陶を受けた政治学者の蠟山政道も「先生の思想は早すぎた」。しかし、提言の多くは戦後、少しずつ形をなしていった。昭和天皇が後に感銘を受けた本を問われ、この本を挙げたという。

日米問題の本質は中国問題

日米関係は当時、大きく揺れていた。一九二四年七月、排日移民法が施行され、日本の国民感情が悪化、それで米国側の世論も一段と硬化した。そんなとき、ビーアドが『日本との戦争』という雑誌論文を発表した。実に刺激的な見出しだが、中身は違った。日本人移民の脅威論に「根拠はない」。日本が戦争を仕掛けてくるはずがないことを「知性ある米軍人で知らない人はいないはずだ」ときっぱり。

そのうえで「日米問題の本質は移民問題ではなく、中国問題である」と力説、中国で帝国主義的行動を強めていた米政府の動きを非難したのである。

（かいまい・じゅん／ジャーナリスト）

福田徳三――福祉社会の先駆

田中秀臣

ふくだ・とくぞう（一八七四―一九三〇）

日本の近代経済学の父。ドイツ歴史学派のブレンターノに師事。マーシャルやピグーらのイギリス新古典派経済学の影響も受ける。生存権の社会政策を唱え、今日の福祉社会論の先駆者のひとりである。東京高商（現一橋大学）や慶應義塾大学の商業教育、経済学教育に重大な足跡を残した。特に前者では中山伊知郎、後者では小泉信三らが、「福田経済学」の代表的な後継者である。

福田はマルクス経済学の日本への導入にも重要な足跡を残していて、また同時に最も手ごわい批判者としても君臨した。河上肇はその意味での終生のライバルであった。現在、福田の業績を総覧できる『福田徳三著作集』が刊行中である。

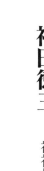

進む再評価

福田徳三の再評価が加速している。明治後半から昭和初頭にかけて日本の経済学をリードした巨人は、福田徳三と河上肇だった。福田と河上は、当時の経済論壇をリードし、その貢献はアジアや欧州でも広く認知されていた。両者の死後、ふたりの評価は最近までかなり非対称的なものだったといえる。河上には優れた編集による著作集や全集が早くに完備し、彼の業績についての研究や一般への啓蒙も盛んだった。他方で、福田の評価は長く放置されていた。状況が変化しだしたのは、二十世紀の終わりごろからであった。東西冷戦の終焉をうけ、世界がグローバル化をすすめる中で、先進国の経済体制――福祉国家レジーム――の見直しが検討されてきた時勢と一致する。福田の専門的研究が複数の異なる分野（経済、法律、政治など）で意欲的に開始された。一橋大学図書館を中心とする書誌学研究も一挙に進んだ。この流れは、二十一世紀の今日、筆者も関係する『福田徳三著作集』（福田徳三研究会編、信山社、刊行継続中）などに結実している。またＮＨＫが福田徳三を日本の近代を生んだ人物のひとりとして紹介するなど、再評価は一般レベルでも進んだ（『日本人は何を考えてきたか』大正編）。

では、福田はどういう意味で日本の近代を生み出したのだろうか？　一言でいうと、福祉社会の先駆としての意義である。福田の経済学は、ドイツ歴史学派とイギリスの厚生経済学の伝統を受け継いだものだった。今日のグローバリズムの思想的基盤ともいえる「市場原理主義」的な見方と、福田の考えはまったく異なる。市場はそのままで放置すれば、働く人たちや経済的な弱者を困窮化させる過酷な機能を持っている。福田は、市場メカニズムは、国家や社会との対抗や協調の中でこそ、上手く機能するだろうと考えた。

社会はそれ自らの力で、または社会が国家に働きかけることで、この市場の暴力を抑制することが必要である。具体的には、国家が人々の生存権を認めること、労働法規の整備、組合活動への社会的支援、賃金・待遇の改善、失業者対策などである。今日の憲法では、すべての国民が「健康で文化的な最低限度の生活」を営む権利が保障されている。この戦後の生存権の保障は、日本の福祉社会の法的基盤のひとつである。もちろん本当にこの生存権が保障されているかは、深刻な課題のままだ(参照、立岩真也他『生存権』同成社)。

福田と今日の憲法との関係は自明ではない。ただ現行憲法の人権関係の条文に伏在する理念の多くが、福田の生存権を中心とした発言の数々に、明示的に読み取れることは確たる事実である。日本国憲法の理念はその意味では、単なる占領軍の「押し付け」の産物ではない。日本の社会に根をもっていた。

女性の労働状況改善を訴える

福田の経済学の特徴を、女子労働問題に即して簡単にふれたい。福田はマルクス主義に対して非常に強い対抗意識を持っていた。マルクス主義の女性（労働）観を、唯物史観に基づく階級主義的なジェンダー平等論として福田はとらえた（ジェンダーという用語を福田はもちろん利用してはいないが）。他方で、彼はマルクス主義の唯物史観を、膨大な人類学的知見から否定し、独自の史観を提起することで、彼なりの女性（労働）観を鍛えた。

福田の歴史観は、「流通社会論」と総称できるものだ。人類はその歴史の始めから強者と弱者の経済的な力の差が顕在化する交換（＝流通）社会である。女性は典型的な経済的弱者の地位に甘んじているとし、製糸工場の女工の過酷な待遇や、関東大震災で被災した女性たちの失職状況を特に念入りに調査し、その現状の改善を福田は訴えた。

福田のジェンダー論的な側面も含めて、その福祉社会論の今日的意義は尽きることはない。

（たなか・ひでとみ／上武大学教授）

柳田国男——下方からの近代日本の受肉をめざした思想家

赤坂憲雄

やなぎた・くにお（一八七五—一九六二）

漢学者・医師松岡操の六男として飾磨県神東郡辻川村（現在の兵庫県神崎郡福崎町辻川）に生まれる。桂園派の歌人・国文学者で医師でもある井上通泰他「松岡五兄弟の一人」。大審院判事柳田直平の養子。農商務省に入り、法制局、宮内省をへて、一九一四年貴族院書記官長。退官し二〇年朝日新聞社の客員、次いで論説委員。早くから全国を行脚し、山間辺地をも訪ね、〇九年日本民俗学の出発点といわれる「後狩詞記」を出版。以来、「石神問答」「遠野物語」「山島民譚集」など多数の著書がある。三五年日本民俗学会の前身「民間伝承の会」、四七年民俗学研究所を創設。編著は一〇〇余にのぼる。

「根源ひとつ」を探し求めて

柳田国男はおそらく、近代日本が国民国家として形をなしてゆく現場に立ち会いながら、それをあくまで下方から受肉することをめざした思想家であった。郷土研究といい、民俗学という、その知の方法には一貫した作法が沈められている。上からの、統治者の眼差しによっては、少なくともそれだけでは近代を豊かに受肉させることはできないという信念が、柳田に固有の経世済民の志には貼りついていた。東京帝大で農政学を学び、農業政策や法制度にかかわる官僚として活躍し、貴族院書記官長にまで昇りつめ、ついには権力闘争に巻き込まれて下野するにいたった柳田は、その経歴からして、国家とはなにか、権力とはなにか、といったテーマを体験的に熟知していたはずだ。だからこそ、柳田は下方から国民国家としての受肉をはかることをめざしたのである。

明治・大正期の柳田の論考を読んでいると、まるで呪文かなにかのように、「根源ひとつ」という言葉が散見することに気づかされる。それはいわば、社会の表層に、まるで脈絡もなく、繋がりもなく転がっている人やモノや現象を前にして、柳田がときおり呟くように洩らす言葉のひとつだった。

たとえば、柳田がその前期、つまり明治・大正期に取り組んだ重要なテーマに、エタ・非人から雑種賤民などにいたる差別された人々＝非常民の歴史の掘り起こしがあった。社会的な表われとしては、およそ有機的な繋がりを見いだしにくい人やモノや現象のなかに、ある共通性らしきものを手探りしながら、そこに秘め隠された意味を浮き彫りにしてゆく。漂泊と定住という枠組みのなかで、漂泊・遍歴や遊行、浮浪といった生存の固有の様式に光が当てられる。そして、共同体に囲われた常民たちと、その外部を遍歴する非常民とが交わすやり取りのなかに、異質なるものが対等に交流しあう文化が見いだされた。そこに、差別を越えてゆくための思想的な契機が、まさに経世済民の志とともに浮上してきたのである。

それはまた、折口信夫とは異なった方位からの、宗教と芸能をめぐる民俗史の試みでもあった。たとえば、柳田の「毛坊主考」／「巫女考」という画期的な対をなす論考において、宗教と芸能とが交歓する史の景観がもっとも鮮やかに語られていた。それら被差別の民と天皇との秘められた関係が、つかの間露出する瞬間があった。

共通の民俗文化と「ひとつの日本」

「根源ひとつ」という呪文は、こうした歴史的な時間の相においてばかりではなく、日本列島のうえに展開する空間の相においても、とても興味深い形で顕在化してくる。柳田は昭和期に入ると、稲作や祖霊信仰にまつわる常民生活史に向けて、みずからの民俗学の体系化を推し進めてゆく。その過程に、「南北の一致」や「東西の一致」といった、やはり呪文のような言葉がくりかえし登場する。

柳田は大正後期、野（の／や）に下ると間もなく、列島の北の東北へ、南の沖縄へと精力的な旅をおこなっている。その紀行である『雪国の春』や『海南小記』のなかに、それら「南北の一致」や「東西の一致」という言葉が、あきらかに鍵をなす呪文の言葉として姿を現わすのである。明治以降、日本という国民国家の版図のなかに、ひとつの日本・ひとつの日本人・ひとつの日本文化が自明なるものとして存在していたわけではない。柳田が民俗学の組織化のなかで強調したのは、日本列島の遠く隔てられた南や北、東や西の地方に、互いに知ることなく共通する民俗文化が営まれていることだった。そうした遠隔の一致を手がかりとして、ひとつの知の体系として民俗学を編み上げることがめざされたのである。

柳田はくりかえすが、下方からの近代日本の受肉をめざした思想家であった。はたして、民俗学の命脈は尽きたのか。わたしはいまだに、この問いの前に立ちすくんでいる。

（あかさか・のりお／民俗学）

伊波普猷――「日本」の枠を嵌めた「沖縄学」の創始者

伊佐眞一

いは・ふゆう（一八七六―一九四七）

一八七六年、琉球国時代の那覇・西村に生まれる。沖縄人蔑視の日本人校長を排斥するストライキ事件で中学を退学処分となり、一九〇〇年に第三高等学校へ進学。のち東京帝国大学文科大学で言語学を学び、本格的な沖縄研究の道に入る。卒業後、沖縄で広範な民衆の啓蒙活動を行う。一一年刊行の『古《こ》琉球』は、「沖縄学」の出発をしるした記念碑的著作。大正末、妻子を捨てて愛人と上京し、『おもろさうし』を中心とする研究生活に専念。四五年四月上旬、米軍の沖縄上陸の報に接し、「皇国民としての自覚に立」つ琉球人の奮闘を促す檄文を『東京新聞』に寄稿した。四七年に脳溢血で死去。

日本を絶対視する思考

「琉球・沖縄」を「近代日本」にガッチリと精神的に組み込んだという意味で、伊波は特筆せらるべき大功労者といってよい。そのことを確認するには、まず次の歴史事実を踏まえておく必要がある。ひとつは、西暦一八七九年、当時の琉球では光緒五年と呼んだ年号だが、それまでの琉球が日本とは別個の、れっきとした国家だったという点。もうひとつは、明治国家による武力併合をうけて以後、沖縄の政治や土地の制度など、社会・経済の根幹をなす機構が一律に日本と同じに敷きならされていくのと併行して、琉球・沖縄人の自己認識、つまり自分がウチナーンチュなのかどうかが、大きくグラつき始めたことである。

日本国家、もしくは広くヤマトの側からみた場合、伊波の「貢献」は、沖縄人としての根を脆弱にし、亜流日本人としたことにある。漠然とした話では仕様がないので、わかりやすい例をあげるが、琉球国がいわゆる「琉球処分」で滅亡したとき、当時の琉球王府の為政者たちはむろんのこと、島嶼文化圏に住む沖縄民衆のなかには、ひとりとして自己を「日本人」と言う者はいなかった。それが、早くも明治二十年代後半になると、われこそは日本人と称する沖縄人、あるいは自分が沖縄人なのか日本人なのかよくわからないという人間が出現した。日露戦争時に及んでは積極的に「皇国民」を誇る者までが登場する。上からの有無を言わさぬ公教育の普及・徹底と併せて、それに反比例するかのような「沖縄的なもの」の隠滅と忘却が進行する。そのなかで、沖縄の民衆がおずおずと「日本」を絶対視する思考を受容していく。それを在野で強力に牽引したのが伊波普猷なのである。

沖縄に関する学際的なフィールドを開拓した伊波の学問を「沖縄学」と呼んでいる。それは要約すれば、「日本のなかの沖縄」と「沖縄の独自性」を両輪にしていることになろうが、貶められた沖縄の歴史と文化の一応の復権は、世界における唯一無二のユニークさの発揚となって、沖縄の人びとに誇りと希望を与えたともいえよう。しかし、その個性はあくまでもヤマト文化とのつながりというか、ヤマトを根源とする存在とみなされる。

沖縄人の精神的自立を喪失させる

伊波は当初、言語の面から琉球と日本を姉妹の関係と規定したが、大正後期には親子の上下関係へと修正した。彼は学問による科学的な結果だとして、日本を母体にした琉球のありようを説いてやまなかった。たかだか半世紀にしかならない日本との同居が、いつしか「祖国」にまで変化したのは、教育者など沖縄知識人たちの働きがじつに大きい。そして一九七二年の「本土復帰」以後には、日本の国家予算で琉球国の象徴である首里城を復元しても、何ら危険性が生じないまでに去勢されたのが、今日までの琉球文化圏に住む沖縄人の意識でもある。

こうしてみると、日本国は沖縄人の精神的自立を喪失させた伊波の業績に対して、勲一等を授与してもおかしくはない。しかし、近現代史における日本（ヤマト）の沖縄への断固たる姿勢と処遇は、日本を絶対視してきた思考——日本は大昔から同祖たる祖国であり、沖縄は日本のなかでしか生きていけないとする伊波の思想を浮き上がらせ、沖縄人による正面からの自己批判と学習を誘発している。というよりも、沖縄にとっての「近代日本」は、伊波のいう「奴隷解放」でなく、新たな鉄鎖ではないかとの問いさえも出されるまでになった。

結局はどれほどの地理的条件や天皇とは無縁の歴史・文化上の固有性があったにしても、日本への依存根性の精神基盤があるかぎり、彼らに真の自立はありえない。そのことがまさにこれまでの沖縄にいえるわけで、近代沖縄に巣喰うドレイ根性から抜け出るには、わが内なる伊波を踏み越えていくしかないのである。

（いさ・しんいち／沖縄近現代史家）

埴原正直——人種差別と闘った外交官

チャオ埴原三鈴

はにはら・まさなお（一八七六—一九三四）

山梨県に生まれる。埴原家は数百年続いた武家であった。東京専門学校（現早稲田大学）政学部卒業後、外務省入省。ワシントン大使館書記官、サンフランシスコ総領事。帰国後、外務省通商局長、政務局長、四十三歳で外務次官。一九二三年、史上最年少で駐米全権大使。米国とその国民感情への造詣の深さは両国の外交畑で重用され、日米関係強化推進の原動力であった。駐米滞在通算一六年は外務省として珍しい経歴。一九二七年退官後、外交評論の論客となり、排日移民法通過後悪化する日米関係の改善策を説くと同時に、田中義一の対中政策批判を始め、中国侵略、国粋主義の台頭などにより世界で孤立化する日本の政策に強く警鐘をならし続けた。

リベラルな外交を貫く

埴原正直は一九二〇年代に活躍した外交官である。第一次世界大戦後、日本は国際連盟設立会議に五大戦勝国の一つとして西欧列強と肩を並べ参加し、本格的な国際外交が幕を開けた。一方国内は大正デモクラシーの最盛期で、西洋で学び、国際的視野を身につけた知識人たちによってリベラルな思想が花咲いた時代である。埴原正直は外交面でこの理想を代表した外交官であったと云える。

日清・日露戦争での日本の勝利は西欧列強を驚愕させた。更に日本は第一次大戦で戦勝国となり、中国での権益を増やし、南洋諸島を獲得すると、アジア・太平洋地域に利害を持つ米英はアジア諸国における日本の影響力の拡大を警戒し、極東地区、特に中国における通商活動競合の熾烈化を嫌った。これが一九二〇年代に日本が置かれた現実であった。

日本には特別の課題があった。人種差別問題である。一九一九年のパリ講和会議において日本は、国際連盟憲章に「人種差別撤廃」の一項を提案したが、通らなかった。仏、伊を含めて大多数の代表が賛同したにもかかわらず、米・英によって却下されたからである。日本は日本移民を増加させる手段として提案したのだ、という曲がった論法が使われた。

パリ講和会議後、日本を訪れたオーストラリア外務省の高官に、埴原正直外務次官はこう答えている。

日本の意図は「(他国における) 移民制限の除去」ではない。人種差別の撤廃である。ただ肌の色が違うという以外には何の根拠もなしに人生の均等な機会を奪い、しばしば堪えられないほどの侮辱を与える、その差別である。

「排日移民法」との闘い

二年後のワシントン軍縮会議では、外交面では中国問題が大きく討議された。埴原は病に倒れた幣原喜重郎に代わって出席した。弱小国の要求を無視せず、その尊厳を尊重する埴原のリベラルな外交技能は参加国、特に米国で高く評価を受ける。その手腕が高く評価され、翌年、埴原の駐米全権大使任命が発表された。

しかし赴任早々埴原が直面したのは「排日移民法」であった。大統領選挙の一九二四年、地元の排日感情をあおり、得票を目指すカリフォルニア議員たちは、当年改正の米新移民法案に「排日移民」の条項を巧みに組み込んだ。日米関係に害を及ぼすこの条項を廃案にすべく、埴原は全力を尽くして闘った。「日本が望むのは (…) 日本人が他国からの移民と同じ公平な扱いを受けるということである。言い換えれば人種や国籍による不公平な差別が行われないということである」と埴原は持ち前の雄弁を生かし各地で講演し、米国民の良識に訴えた。クーリッジ大統領、ヒューズ国務長官の強力な後ろ立てもあった。ホワイトハウスも日米関係を考慮し、何とかしてこの議会の動きを阻止しようと努力した。しかし結局、条項は通過してしまった。

失意の埴原に、ハーヴァード大学名誉総長は「議会の行動はアメリカの尊ぶ価値観全てに反する」と電報を送った。名門ブラウン大学は、埴原に敬意を評し名誉博士号を授与、地元紙は「米国民の真の感情は、ブラウン大学によって表明された」と報道した。

埴原がワシントンを離れる日、『ニューヨーク・タイムズ』紙は特別記事で、「最も優れた資質で日本を代表した類稀なる外交官」と賞賛を惜しまなかった。米移民法が改正され、差別条項が除去されたのは一九六五年。同年、国連総会で「あらゆる形態の人種差別撤廃に関する国際条約」が採択された。しかしその半世紀前、日本は「人種差別」が不正義のみならず、世界平和を脅かす危険な要素であることを真っ先に認識し果敢に闘った。外交官埴原正直に代表される当時の日本知識層の誇るべき歴史を忘れてはならない。


(Misuzu Hanihara Chow／埴原正直の姪孫、元マッコーリー大学日本学科長、日本研究・日豪関係)

与謝野晶子——女の近代を駆けぬける

山田登世子

よさの・あきこ（一八七八—一九四二）

本名は与謝野志やう（よさのしょう）。旧姓は鳳（ほう）。大阪・堺の老舗菓子商の三女として生れる。二十歳頃より和歌を投稿。一九〇〇年与謝野鉄幹と出会う。〇一年上京、鉄幹と結婚。処女歌集『みだれ髪』で浪漫派の歌人として知られる。一九〇四年、「君死にたまふことなかれ」を『明星』に発表。一九一一年には史上初の女性文芸誌『青鞜』創刊号に「山の動く日きたる」で始まる詩を寄稿。翌一二年『新訳源氏物語』全四巻を出版。この年には鉄幹を追ってパリに渡航。文学のみならず教育・婦人・社会問題に関する著述も多い。二一年鉄幹らとともに文化学院創立、日本で最初の男女共学を実現した。（編集部作成）

歌の革命／恋の革命

二十世紀があけそめた一九〇一年、一冊の歌集がセンセーションをまきおこして煌めきたった。与謝野晶子の『みだれ髪』である。

——その子二十《はたち》櫛にながるる黒髪の
　おごりの春のうつくしきかな
——春みじかし何に不滅《ふめつ》の命ぞと
　ちからある乳を手にさぐらせぬ

明治の時代をはるかにつきぬけた奔放な性愛表現は歌壇を超えて広く世を驚かした。短歌の革命をかかげた鉄幹の『明星』は、大輪の花を咲かせたのである。

『明星』の志した歌の革命は、いまだ宮廷風の歌詠みにとどまっている旧来の和歌を刷新し、いまここに生きる自己を表現する詩歌を創造することだった。『明星』はほかでもない「詩歌の近代」をめざしたのである。晶子の恋歌はその華麗な達成であった。

そして、歌の革命は歌だけにとどまらなかった。晶子の恋は明治の道徳規範を大胆に踏み破ったスキャンダラスな恋愛であり、親にそむき、世にそむいて、ただおのれ一個の恋に賭ける命がけの跳躍であったのだ。

——道を云はず後を思はず名を問はず　ここに恋ひ恋ふ君と我と見る

当人の意思にかかわりなく親の決めた相手と結ばれるのが「道」であったこの時代、晶子のような恋は「自由恋愛」と呼ばれていた。晶子は自由恋愛のいわば過激な前衛であったのだ。そう、革命的なほどに過激な。まさしく晶子は恋愛の近代の波頭を切った先駆者であった。世の驚嘆は、道をなみした女の恋そのものにむけられたのである。

恋する女／働く女

その恋を生涯にわたってまっとうした晶子を恋愛至上主義者と呼んでもいいと思うが、晶子は同時にまた女が働くことをも高くかかげた。恋愛が真の恋愛であるためには、女が経済的自立をはたしていなければならないからである。「恋する女」は「働く女」でもあるべきなのだ。それが晶子の終生変わらぬ思想であった。

大正はじめ、『青鞜』の平塚らいてうたちと晶子の間に交わされた女の解放論争のなかで最も雄弁に晶子の思想を明かしているのが「経済結婚を排す」という一論である。晶子は言う。「現代の結婚は大抵の場合男女の一方が一種の奴隷となり、一種の物質となって、一方に買われている状態です。(…)女の方が衣食の保障を得るために一種の売淫を男に向かって行っているのが現在の結婚です」。

時は大正。都市化の波とともに新中間層が形成されていた。農業であれ商業であれ婚家の家業を助ける「嫁」の場に代わって、もっぱら家事に従事する「妻」という新しい場が生まれ、「主婦の誕生」を迎えつつあったのである。大正六（一九一七）年に創刊された『主婦の友』が新時代の幕開けを象徴している。

堺の商家に育ち、少女の時から店の帳簿役を務めていた晶子は働くことがごく自然なこととして身についていた。そんな晶子は主婦という名の「働かない女」の結婚を「一種の売淫」として批判したのである。二十世紀半ば、女たちが結婚を指して「永久就職」と呼んでいたのが遠い記憶に残っているが、晶子ほどラディカルにこれを批判した女はないだろう。晶子は、現代で言う「専業主婦」を自明視する感覚に染まっていなかったのだ。こうして、商人も農民も共有していた労働感覚が近代化とともに加速度的に薄れゆき、「女は家庭に」という観念が誕生し、そして定着したのが二十世紀なのだ。

それから一世紀、「働く女」は増加の一途をたどっている。結婚ももはや自明のものではなくなり、結婚しない女が増えている。厳しい労働条件ではあれ、いまや女たちは晶子の歩いた「働く女」の道を歩み続けている。

彼女たちは、「恋する女」でもあるはずなのだが、その恋の想いの何という生ぬるさ、平板さであろう。恋愛の耐えられない軽さ。そむくべき道もない二十一世紀は恋愛の逆境期なのかもしれない。

（やまだ・とよこ／仏文学者）

長谷川時雨——女性文学のパイオニア

尾形明子

はせがわ・しぐれ（一八七九—一九四一）

日本で最初の免許代言人（弁護士）長谷川深造の長女として、日本橋に生まれる。私塾秋山源泉学校に学ぶ。十四歳から三年間、旧岡山藩主池田侯邸に行儀見習いに出される。その間、佐佐木信綱主宰の竹柏園に入門。十八歳で結婚させられるが、創作への思いを深め、一九〇一（明治三十四）年十一月『女学世界』に投稿した「うづみ火」が入選。『読売新聞』の懸賞脚本に応募した「海潮音」が特選となった。「花王丸」「さくら吹雪」等々、次々と歌舞伎座で上演。一九〇五年尾上菊五郎らと「狂言座」を旗揚げし、演劇雑誌『シバヰ』を創刊した。同時に古今の美人伝を執筆し『近代美人伝』等七冊にまとめた。一九二三年七、八月岡田八千代と『前期・女人芸術』刊行。一九二八年七月—三二年六月『女人芸術』を刊行。三三年四月—四一年十一月『輝ク』を発刊。『長谷川時雨全集』全五巻がある。

女性の連携で社会を変える

「水無月とは瑞々しくも晴朗な空ではないか。いたるところに生々の気はみちみなぎつてゐる。だがなんと、いま全世界で、この日本の女性ほど健かにめざましい生育をとげつゝあるものがあらうか？　初夏のあした、ぼつぱいと潮がおしあげてくるやうに、おさへきれない若々しい力をためさうとしてゐる同性のうめきを聞くと、なみだぐましい湧躍を感じないではゐられない。あたしもその潮にをどりこみ、波の起伏に動きたいと祈る」

一九二八年七月創刊された『女人芸術』の編集後記に、四十九歳の長谷川時雨は書く。明治から大正にかけて、日本最初の女性歌舞伎作家として、坪内逍遥につぐ歌舞伎改良運動の中心として、さらには、上古から明治期にいたる女性像をとりあげ、女性史の先駆ともいうべき「美人伝」の作家として、知られていた。

関東大震災の復興は、時雨の生まれ育った日本橋を変貌させ、大正期から続く農村の疲弊は極限にまで至った。昭和金融恐慌のまっさなかでもあった。世界大戦に向けて、時代が加速をつけて動き出している中での『女人芸術』刊行だった。資金は時雨の十二歳年下の夫三上於菟吉が負担した。流行作家として活躍する三上は、円本ブームにのって得た印税を、時雨に差しだしたのだった。

「新人女性作家・評論家の発掘育成、全《オール》女性の連携」を目指し、かつて賛助員としてかかわった『青轄』の後継誌として、さらに総合文芸誌として、女性たちの〈場〉をつくることが時雨の夢だった。血縁、地縁、学閥に守られ育てられた男性作家に比して、「女性作家は生花のねじめ、剣山を隠す下草のような存在。上にのびようとしたら、切られた」（円地文子）時代だった。女性に理不尽な生を強いる社会のありようを、女性が連携することによって変えていくことを、時雨は思う。

「学問すると生意気になるから」と本を読むことを母親に禁じられ、十四歳で御殿女中に出され、十八歳で政略結婚の犠牲になった自分の過去を時雨は思う。時雨はひたすら書くことを通して、自分の人生を切り拓いた。

林芙美子が「放浪記」を二〇回にわたって連載、円地文子、尾崎翠、大田洋子、矢田津世子、大谷藤子、若林つや、横田文子、平林英子、松田解子らが、次々と文壇に登場した。同時に、平林たい子、窪川（佐多）稲子、与謝野晶子、生田花世、今井邦子、岡本かの子、三宅やす子、中條百合子、宇野千代ら、中堅作家、大家と言われた作家にも誌面を提供し、全女性作家の結集の場となった。時雨自身も「旧聞日本橋」を連載している。昭和の女性文学は、まさにこの『女人芸術』から出発していった。

「昭和に時雨あり」

しかしながらじっくりと文学を開花させるには、あわただしい時代の流れだった。一九三二年六月、五巻六号四八冊をもって『女人芸術』は廃刊となる。時雨の病気と資金難が直接の原因だったが、あまりの左傾化に国士をもって任じていた三上於菟吉が援助を拒んだ。一年後の一九三三年四月、時雨は四頁からなるリーフレット『輝ク』を創刊する。一九四一年八月の時雨急逝によって一〇三号で終ったが、全女性の連携を目指した時雨の願いの結晶だった。

吉川英治は弔辞に、「明治に一葉あり、昭和に時雨あり、と後の文学史は銘記しませう」と認めた。さまざまな試みがなされながらも、依然として鷗外・漱石を頂点としたピラミッド型の日本文学史に、時雨再評価こそが、地殻変動を起すことになるのではないか。それは当然、近代女性史のみならず、近代史にも波及していくことになる、と確信する。

（おがた・あきこ／近代日本文学研究家）

河上 肇——自己否定の思想とその主体的実践

鈴木 篤

かわかみ・はじめ（一八七九―一九四六）

経済学者、社会思想家。山口県玖珂郡岩国町（現在の岩国市）の旧岩国藩士の家に生まれる。一九〇二年東京帝大法科大学政治学科を卒業、東大（農科大学）や学習院の講師となる。一九〇五年『読売新聞』に「社会主義評論」を連載し注目されるが、途中で擱筆し伊藤証信の無我苑に入るも失望して離脱。一九一三年から一五年までヨーロッパに留学、帰国し京大教授となる。一六年「貧乏物語」を『大阪朝日新聞』に連載し大反響。二八年京大を辞職。三二年共産党に入党。翌年検挙され入獄し、三七年六月出獄。漢詩などに親しみ『自叙伝』を執筆。

日露戦争後の決意

捨てし身の日々拾ふいのち哉　　　　（明治三十八〔一九〇五〕年十二月）

と詠んで、河上肇（一八七九—一九四六）は、その学問探究と思想形成を始めていった。時に河上二十六歳。日露戦争後、日比谷焼き打ち事件に象徴されるような国民統合の危機的状況を踏まえて、戦争中に非戦論を展開した明治社会主義を批判し、思想的に新たな国民統合を求めて『社会主義評論』を執筆した直後のことであった。この時河上は、仏教で言う「無我」、陽明学に言う「無欲」の境地に立つ「宗教的真理」を確立させ、その無我と無欲を「己の内なる《私的所有》の自己否定」として主体的に実践していく、自己否定の思想を形成していた。だからこの句は、そうした河上の自己否定の思想の出発点を飾る決意の一句であった。

獄中での揺れる心

しかしそれから約三〇年後、河上は「国体」の変革を禁じた治安維持法違反に問われ、国賊として囚われの身となった。そして公判に向けて予審にふされる中、上の句を振り返りながら河上は、

捨てし身のいのちにはあれど惜しければねあせ気にして薬買いけり

（昭和八〔一九三三〕年三月十三日）

と詠んだ。この時河上は、予審終結後の保釈を願い、「今後の生活方針」として政治活動を捨て、『資本論』の翻訳に専念することを願い出ており、そうした揺れる心が、こうした自嘲的な一首を詠ませることになった。しかしこの歌には、ここまで河上が、自己否定の学問探究と思想形成を進めてきたことが、みごとに歌われている。

尊敬する松陰の歌に

しかし時の国家権力は、河上を「国体」の下へ復帰させ、その思想的な「転向」によって、河上の名声をもその思想戦（＝イデオロギー戦）の戦力として動員し、その総力戦体制を構築しようとしていた。だから河上のそうした甘い学問的な願望は、この総力戦体制の下では一顧だにされることはなかった。こうして河上は、執行猶予もつかない懲役五年の実刑判決を言い渡され、上の自嘲から六カ月後、下獄を決断するに至った。その心境を河上は、

かくすれば斯くなるものと歌いけん古へ人の心うれしき　（昭和八年九月十八日）

と詠んだ。この歌に詠まれた「古へ人」とは、河上が生涯、郷里の師として尊敬し続けた吉田松陰であり、その獄中歌「かくすれば　斯くなるものと　知りながら　やむにやまれぬ　大和魂」が、ここで思い出されていた。こうして河上は、吉田松陰の近世幕藩体制を突破していった自己否定の闘いと思想を思い出しながら、昭和戦前期の軍部官僚の主導する総力戦体制と、その国家権力との

獄中闘争にたち向かっていった。

国家権力崩壊の日に

この獄中闘争の成果こそ、「苟も求めるところ無くんば、人は真に強くなれる」という、その『自叙伝』成立の原点ともなった、「一つの教訓」の確保であった。強大な体制と国家権力を前に、一人立つ人間が、それらに対峙し克服して新しい時代を切り拓くための、自己否定の思想とその主体的実践の教訓であり、河上の自己否定の思想の歴史が集大成された教訓であった。だからこの教訓によって河上は、出獄から八年後、軍部官僚の主導する総力戦体制が、内外から自滅し敗退して、その国家権力が崩壊するのを見届けることができた。そこで河上は、

いざわれもいのち惜しまん長らえて三年四年は世を閲さなん

（昭和二十〔一九四五〕年八月十五日）

と詠んだ。それは河上が、近代日本の悲惨な結末を乗り越えて、現代日本を切り開いた思想家であったことを、謙虚に歌い上げるものであった。

（すずき・あつし／元静岡県高校教員）

Ⅶ

1880-1909

大杉　栄——すべての自由を求めて

鎌田　慧

おおすぎ・さかえ（一八八五—一九二三）

大正時代の無政府主義者。一九〇一年名古屋陸軍幼年学校を放校され、翌年上京し海老名弾正の本郷会堂で洗礼を受ける。〇三年外国語学校へ入学。『万朝報』を通じ足尾銅山鉱毒事件、幸徳秋水、堺利彦らを知る。一二年、荒畑寒村と『近代思想』、一四年『平民新聞』を発刊、かたわら〈サンヂカリズム研究会〉を組織。このころより生の哲学、進化論、労働運動、無政府主義に関する著訳書多数を著す。一八年伊藤野枝と『文明批評』、和田久太郎らと『労働新聞』を創刊。ボルシェヴィズム批判、自由連合論を展開、大きな影響を与える。二〇年日本社会主義同盟の発起人となり、同年極東社会主義者会議出席のため上海へ密航。二二年ベルリン国際アナキスト大会出席のため日本脱出、翌年フランスのメーデー大会で演説、逮捕されフランスを追放される。同年関東大震災時の戒厳令下で憲兵大尉甘粕正彦らに伊藤野枝、甥の橘宗一とともに虐殺された。

躍動する文章に見える大杉の存在感

大杉栄は一代の風雲児、快男児だった。

関東大震災の直後、東京憲兵隊本部特高課長・甘粕正彦によって、皇居前にあった憲兵隊本部に連行されたまま、行方を絶った。

三日後、同行していた妻の伊藤野枝、七歳の甥・橘宗一ともども丸裸、畳表によって梱包された遺体となって、敷地内の古井戸から発見された。

井戸の上から、震災で発生した瓦礫が大量に投げ込まれていたのは、証拠湮滅を図ったからである。

のちに発見された、軍医・田中隆一「鑑定書」によれば、大杉は将校たちから、殴る蹴るの暴行を受けたあと、扼殺された。女性と七歳の子どもさえ、どさくさに紛れて殺害した軍隊は、江東区亀戸でも社会主義者一〇名を刺殺、都内と郊外で大量の在日朝鮮人を虐殺していた。

大杉殺害の主犯とされた甘粕正彦大尉は、禁錮一〇年の刑を受けたが、三年後、仮釈放されてフランスにわたり、やがて満州で暗躍するようになる。

しかし、非業の死を遂げたにしても、大杉の一生には暗いイメージがない。その文章によくあらわれているのだが、思い切りがよく、疾走感と飛躍がある。日本の社会主義運動史のなかでも、ひときわ存在感の強烈な秘密が、躍動する文体に込められている。

軍人の残虐性・横暴・無知を身をもって証明

大杉を「一等俳優」と評したのは、久米正雄である。久米によれば、芥川は「軍人をだれよりも尊敬していたために殺されたのだね」といった、という。レーニンはだれよりも民衆を愛し、だれよりも民衆を軽蔑していた、という警句（アフォリズム）の作者らしい言い方である。

大杉が軍人を尊敬していたかどうか。職業軍人の家に生まれ、新発田《しばた》連隊の将校住宅で生育し、幼年兵学校に入学して軍人を目指していたのは事実である。

しかし、放校処分になった大杉が、軍人を尊敬していたかどうか。大杉は借金に追われていた新発田連隊の旅団長が、日露戦争に出役したあと、戦地から一万、二万と送金して財をなした、と批判していた事実もある。

尊敬はべつにしても、よもやいきなり殺されるほど、ひどい連中とは考えなかったであろう。憲兵隊司令部応接室で椅子に縛りつけられていて、大杉はかつての自分の仲間たちに、怒りにまかせて「貴様ふざけるな！」ぐらいの啖呵は切っていたであろう。

憲兵隊司令部にいる幹部たちは、軍人の道から逸脱して、戦争反対を唱えるようになった大杉に、憎しみを強めていた。それで余計、攻撃性を強めたことは想像に難くはない。が、最初から殺害計画があったかどうかはわからない。

大杉が殺されて一時間あとに、野枝が憲兵隊長室で、宗一が特高課事務室で扼殺された。大杉を殺害したあと、慌てふためいて道連れにしたのであろう。

大杉は軍人の残虐性と横暴さと無知さ加減を、身をもって証明した。

「思想に自由あれ。しかしまた行為にも自由あれ。そして更には動機にも自由あれ」(「僕は精神が好きだ」)

「今や生の拡充はただ反逆によってのみ達せられる。新生活の創造、新社会の創造は反逆によるのみである」

大杉を殺した戒厳令下とは、いま(二〇一七年現在)安倍内閣が図っている、平和憲法緊急事態条項下のことである。


(かまた・さとし/ルポライター)

信時　潔——武士道の上に接木されたる西洋音楽

新保祐司

のぶとき・きよし（一八八七—一九六五）

作曲家。大阪で、当時、大阪北教会の牧師だった吉岡弘毅の三男として生まれる。

十一歳のとき、大阪北教会の四長老の一人、信時義政の養子となる。大阪府立市岡中学を経て、東京音楽学校に進む。研究科作曲部を修了して、東京音楽学校助教授となる。三十三歳のとき、文部省在外研究員として、ドイツのベルリンに留学。帰国後、東京音楽学校教授に任ぜられる。昭和十年代に、独唱曲「沙羅」（清水重道作詩）、「海ゆかば」、交声曲「海道東征」など代表作を作曲。

戦後の傑作には、独唱曲「帰去来」（北原白秋作詩）、合唱曲「鎮魂歌」（折口信夫作詩）などがある。晩年、声楽曲「古事記」の作曲にとりくんでいたが、死により未完に終わった。

サムライ・クリスチャンの息子

信時潔《のぶときよし》は、明治二十年に大阪で生まれた。実父は吉岡弘毅といい、当時大阪北教会の牧師であった。

吉岡弘毅という人物は、いわゆるサムライ・クリスチャンの一人である。幕末維新期を志士として生きた人間が、明治初年に旧新約聖書と出会い、基督者となった。

吉岡は、明治維新のときすでに二十一歳であったが、七歳で維新を迎えた内村鑑三は、晩年、昭和三年に「武士道と基督教」と題した講演の中で、「明治の初年に当つて多くの日本武士が此精神に由りて基督者になつたのであります。沢山保羅、新島襄、本多庸一、木村熊二、横井時雄等は凡て純然たる日本武士でありました」といった。

内村自身が無論、この系譜に入る訳だし、吉岡弘毅という人物もまた、そうであった。「此精神」とは、「正直」「勇気」「誠実」などを重んじる、武士道的なものを指す。

内村は、「武士道の上に接木されたる基督教」といういい方をしたが、「明治の精神」とは武士道という台木に西洋の文明・文化の何物かが接木されたものなのである。内村はいうまでもなく、基督教が接木されたが、福沢諭吉は「文明」であり、岡倉天心はフェノロサの眼、中江兆民はルソーの思想、夏目漱石は英文学、森鷗外は独文学といった具合に、それぞれの個性と宿命に応じて、様々なものが接木されたのである。この精神の構造が、近代日本を作ったのである。

信時潔は、吉岡弘毅の「武士道と基督教」が醸し出す精神的気圏を受け継いでいた。そういう台木に西洋音楽が接木されたのである。特に、西洋音楽の古典、バッハの音楽であった。信時潔は、一歳違いの山田耕筰のように西洋音楽の先端を追いかけることはしなかった。バッハを中心とした古典音楽にがっちりと対峙した人であった。この精神の頑固なまでの姿勢に、信時潔の「古武士」らしさがある。

明治以降、西洋音楽にかかわった日本人のほとんどが、いわゆる西洋かぶれで終わった。台木がしっかりしていなかったからである。そんな中で、信時潔は、西洋音楽の本質を把握しようと努めた人であった。そして、西洋音楽を血肉化することで近代日本の音楽を創造したのである。

交声曲「海道東征」の復活

信時潔の代表作といえば、やはり「海ゆかば」と交声曲「海道東征」ということになるであろう。「海ゆかば」は、昭和十二年、万葉集巻一八に収められた大伴家持の長歌の一節に作曲されたものである。この名曲は、バッハと万葉集が、信時潔という「古武士」的な精神の中で、奇跡的に結びつけられたものなのである。だから、バッハのコラール、あるいは讃美歌のように響き、戦時中、鎮魂曲のように聴かれたのも自然なことであった。

一方、交声曲「海道東征」は、神武東征を題材にして北原白秋が作詩した叙事詩に曲を付けたものである。昭和十五年に紀元二六〇〇年の奉祝曲として作られた傑作である。交声曲とはカンタータの翻訳であり、バッハのカンタータを学びながらも、西洋音楽の模倣にもならず、和楽器を使用するなどの表面的な日本に頼ることもなく、日本人の深みから鳴り響く音楽を創造したのであった。

この二曲は、敗戦によって一転して封印され、表立って歌われることがなくなった。この封印と信時潔に対する冷遇は、戦後日本の歪みを象徴している。私が、この冷遇に義憤を感じ、『信時潔』を上梓したのは、戦後六〇年の二〇〇五年であった。そして、一〇年後の二〇一五年に、生誕の地大阪での交声曲「海道東征」の公演の成功を機に、ついに信時潔の復活が始まったのである。

（しんぽ・ゆうじ／文芸批評家）

猪間驥一

――統計学・人口学のパイオニア

和田みき子

いのま・きいち（一八九六―一九六九）

統計学、人口学、経済史等、広い分野において活躍した経済学者。

一九二二年、東京帝国大学経済学部卒業後、同学部助手・講師を経て、財団法人東京市政調査会の研究員となる。

一九三〇年代、上田貞次郎の日本経済研究会に参加して本格的な人口問題研究を進める一方で、石橋湛山と地方財政問題にも取り組む。

日中戦争開始後、東亜研究所調査員となり、太平洋戦争開始後、新京・満州商工会議所各常務理事として大陸に渡る。

戦後は日僑善後策連絡処役員として新京在留邦人の引揚に尽力し、帰国後、大蔵省内に設置された在外財産調査会のメンバーとして報告書『日本人の海外活動に関する歴史的調査』をまとめる。

一九四八年、中央大学教授に就任する。

猪間驥一は、統計学、人口学、経済史において優れた業績を上げた経済学者であるが、その業績は忘れられた。

一九二〇年代、統計学への貢献

東大で糸井靖之の薫陶を受けた猪間は、統計学を志し、『経済学論集』に三編の論文を書いたにも拘わらず、マルクス主義者の覇権争いに巻き込まれて助教授の職を得ることができずに東大を追われる。

大学を去った猪間に、石橋湛山が社員向け統計学入門の講義を依頼する。その内容は『経済図表の見方画き方使い方』（一九二六年）として出版されロングセラーとなる。猪間が作製した日本初の片対数方眼紙も同時発売される。

猪間は東京市政調査会の研究員となり、一九二五年、国勢調査に付帯する一五都市における失業統計調査が実施されると、「失業者は意外に少ない」とする新聞に反論を試みる。この調査には大脱漏があって数値が正しくないことを、背理法を用いて立証したのである。

猪間は失業の実態を知るために、警察の出生・死亡記録の正確さに着目、東京市と近隣町村における人口の推移を調べ人口の都市集中とその流れが周辺部で一旦滞るという重要な現象を発見する。

その一方で、急上昇する乳児死亡率が国の衛生状況を語る指標であるとして、都市の妊産婦保護事業が死亡率を下げる効果を、統計的手法を用いて検証した。これは、事業を補完するという、後藤新平の研究機関構想の実現をも意味した。

一九三〇年代、人口学への貢献

猪間は、上田貞次郎の日本経済研究会に参加し人口問題の研究を進めていく。

当時、日本の将来人口を合理的に予測したものがなく内外に誤解を招いていた。上田は、過去の統計から出生数が年二〇〇万程度に静止していることを看取して、一九三三年、バンフ太平洋会議の席上、日本の人口は無限には増えないが、職を与えるべき人口は、すでに生まれており、その数は今後二〇年間に一〇〇〇万に達する、そのため世界は日本に原料を供給し市場を開放する必要があり、そうでなければ満州事変同様の国際的危機が招来されると訴えた。この発言は「要職人口一〇〇〇万」として世界的反響を呼ぶ。

猪間は、都市に集中する人口の年齢に着目し、出生の増加は都市でなく農村で起こっており、生産年齢に達して都市に流入するという構造を明らかにする。

上田はこれを受けて、都市と農村は国民経済上の分業を行い、農村の青年が都会へ行くのは、よりよい生活を目指すからであって、彼らが農村にとどまるなら農村は疲弊する、都市集中は日本の経済の工業化に伴う現象であり、問題の解決は、工業化の過程を速やかにすることであって、青年の離村を食い止めることではないという結論を導き出す。
猪間はこの「国内移住」という、海外移民も領土的拡張も必要ない平和的政策を、一九三七年、都市計画として具体化するが、発表を目前にして日中戦争が勃発してしまう。

終戦後、対外政策の歴史的弁明

戦後の占領下、日本人の在外財産の処理と賠償支払い問題への対応のため、猪間は、大蔵省（おそらく石橋蔵相）に依頼され『日本人の海外活動に関する歴史的調査』をまとめる。そこで猪間は、「日本人の在外財産は、基本的には正常な経済活動の成果である」と論じている。そして、浜口内閣の金解禁政策が恐慌を引き起し、その後の高橋財政が恐慌からの回復をもたらしたことを明確に述べている。

ところが、この報告書は公刊されず、石橋の公職追放とともに、マルクス主義経済学者による『昭和財政史』が企画され、平和的発展の道はなかったとする考え方が、戦後の歴史学の主流となったのである。

（わだ・みきこ／助産師、近代史研究家）

知里真志保――アイヌ学者瞋恚《しんい》のアイヌ学

荻原眞子

ちり・ましほ（一九〇九―六一）

アイヌの言語学者。文学博士。北海道大学名誉教授。北海道幌別（登別）出身。父は高吉、母ナミ、姉は幸恵。室蘭中学校卒業後、幌別の役所に勤めるが、第一高等学校、東京帝大文学部英文科に進学、後に言語学科に転科して言語学・アイヌ語研究を専攻。一九四〇年に樺太庁豊原女学校教師、樺太庁博物館嘱託となる。一九四三年には北海道大学北方文化研究室嘱託、一九四九年法文学部講師、一九五四年文学博士の学位授与。『分類アイヌ語辞典第一巻』（植物篇）に続く第三巻（人間篇）で一九五五年朝日賞受賞。一九五八年文学部新設の言語学科教授に就任。著述や言動にはアイヌであることの強烈な民族意識が滲み出る。著書に『アイヌ語入門』『地名アイヌ語小辞典』など。若い頃から心臓を病み、一九六一年に心不全で死去。

姉、幸恵と弟、真志保

文字をもたない先住民族の文化や言語が、文字をもつ他者によって採録記述されて、広く世に流布するようになるのは、ごく一般的なことである。アイヌが蝦夷と称された中世の時代から近代まで、アイヌについての知見はアイヌではない他者の手になるものであった。

アイヌによる文学の嚆矢は、知里幸恵の『アイヌ神謡集』（大正十二年）である。幸恵は真志保の六つ年上の姉。『神謡集』の十三篇の神謡は口から迸りでるような詩篇をローマ字で綴り、それに和訳を付したものである。幸恵は近文でユーカラの伝承者と知られた叔母と祖母に養育されたが、わずか十九歳の生涯であった。金田一京助は幸恵の遺した掌篇を「とこしえの宝玉」と讃え、「この宝玉をば神様が惜しんでたった一粒しか我々に恵まれなかった」と天才的な逸材の死を悼んだ。

真志保は幌別の両親のもとに在って、日常生活はアイヌ語ではなかったようである。室蘭中学校時代に綴った「山の刀禰《とね》浜の刀禰《とね》物語」（『民族』昭和二年）を目にした金田一は、「音の聞取りと、写し方との精確さ、これ程によく出来る人が、同族のうちにあらわれたかと思うと、幸恵さんの再来のように思える」と感涙し、「真志保さんこそ、全アイヌの為に遣わされた、かけがいのない唯一人であるように見える」と讃えた。

真志保は金田一などの奨めで一高、東京帝大文学部へ進み、言語学からアイヌ語研究へ傾倒する。

昭和十五年に樺太庁豊原高等女学校の教師、樺太庁博物館の嘱託となり、この間に樺太アイヌの言語・文化の調査研究に携わる。『著作集I』（平凡社）の「樺太アイヌの説話㈠・㈡」他はその頃の業績で、貴重な資料である。

地名調査・研究を衝き動かした瞋恚

昭和二十四年、北海道大学法文学部講師となり、郷土研究会などの場でアイヌ語地名研究の要を説き、アイヌ語の入門書などに力を注いだ。「とくに地名研究者のために」と謳った『アイヌ語入門』（昭和三十一年）のまえがきには「アイヌ文化を正しく理解しようとする人びとのために」とある。

このことばには真志保の深い瞋恚《しんい》が秘されているように思う。永田方正『蝦夷語地名解』（明治二十四年）、ジョン・バチェラーの『アイヌ・英・和辞典』（昭和十三年）を精査して、その誤謬、誤解、アイヌ語にはない幽霊語を見いだし、容赦ない批判を浴びせる。和人研究者たちの書籍が流布評価されていることへの苛立ち、身に受けた蔑視差別、和人社会の根強い偏見に対する義憤のない交ぜになった批判の鉾先は身近な研究者たちにも向けられた。

内なるアイヌ文化論

真志保は自身の「アイヌ文化論」構築を目指した。それには神謡の原始模倣儀礼、ユーカラ論、シャマン論という三本柱が見てとれる。神謡は自然界の生きもの、すなわち、カムイが一人称で謡う短い詩篇であるが、その起源はカムイが所作しながら演じた古代の模倣儀礼であるという。

少年を主人公とする英雄叙事詩ユーカラの起源は、北海道アイヌと十二、三世紀頃までオホーツク海沿岸に依拠していた異民族との抗争にあるとする。

シャマンはアイヌ社会に所与であったかのように語られる。

幕末・明治期以来の同化政策によって、先住民アイヌの存在は根底から蔑ろにされ、この島国には収奪差別蔑視をする者とされる者との抜き差しならない精神心理的な分断が生じた。アイヌ語を甲冑に、「アイヌ文化論」を楯にした真志保が学界に挑んだドン・キホーテであったことは、宜《むべ》なるかな……。

（おぎはら・しんこ／民族学）

あとがき

近代日本、換言すれば、明治、大正、敗戦までの昭和戦前の日本は、いかなる人の手でいかに作られてきたのか？ を、今改めて考えてみようとするのが、本書の企図である。

ある社会科学の大家は言う。

「近代日本は、天保（一八三〇年）以降に生まれた人間が作りあげたんですよ」と。

そうか。戦前までの日本は、明治以降に生まれた人が作ったのではなく、それを遡ること三、四十年前の江戸幕末に生まれた方々の手によって作られてきた。天保元年生まれだと、明治維新は、三十八歳ということになる。なるほど、然りと頷ける。人生五十年の時代である。

然らば、終りはいつ頃までを考えればいいか、とハタと考えた。

ある日、文化勲章も受章された歴史人口学者速水融氏は、

「私の専門の人口動態学の観点から言えば、明治二十二（一八八九）年の大日本帝国憲法が作られた後、急に人口が増えてくるのです。それまでは、三千万人位でしたが、敗戦時には倍の七千万まで殖えました」と語られた。

つまり、国家の基盤が成立するのは、一八九〇年頃。その頃に物心がつく年齢は、一八八〇年までに生まれてなくてはならない。そう考えると、この企画は、一八三〇年から一八八〇年

頃に生まれた人、この五十年に誕生した人々から選んでみよう、と思った。

次に、考えねばならないのは、その中でどういう方を選べばいいだろうか？と。

小社は、二十年以上前から、後藤新平という人物に着目し、「後藤新平の全仕事」と銘打った企画を世に問うてきた。今ここに、当時のパンフがあるのでご紹介しておきたい。下河辺淳、李登輝、三谷太一郎の三氏に、本企画の推薦文をお願いした。

元国土事務次官であり、ＮＩＲＡ理事長もしておられた下河辺淳氏は、

「異能の政治家後藤新平は、医学を通じて人間そのものの本質を学び、すべての仕事は一貫して人間の本質にふれるものであった。……日本の二十一世紀への新しい展開を考える人にとっては、必読の図書である」と。

台湾の中興の祖であり、元総統の李登輝氏は、

「今日の台湾は、後藤新平が築いた礎の上にある。……後藤新平の台湾統治は、搾取するための植民地化ではなく、台湾に文明を分けてくれた。後藤新平の偉大な業績は、もちろん日本国内にたくさん遺されている。しかし、その一部は台湾にも遺されていることを日本の人々に知っていただきたい」と。

政治学者で東京大学名誉教授、文化勲章も受章された三谷太一郎氏は、

「後藤新平は、職業政治家《ポリティシャン》であるよりは、国家経営者《ステイツマン》であった。……二十世紀初頭の日

本にも影響を及ぼした科学的経営管理能力をもつ数少ない政治家であった。……今日、国家経営者が求められるとすれば、その一つのモデルは、後藤新平にある」と。

そうだ。この近代日本を後藤新平という人物を軸にして、後藤新平に影響を与えてきた人たち——高野長英、横井小楠、ローレンツ・フォン・シュタイン、西郷隆盛、由利公正、中村正直、福澤諭吉、安場保和、榎本武揚、成島柳北、板垣退助、大倉喜八郎、山県有朋、長与専斎、安田善次郎、渋沢栄一、伊藤博文、石黒忠悳、桂太郎、浅野総一郎、益田孝、児玉源太郎、北里柴三郎、下田歌子、辰野金吾、頭山満、犬養毅、尾崎行雄など——や、後藤新平につながる人々——新渡戸稲造、徳富蘇峰、本多静六、伊能嘉矩、岡松参太郎、津田左右吉、チャールズ・ビーアド、猪間驥一など——を軸に選んでみよう、と。従来の教科書に載る人々よりも載らなくても重要な仕事を為してきた人を取り上げ、もう一つの近代日本人物誌を作ってみようと思った。但し、天保以前に生まれた方ではあるが、特別に取り上げたいと思った木下韡村、松浦武四郎、元田永孚、栗本鋤雲、大村益次郎らは収録した。また、八〇年代以後でもとりわけ大事で特別に入れておきたい大杉栄、信時潔、「アイヌ学の創始者」知里真志保は収録した。

そして、本書の執筆をお願いした方々は、学者や作家、評論家等で、その人物がどのような意味で「近代日本を作った」といえるのかという視点から各人物の特質を論評してもらった。限られた字数の中で、その人物が近代という時代とどのように対峙し、日本を形作ることになったのかという難しい注文にも応えて頂いた。改めて謝意を表したいと思う。

本書を編むに当たって、各人物の配列は、生年順とさせて頂いた。読者諸賢から多くのご助言やご叱正を戴ければ幸いである。

最後に、読者の皆様には周知の言葉であるかもしれないが、後藤新平の遺言で締め括りにしたい。

「財を残すは下、仕事を残すは中、人を残すは上。」

「一に人、二に人、三に人。」

令和五年春四月

藤原書店編集長・社主

藤原良雄

近代日本《きんだいにほん》を作《つく》った105人《にん》――高野長英《たかのちょうえい》から知里真志保《ちりましほ》まで

2023年 4月30日　初版第 1 刷発行©

編　者　藤原書店編集部

発行者　藤　原　良　雄

発行所　株式会社　藤　原　書　店

〒 162-0041　東京都新宿区早稲田鶴巻町 523
電　話　03（5272）0301
ＦＡＸ　03（5272）0450
振　替　00160 - 4 - 17013
info@fujiwara-shoten.co.jp

印刷・製本　中央精版印刷

落丁本・乱丁本はお取替えいたします
定価はカバーに表示してあります

Printed in Japan
ISBN978-4-86578-386-5

公共と公益の精神

後藤新平と五人の実業家

渋沢栄一・益田孝・安田善次郎・大倉喜八郎・浅野総一郎

後藤新平研究会編著

序＝由井常彦

〝内憂外患〟の時代、「公共・公益」の精神で、共働して社会を作り上げた六人の男の人生の物語！　二十世紀初頭から一九二〇年代にかけて、日本は、世界にどう向き合い、どう闘ってきたか。

Ａ５並製　二四〇頁　**二五〇〇円**（二〇一九年七月刊）

◇978-4-86578-236-3

「第二次世界大戦」を予言！

国難来《こくなんきたる》

後藤新平

鈴木一策編＝解説

時代の先覚者・後藤新平は、関東大震災から半年後、東北帝国大学学生を前に、「第二次世界大戦を直観」した講演『国難来』を行なった！　「国難を国難として気づかず、漫然と太平楽を歌っている国民的神経衰弱こそ、もっとも恐るべき国難である」――今われわれは後藤新平から何を学べばよいのか？

附・世界比較史年表（1914-1926）

Ｂ６変上製　一九二頁　**一八〇〇円**（二〇一九年八月刊）

◇978-4-86578-239-4

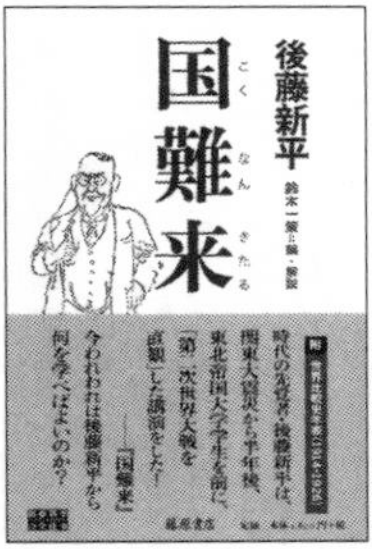

第一次大戦前夜の世界を「鎧を着けた平和」と喝破

後藤新平の『劇曲 平和』

後藤新平 案・平木白星 稿

後藤新平研究会編

解説＝加藤陽子　特別寄稿＝出久根達郎

後藤新平が逓信大臣の時の部下で、『明星』同人の詩人でもあった平木白星に語り下した本作で、第一次大戦前夜の世界情勢は〝鎧を着けた平和〟と喝破する驚くべき台詞を吐かせる。欧米列強の角逐が高まる同時代世界を見据えた後藤が、真に訴えたかったこととは何か？

Ｂ６変上製　二〇〇頁　**カラー口絵四頁**　**二七〇〇円**（二〇二〇年八月刊）

◇978-4-86578-281-3

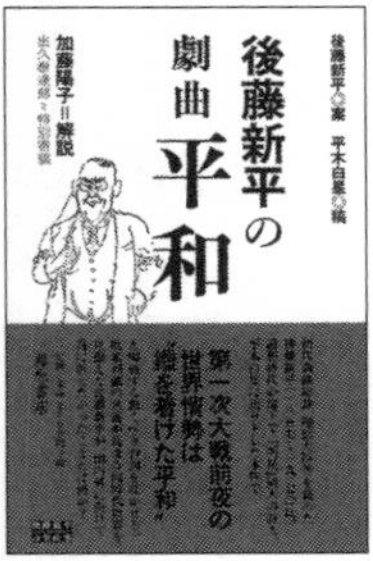

後藤新平の遺言

政治の倫理化

後藤新平

後藤新平研究会編

解説＝新保祐司

日本初の普通選挙を目前に控え、脳溢血に倒れた後藤新平。その二カ月後、生命を賭して始めた「政治の倫理化」運動。一九二六年四月二十日、第一声として、「決意の根本と思想の核心」を、未来を担う若者たちに向けて自ら語った名講演が、今甦る！　一九二七年四月十六日の講演記録『政治倫理化運動の一周年』も収録。

Ｂ６変上製　二八〇頁　**口絵四頁**　**二二〇〇円**（二〇二一年三月刊）

◇978-4-86578-308-7